倾听民意：
协商民主与公众咨询

When the People Speak:
Deliberative Democracy&Public Consultation

［美］詹姆斯·S.费什金（James S.Fishkin）◎著

孙 涛 何建宇◎译

中国社会科学出版社

图字:01－2014－0357

图书在版编目(CIP)数据

倾听民意：协商民主与公众咨询／（美）费什金著；孙涛，何建宇译.—北京：中国社会科学出版社，2015.6

书名原文：When the People Speak：Deliberative Democracy and Public Consultation

ISBN 978－7－5161－6163－0

Ⅰ.①倾…　Ⅱ.①费…②孙…③何…　Ⅲ.①民主协商—关系—公众—咨询—研究　Ⅳ.①D082

中国版本图书馆 CIP 数据核字(2015)第 107062 号

出 版 人	赵剑英
责任编辑	赵　丽
责任校对	张依婧
责任印制	王　超

出　　　版	中国社会科学出版社
社　　　址	北京鼓楼西大街甲 158 号
邮　　　编	100720
网　　　址	http://www.csspw.cn
发 行 部	010－84083685
门 市 部	010－84029450
经　　　销	新华书店及其他书店

印　　　刷	北京君升印刷有限公司
装　　　订	廊坊市广阳区广增装订厂
版　　　次	2015 年 6 月第 1 版
印　　　次	2015 年 6 月第 1 次印刷

开　　　本	710×1000　1/16
印　　　张	14.5
插　　　页	2
字　　　数	238 千字
定　　　价	45.00 元

凡购买中国社会科学出版社图书，如有质量问题请与本社联系调换
电话:010－84083683

谨以此书献给我的父母，约瑟夫（Joseph）和范妮·费什金（Fannie Fishkin），是他们使这一切成为可能。

中文版前言

　　这是一本围绕着民主可能性所进行的实验的著作。政治制度如何设计，以更好地表达经过思考并且知情的"民意"？从世界范围来看，民主过程的实验有很多措施，每一种咨询人民的方法也都各有利弊。这本书的不寻常之处在于它强调一个特定的方法——不仅是一个理论理想而且是一个可操作的协商民主方法。这里强调的实验已经在中国地方政府层面获得了成功。我希望是，由于它所能提供良好治理的实效性已经得到展现，它应该在全国范围应用到城镇或者市的重要公共议题上面。

　　所有的民主形式都是一个制度设计的问题。我个人认为西方民主的政党竞争体制不是唯一的民主实现形式。没有一个人会否认古雅典是一个民主制度，事实上是一个民主制度，但雅典并没有政党。事实上，他们很大程度上依靠随机选出的 500 公民团来协商重要的公共事项。把随机选择公民与协商结合的关键思想，通过现代的设计被采用下来，并且得到提升，我提出了"协商民意测验"。本书解释了它比其他方法的优越性，以及描述了它在中国的有效性。

　　协商民意测验如今已经在 22 个国家进行了 80 多次应用。它在保加利亚、英国、美国、澳大利亚以及最近的坦赞尼亚的国家层面上得到应用，也在整个欧盟的跨国家区域内使用了两次。它甚至在乌干达和加纳等非常贫穷的发展中国家中得到应用。

　　协商民意测验让公务人员，包括党的领导和地方人大能听到人民需要什么——当他们真的考虑这件事时。它的确比其他方法好。例如，如果官员召集一个开放的会议，他们会邀请那些感觉比较强势的人，这些人肯定不具有代表性。他们可能说话声音很大，但是他们不代表所有的人。要不然，官员进行常规的测验，他们会科学地选择代表全部人口，但是他们无法得到一个经过深思熟虑并且知情的公共意见。大多数人们并没有时间或者动机去对公共事项进行充分了解。他们忙于生活或者生存。所以,他们对调查的问题会提供没有知情或者没有经过深思的答案。

协商民意测验保证了一个高品质公共民意测验所需要的科学样本的代表性,通过1—2天的时间审慎思考并深入讨论。人们在经过培训的主持人主持下进行小组讨论,他们拥有均衡的经过审查的信息材料,他们的问题经过拥有不同观点的专家进行解答。在一个实用的机制中,这一结果达成了审慎思考和代表性的统一。引用一个中国有名的决策理念进行描述,就是效果是"科学,民主与合法的"。如果这一结果被运用到地方人大或者其他官方机构去,它可以实现在选择议题上的很高形式的民主。这一制度设计提供了在给定议题上确保"人民意志"的实现方法。全体人民能通过随机抽样被代表(每一个人都有被随机抽中的平等机会),所有被抽中的人都有思考这些议题的良好机会。我认为,最好的民主改革是给人民他们所想要的,在他们真的有机会去思考,并且知情。这种形式的咨询是可操作并且有用的——在任何应用的层面都能提升治理。我希望中国的实验改革能提升她的制度品质,她能持续进行这里所描述的民主实践形式。

最后,我想特别感谢翻译此书的南开大学孙涛教授。此外,我也要感谢何包钢教授、萧莹敏博士与韩福国副教授,以及其他无数的本科生和研究生。他们都为本书的中文版的出版做出了贡献。

詹姆斯·费什金

2015 年 4 月

目　录

第一章

民主的热望

导　言

　　民主赋予"我们人民"说话的权利。我们认为,"我们人民"在此应包括"所有"人。同时,民主应为"人民"提供思考的基础,使之能做出相应的决定。尽管大多数人认同上述两个前提是实现民主的必要条件,但它们却从未明确指出。而实践此两前提所面临的困难,也在很大程度上未被深入讨论。本书的主题便是探讨如何落实上述两个前提。

　　本书中,我们将讨论如何实现协商民主(deliberative democracy):如何创造条件从而有效激励每个人认真思考公共议题。这关涉如何实现两大基本民主价值——政治平等(political equality)和审慎协商(deliberation)。

　　我们生活在一个"民主实验"的时代——通过官方机构和许多非正式的管道,公众被咨询对于公共事务的意见。尽管有许多方法和技术可用于传递公众的意愿,但某些技术和方法如"哈哈镜"般抑制或者歪曲了民意:通过提供模仿大众观点的平台,如信件、电话、邮件、短信或者网络民意调查问卷;那些看似大众的观点,但实质上仅仅反映了特殊的或有组织集团的利益。① 在此种状况下,"草根"阶层变成了政治说客(lobbyists)口中的"人工草皮";而那些市民打给政策制定者的电话也至多代表了"自动录播电话"水平的公民自主性。这些看似开放的民主实践为

---

　　① 关于新的技术如何用来动员人们表达意见的经典观点可参见霍华德·瑞恩高德《聪明的暴民:下一个社会革命》,纽约,基本读物出版社 2002 年版。

那些有充分组织的人或团体提供了"捕获"政府施政的机会,而公众观点则在表达中遭到扭曲。精英和利益集团企图利用焦点小组测试的信息来影响舆论,其目的是为了之后援引这些塑造过的观点作为获得民主授权的根据。① 从某些民主理论的角度来看,这些做法是绝对恰当的:它们只是政党和有组织利益集团间的一部分争斗而已。② 但本书从协商民主的立场而言,这些做法使民主偏离了实现政治平等和审慎协商的双重目标。至少在某些时空情景下的特定的议题上,人们能够在平等状态下,通过不同的渠道,表达他们经过深思后的观点。

为何同时实现普遍包容(inclusion)和深思熟虑(thoughtfulness)、政治平等和充分协商的目标如此困难呢?我们不妨首先考虑在现代社会中经常观察到的大众意见的局限,然后我们将思考如何在某种合理范围内,吸纳所有人的参与,以克服这些缺陷。

第一,在大众社会中,激励市民获得充分的信息是很困难的。在大多数政治和政策问题上,信息的流通性都很低。社会科学家将这一现象解释为"理性的无知"(rational ignorance):③ 如果我的观点只是几百万个观点中微不足道的一个,为什么我还要花时间去了解政治和政策呢?但是基于理想公民的立场,我们希望情况有所改变。我们希望公民能够基于足够的了解而投票;希望他们能够有足够的信息对争论做出判断。但人们大多事务繁多,时间有限。而这种人人都有大量信息的民主,似乎需要太多的会议讨论才能实现。

---

① 参见劳伦斯·雅各布、罗伯特·沙皮尔《政客不迎合:政治操纵与民主回应性的失落》,芝加哥,芝加哥大学出版社 2000 年版。

② 约瑟夫·A. 熊彼特极力提倡的观点,近期再受关注。该观点参见约瑟夫·A. 熊彼特《资本主义,社会主义与民主》,纽约,Harper&Row 出版社 1942 年版。此观点尤可参见理查德·A. 波斯纳《法,实用主义与民主》,剑桥,麻省,哈佛大学出版社 2003 年版。伊恩·夏皮罗《政治的伦理根基》,纽黑文县,耶鲁大学出版社 2002 年版。

③ 这一著名的术语("理性的无知")出自安东尼·唐斯。可参见安东尼·唐斯《民主的经济学理论》,纽约,Harper & Row 出版社 1957 年版。一些重要的细节可参见罗素·哈丁《民主参与的街头认识论》,《政治哲学》,2002 年 10/2,第 212—229 页。民众较低的信息水平所带来的影响可参见 Michael delli Carpini、斯科特·基特《美国人对政治了解什么及政治为什么至关重要》,纽黑文县,耶鲁大学出版社 1996 年版,斯科特·奥尔索斯《民主政治上的群体性偏好:民意调查与人民意愿》,纽约,剑桥大学出版社 2003 年版。

第二，公众的"意见"经常比民意调查所反映的要少。民意调查中的受访者不喜欢承认他们"不知道"，所以他们会随意地选择问卷的某个选项，而不承认他们从来没有思考过这些问题。乔治·毕士普（George Bishop）曾发现人们对于所谓的"1975年公共事务法"的调查问题明确地表达了观点，即使这个所谓的"公共事务法"其实是虚构的。当《华盛顿邮报》"庆祝"这一并不存在的"1975年公共事务法"废止20周年的时候，它再次访问一些关于废除此法的问题，受访者同样表达了对于这一压根儿就没有存在过的"事务法"的观点。[①] 当然，在很多问题上公众确有自己的观点，但是其中的一部分仅仅是"飘在头顶"（top of the head）的观点：对媒体的只言片语（sound bites）和新闻标题的模糊印象。这些观点可塑性极强，很容易被游说业透过"印象管理技术"重塑。但若要求民主过程中的每个人都拥有扎实的观点，则过多的会议讨论似乎无法避免。

第三，即使人们讨论政治或政策，他们大多时候也只与具有相似背景、社会地位和观点的人进行讨论。如果一个人知道另一个人持有与他截然相反的政治观点，那么比起讨论其不认同的政治问题，讨论天气似乎是个更容易的选择；[②] 何必要摆出可能引发冲突的导火索而使人际关系受到威胁呢？在一个极度分歧的氛围里，与那些跟自己持相反观点的人进行互相尊重的对话，需要耐心和适当的社会环境。在实践中，跨越政治分歧的对话，往往需要非同寻常的努力和太多（并很可能是不愉快的）讨论。[③]

有人认为，网络或能弥补我们对话的局限。通过网络，我们可以很容易地查询几乎所有的观点，从而在理论上获取无限的信息。多频道的有线

---

① 参见乔治·F. 毕士普《舆论的错觉：美国民意的事实与假象》，马里兰州拉纳姆，Rowman & Littlefield出版社2005年版，第27—30页。

② 关于揭示人际间及媒体间的分歧比较可参见戴安娜·C. 马茨、保罗·马丁南《跨越政治分歧以促进交流：大众传媒的作用》，《美国政治科学评论》，95/1（3月），2001年。

③ 在《听到另一方》一书中，马茨认为协商有可能抑制进一步的政治参与，但她考虑到的协商仅仅是在任何情况下和持有不同观点的人交流而已。而在没有一个安全的公众空间或公民交流的情况下，和有明显政见分歧的人接触有可能更加抑制参与。参见戴安娜·C. 马茨《听到另一方：协商式民主对峙参与式民主》，剑桥，剑桥大学出版社2002年版。有人认为接触不是协商，真正的协商有可能提高进一步的参与度，接着我们会探讨。

电视、播客（podcasts）、可下载的数字视频（Tivo）、电子书阅览器（如亚马逊公司的 Kindle）、卫星广播等技术，都能让我们在有需要的时候轻易获取相关信息。密尔（J. S. Mill）在其经典著作《论自由》中，论证了思想、言论和结社的自由对于多样化观点的促进作用，从而使我们实现或者接近"个体性"（"个体性"是他用来描述自省和主要基于自主选择的生活方式的一个概念）。①

　　然而，即使我们受惠于技术进步而获得了拥有多样化信息的自由，如果我们在实践上述自由的时候，不与对立的观点进行交流，而仅仅是阅读、观察、倾听和交流相似的观点；如果不断增加的选择自由仅仅有助于我们获取顺耳和肯定性的意见，那么提升这种自由的技术进步，反而会在实现自由／民主社会前提的过程中适得其反。事实上，自由可使我们选择较少的多样性，使我们在多数情况下与我们自己或者与我们相似的人们对话（如果对话存在）。在面对面的政治对话中，人们更倾向于与相似的观点交流。没有理由认为技术会扭转这一倾向，事实上，这一倾向很可能被技术进步加剧。②

　　第四，在大众社会中容易被操控。而分散的和不知情的公众，较之于经深入思考和讨论而获得明确观点的公众，更容易被操控。这些观点之所以更容易被操控，一是其在个人层面上的易变性。他们或是基于新闻采访中的只言词组或报刊大字标题的"飘在头顶"的印象，或是无态度（non-attitudes）或者虚无的观点。二是大众社会中公众能获取的信息少，也使其观点易被操控。如果人们对于背景信息知之甚少，并缺乏对事情来龙去脉的了解，一些突出的事实便更具说服力。清洁煤的提倡者力证清洁

---

　　① 参见约翰·斯图尔特·密尔《论自由》，伦敦，朗文出版社 1869 年版。关于密尔"个性"的理念如何上升到"自治"这一理论高度的论述可参见约翰·格雷《密尔论自由：一种辩论》，伦敦，Routledge 出版社 1983 年版。有关我们如何实践结盟自由来集聚有相似观点的人可参见比尔·毕士普《大类别：为什么汇聚类似想法的美国撕裂了我们》（*The Big Sort*：*Why the Clustering of Like-Minded America is Tearing us Apart*），纽约，霍顿米夫林大学出版社 2008 年版。

　　② 这个话题被证实是有争议的。相互竞争的观点可参见《波士顿评论》的专辑，《互联网是否对民主不利?》，http：//www. bostonreview. net/BR26.3/contents. html。有关党派选择的实验性确认，尤其是关于非政治性话题的福克斯新闻可参见山特·艾因嘉、圭南·哈恩《红色媒体，蓝色媒体：媒体在思想选择性使用证据》，《传播学学刊》（即将出版）。还可参见 http：//pcl. stanford. edu/research/2008/iyengar-redmedia. pdf。

煤相比于脏煤的优点，但是大多数公众并不了解清洁煤要比天然气（以及可再生能源等可替代能源）脏得多的这一事实。在没有与其他论据（如清洁煤与其他可替代能源对比的情况）进行比较的情况下，对事实选择性的援引（比如清洁煤要比脏煤干净）将帮助提倡者操纵公众的意见。① 三是当人们拥有很少的信息时，他们容易被错误信息误导。如在国家安全这一保护性的炫目光环下，尽管在公共领域中存在不同的信息，主张伊拉克应对"9·11事件"负责的论断还是受到了明显的重视。四是与提供错误信息相比，更常见的操控民意的方式是策略性地发布不完整且有误导作用的信息。如果一个建立在真实的但却具有误导性的不完全信息的基础上的论点，通过花费高昂的广告获得充分的接受，而相反它的信息却未能引起有效的重视，则公众也可能被严重误导。五是操控公众意见的核心策略还可以通过突出政策的特定方面，使其压倒其他因素。在实践中，候选人或政策倡议者会改变评估的标准，从而使对他／他们主张最有利的提议成为决定性的因素。②

策略性地运用强调手段，以改变选举竞争的条件，可以通过某些方法实现，例如把真实事件透过广告等的方式抽离现实，再无限被放大。不论是通过广告、竞选活动、选举的代言人，还是通过看似独立的评论人或团体（如威利·霍顿被用来攻击迈克尔·杜卡基思；总统竞选辩论中针对戈尔的感叹；朱利安尼在演讲过程中接到妻子的电话），以至于通过感情强烈的虚假宣称（反对克里的"快艇老兵"事件），甚至是企图影响选举的局外人（2004年美国总统大选之前，本·拉登注销现在视频里发表看似合理的讲话），不管被放大的方面是关涉犯罪、品格或者国家安全，都可以被利用以改变（或者进一步强调）某些评估的标准，从而

---

① 关于广告竞选运动可参见弗雷德·皮尔斯《埋葬"清洁煤"神话的时代》，《卫报》2008年10月30日（http：//www. guardian. co. uk/environment/2008/oct/30/fossilfuels-carbonemissions）。在本书第五章我们会以一系列以能源为主题的协商民意测验，再讨论这个问题。

② 参见山特·艾因嘉、唐纳德·金德《重大影响力的新闻》，芝加哥，芝加哥大学出版社1987年版。还可参见John Zaller、斯坦利·费尔德曼《一个调查回应简单的理论》，《美国政治学》，1992年第36期，第579—616页。

令人们忽视其他方面。① 由于竞选活动（以及外部行动者）争相重塑竞争环境，最终必然导致各方相互干扰的结果（Mutually Assured Distraction, MAD）。

在美国，法定独立团体（以美国国税局法令的第 527 节命名的"527团体"）对竞选广告资助费的高速增长，增加了民意被操控的机会。一般来说，令否定、误导或者歪曲竞争对手往绩的候选人，对其自身的行为负责，是抑制他们向竞争对手或者政策主张者发起抨击的有效因素。但是，在法定独立团体的"迷雾"下，这些抨击以一种全新的，类似国家安全中的"不对称战争"的模式出现：恐怖分子袭击一个国家之后，只留下了一个模糊的地址，以吓阻他人、慎防报复。上述的"527 团体"抨击竞争对手后也只留下一个模糊的地址——使受益的候选人容易推卸责任。例如，即使某总统候选人得到一位付薪职员发起的某"527 团体"支持，他仍可矢口否认所有与此团体的联系。②

选举代理人和名义上独立的评论家通过结合"不对称（竞选）战争"和"相互保证干扰"，以突出问题、重塑争论，并把不够煽情的话题排挤出舆论空间。约翰·克里在 2004 年的总统选举辩论中暗示迪克·切尼的女儿是同性恋的言论，是否构成了对这位女士的侮辱呢？一些评论家用了大量的电视节目时间，宣称克里的话确实构成了侮辱。2008 年，当希拉里·克林顿谈到马丁·路德·金的梦想要由约翰逊总统来实现的时候，她有没有贬低或者侮辱马丁·路德·金呢？在初选中公开讨论的关键日子里，公众的讨论被一次次引导向那些评论家和代言人"燃点"的议题，而受益的候选人则可以似是而非的不为这些言论负责。

---

① 关于竞选环境下的操控的最佳表述参见凯瑟琳·贾米森《肮脏的政治：欺骗，牵引与民主》，纽约，牛津大学出版社 1993 年版。

② 在 2008 年的总统竞选中，总统候选人约翰·爱德华兹得到了由一个关键助手运行的"527 团体"的竞选广告的支持。参见 http：//www. politico. com/blogs/bensmith/1207/A_ 527_ twofer. html。在大选中，支持麦凯恩的广告部分是由他自己的竞选运动的主席所操纵的"527 团体"运作的。例如，可参见马克·席尔瓦《麦凯恩攻击奥巴马顾问在"527"》，http：//www. swamppolitics. com/news/politics/blog/2008/05/mccain_ advisers_ on_ 527_ attacki. html。

　　此外，科技的进步使公众讨论不再局限于编辑过滤的"故事"：只是某人声称某事，就可成为一则新闻。因此，来历不明的团体，如"反对麦凯恩的越战老兵会"，在选举早期即对麦凯恩的参战往绩发表意见，与"快艇老兵"反对克里一样，这些言论迅速成为公众讨论的话题。错误的信息能透过互联网传递，比如奥巴马参议员是穆斯林教徒，这一信息如病毒般通过电子邮件传递。一个匿名信息源或伪信息源通过短信，告诉奥巴马的支持者，由于投票人数过多，应在周三投票；但其实投票在周二进行。① 不对称（竞选）战争无处不在，即使在竞选前夜，选举结果仍可能被操纵。②

　　美国的政治制度始于对审慎协商（deliberation）的热望。詹姆斯·麦迪逊指出，审议协商的目的在于使代表们"琢磨"、"扩充"及"过滤"公众的意见。然而，游说行业运用科技，使精英们能塑造公众的观点，并假民主之名援引它们。那些经过焦点小组实验、收视率测量仪（people meter）检验的游说技术已广泛应用于商业，以向我们兜售从清洁剂到汽车等一系列商品。同样的技术也用于推销候选人和新政策，或者用来动员或抑制投票。当游说业统治了政治过程、当公众对话渐渐沦为广告宣传，我们的制度经历了从麦迪逊到麦迪逊大道的蜕变（译者注："麦迪逊大道"是美国广告业的中心，被视为是广告业的代名词）。

　　公众的怠慢或其所获得的信息不足，使他们的意见易于被操纵。如果公众漫不经心，那么劝说就不会很费力气，灌输也会比较容易。如果公众的信息是不充分的，那么即使他们积极地参与，甚至对某一议题深感兴趣，他们仍有可能被操纵。在这些情况下，通过提供错误信息，或仅仅灌输对某个角度的思考，就能轻易地误导公众。

　　或许有人会问，操纵和劝说的区别是什么。民主需要留下充分的空间，让人们享有思想和表达自由，而劝说正是这一保护空间中的正常活动。在这一空间中，操纵也有可能发生，但如果思想和表达自由被滥用从而形成了对公众意见的操控，那就背离了审慎协商。如果某人在沟通的过

---

　　① http://campaignsilo.firedoglake.com/2008/11/04/dirty-tricks-textmessages-tell-obama-voters-to-vote-wednesday/.

　　② 参见《电子邮件诋毁奥巴马竞选税》（来自 2008 年 1 月 26 日的访问），http://www.politico.com/news/stories/0108/8109.html, accessed January 26, 2008。

程中，受了影响而改变她的观点；而在正常情况下，她并不会作相关改变，则这一改变便是别人早有预谋的结果。所以，如果她是被错误信息所蒙蔽，并因而改变其观点，那她便被操纵了。如果她掌握了充分的信息，她的观点则不会改变。在这种情况下，对操纵的定义可被拆分为"条件良好"和"信息充分"等我们假定用来进行比较的基准。这些"良好条件"是我们发展"审慎协商"这一概念时的重要因素。

我们将条件良好的状态下人们思考的内容作为比较参照点，并非认为如果人们不进行审慎思考就一定会被操纵。操纵的前提是，别人必须意图把意见引导向某个方向。审慎协商定义"良好条件"的作用仅仅在于作为比较的基准，以厘清操纵的路径。或许操纵者想让我持有 X 观点，而我经过深思熟虑之后的确持有了此观点（深思熟虑在此指考虑了相互冲突的意见并掌握关于它们的充分信息后）。依据审慎协商的定义，在此情况下，若我仍持有 X 观点，我并没有被操纵。①

以上只是我们在大众社会中发现的民意的部分局限。但是，即使在这个不完整的清单中，我们也能发现实现普遍包容和深思熟虑的困难。大多数人缺乏足够的激励获取信息、形成观点或与持有不同观点的人讨论问题。每个公民的选票或者呼声都只有百万分之一的影响力，而大多数人还面对各自繁多的事务。对政治和政策的了解、经过深思熟虑的意见是公共产品。集体行动的逻辑认为，若要动员大量民众生产公共产品，就需要为他们提供特定激励（只有公共产品生产者才能享有的激励），否则公共物品便无法生产。② 因此，只要不改变人们的偏好，使人们出于自身利益考虑而做出知情和审慎的判断（例如通过改造公民教育的形式）③，我们有充分的理由相信，大部分民意都将存在上述局限，并最终将成为规范。大部分公众对精英主导的议程涉及的政策问题往往缺乏了解和看法，他们的

---

①　操纵使用的范围有时更为广泛，然而我在此仅关注其负面影响的形式。

②　"选择性激励"这一术语可参见曼库尔·奥尔森的经典著作，曼库尔·奥尔森《集体行动的逻辑》，剑桥，麻省，哈佛大学出版社 1965 年版。

③　在学校环境中，我们曾在完全受控的实验性条件下，进行以协商民意测验为蓝本的公民教育，成效显著。参见罗伯特·C. 罗斯金、詹姆斯·S. 费什金、尼尔·马尔霍特拉、小爱丽丝《审议中的学校：加强公民参与之路？》，论文在两年一次的欧洲政治研究大会发表，比萨，意大利，2007 年 9 月 6—9 日。参见 http：//cdd. stanford. edu/research/papers/2007/civiceducation. pdf.

对话和信息来源也只局限于社会地位或观点类似的人。这是公众意见易受操纵的另一个原因（很大程度上是由民意的前三点局限导致的）。总而言之，我们预期的大众是一个缺乏知情和审慎的群体。在此情形下，如果囊括了所有人，我们似乎并不能为民主机构"输入"深思熟虑的民意；而如果我们仅仅囊括了精英或意见领袖，即使我们可能进行审慎协商，我们则因此要担负破坏政治平等的风险。仅包含精英和意见领袖的民主最多是"民享"（for the people）的民主，而不是"民治"（by the people）的民主。在此，我们将持续关注通过有代表性的、审慎协商的方式，将普通公民纳入决策的愿景。

上文对大众社会的描述已经得到广泛认可。在现代社会中，这状况称为大型民族国家民意的"街头认识论"①。但是，也有人对这情况的重要性提出了批驳。首先，他们认为公众缺乏全面信息也不要紧：作为日常生活的副产品，普通公民依然通过信息片段（如线索或者捷径）获知民主社会中须知的信息。例如，如果知道公投的支持和反对者，我们就无须知道公投的详细内容；我们可以跟从自己所支持的一方，表达观点和利益；而不需要参加太多会面，浪费太多时间。

当然，了解特定的人是在支持还是反对的一方，本身就是稀有的信息。② 但是，对一些有争议的议题，不同线索的重要性，则需要通过审慎协商和讨论来确定。但是在很多具争议性的议题上，有许多重要的线索依靠精英们的参与和讨论，而普通大众亦会相信只要有前者的参与便已足够。通过对澳大利亚的全民公投和英国大选的观察，我们发现，当作为科学样本的组员掌握更充分的信息并且经过认真的讨论后，他们会明显地改

---

① 罗素·哈丁：《政治参与的街头认识论》，载詹姆斯·S. 费什金、彼得·拉斯利特合编《协商民主的辩论：哲学、政治与社会》，第7卷，牛津，巴西尔布莱克韦尔出版社2003年版。

② 参见阿瑟·洛皮亚《捷径还是百科全书：加州保险改革选举上的信息和投票行为》，《美国政治学评论》，1994年88/1（3月），第63—76页。洛皮亚的论述揭示了重要的信息，即仅有大约半数的受访者知道拉尔夫纳德或保险业已经通过特定的公投主张。见表B—1。有关相同的大众立场的另一个有影响力的论述可参见塞缪尔·波普金《理性的选民：总统选举中的沟通和说服》，芝加哥，芝加哥大学出版社1991年版。

变投票意愿。① 因此,至少在某些情况下,审慎协商会带来显著不同的结论,而缺乏足够信息的人不能轻易得出这些结论。

　　第二种反驳的论点是,即使整体上公众没有掌握充分信息,由全体选民划分成的"特定问题公众"（issue publics）可以克服这一问题。例如,农民会关注农业政策,而犹太人则会对中东地区政策特别感兴趣,而古巴裔美国人会对古巴政策特别关心。在这些问题上,那些与问题相关的公众事实上能够掌握充分的信息。例如,如果我们对农业政策不感兴趣,我们可以直接把政策问题（或者争论）留给农民。但是,从民主理论的角度看来,争论涉及农民自身的特殊利益,令人担忧。与此同时,其他的特定问题公众也都有自身的利益和价值观。那么在多大程度上,我们希望将政策问题授权给相应的特定问题公众去处理呢? 如罗伯特·达尔多年前指出的一样,把政策交给特殊利益群体决定,将会导致"少数统治"非"多数统治"。② 这情形或许是我们政治系统实际运作的真实解构,但若我们希望达致政治平等和审慎协商,绝非好事。没有理由相信那些毛遂自荐、有特殊利益的少数人,能够大致代表其他选民的观点。③ 但如果进行协商的少数人是全体公众的一个随机样本,而不是毛遂自荐的特殊利益群体（如农民、古巴裔美国人等）,那么通过一个有代表性的"群众缩影"来实现政治平等与审慎协商的结合则是可行的。但是,特定问题公众是特殊

---

　　① 有关澳大利亚全民公投的案例可参见罗伯特·C. 罗斯金、詹姆斯·S. 费什金、伊恩·麦卡利斯特、约翰·希格利、帕梅拉·瑞安《协商和全民公投》,2000 年版。相关论文发表在美国政治学协会会议,华盛顿。参见 http://cdd. stanford. edu/research/papers/2005/referendum-voting. pdf。有关英国换届选举的案例可参见罗伯特·C. 罗斯金、詹姆斯·S. 费什金、罗杰·乔韦尔、艾莉森·公园《在英国学习和投票:洞悉协商民意测验》,1999 年版。相关论文发表在美国政治学协会会议,佐治亚州,亚特兰大。参见 http://cdd. stanford. edu/research/papers/2000/general_ election_ paper. pdf。

　　② 罗伯特·A. 达尔:《民主理论的前言》,芝加哥,芝加哥大学出版社 1956 年版。参见第五章。

　　③ 有关特定问题公众的观点实际上解决了"民主可问责性的问题"的论述参见文森特 L·哈钦斯《舆论和民主问责:公民如何了解政治》,新泽西州,普林斯顿,普林斯顿大学出版社 2003 年版。本书以一个戏剧性的案例为开端:尤金·麦卡锡通过新罕布什尔州立关注正被发动的越南战争的特定问题令林登·约翰逊感到吃惊。但这些公众却错误地以为麦卡锡想令战争升级（事实麦卡锡是反对越南战争的）。特定问题公众并不总是信息充分的,他们当然也不具有代表性。

的，他们不能成为更广泛的公众的代表——这是他们和随机样本公众的不同。这个问题的解决方法，取决于社会机制是否能兼具代表性和慎思。

从雅典到雅典

2006 年 6 月正值盛夏，在一个清新的夏晨，160 名随机抽样的市民聚集在雅典郊区，选举一名市长候选人。这次选举决定谁将成为正式候选人，代表泛希腊社会主义运动（PASOK）——希腊两个主要政党之一的中左政党。党主席乔治·帕潘德里欧决定不再用政党精英的决议或者大众初选的方式，而转而采用协商民意测验的方式[1]，在雅典曾经举行奥运会的地区，马罗西，选出其政党的候选人[2]

在《国际先驱论坛报》的一篇文章中，帕潘德里欧解释了他这一大胆举措的原因，"如果投票的选项不是通过真正民主的方式决定，那么民主的可信度就会降低"。但似乎每种可能的方式都有其不足。民主的主要形式是大众初选，但投票率往往很低，且不具代表性，人们的意愿常受到"对姓名的认同"和"来自新闻报道的肤浅印象"影响。那么，其他可选择的策略是什么呢？"在大多数国家，不采用大众初选的政党通常将提名权交给政党精英。"雅典历史为这两难处境的挑战，提供了解决方案。

> 有没有方法将掌握充分信息又具代表性的公众意见纳入提名过程呢？从古雅典的实践中可以找到解决办法，那就是通过抽签产生的数百位市民定期协商，以决定重要的公共决策。[3]

在协商之前，政党的相关委员会已将候选人数缩减到六位。之后，随机抽取的投票人填答一份关于候选人和议题的调查问卷。之后他们被邀请

---

① Deliberative Polling 已被注册为商标，由詹姆斯·S. 费什金所有。该商标的使用费将用于支持斯坦福大学协商民主中心的研究。

② 这一方案是由雅典经济与商业大学的教授 John Panaretos 牵头，并在 Evdokia Xekalaki、罗伯特·C. 罗斯金和我的协助下进行的。我们对乔治·帕潘德里欧的远见和支持表示感谢。

③ 乔治·帕潘德里欧：《依据人数挑选候选人》，《国际先驱论坛报》2006 年 6 月 7 日。参见 http：//cdd. stanford. edu/press/2006/iht-picking. pdf。

参加为期一天的协商,以相互讨论并与候选人见面。他们当天共要讨论十九个议题,并质询六名候选人的立场。十小时的讨论结束后,他们要填写一份与之前相同的调查问卷,然后到投票站进行不记名投票,选出被提名人。

帕斯勒·亚历山德利斯,起初是六名候选人中知名度最低的一名律师,却在当晚第一轮投票中领先。在统计选票的同时,投票人共进了晚餐。由于没有候选人赢得绝对多数票,投票人在两名首轮胜出的候选人中,进行了第二轮选举。亚历山德利斯以绝对多数胜出。这是2400年来第一次在雅典,通过随机抽样选出的公民,进行协商做出的重要公共决策。

雅典的形式也适用于其他协商民意测验模式:首先在总体市民中随机抽样(在上面案例中是有资格的投票人)并进行电话调查;然后进行数小时的小组和大会讨论;在全体会议上,相互竞争的候选人、专家或者决策者要回答在小组讨论中发现的问题;在会面结束后,投票人要填写另一份问卷,这一问卷的问题与他们此前在家中回答电话调查的问卷相同。在上面雅典的案例中,问卷调查后,需要在独立投票站进行不记名投票,因为那不仅仅是民意调查,还是正式的决定。

意大利《共和报》描述了数小时小组讨论后候选人和投票人见面的全体会议。

> 周日下午,当六位候选人——包括四位男士和两位女士——在会堂面对众多投票人时,这是一个意义非凡的时刻。他们知道在座参与者都已对议题作了深入思考。他们提出尖锐而具体的问题,涉及环境、巨额城市债务以及街道垃圾的处理,要求候选人提供有说服力的答案。所有发问都很精准,参与者很容易判断出哪个候选人有见地,而哪个候选人还不够资格。①

调查问卷中地方问题的认知指数显示,抽样产生的参与者掌握了更充

---

① 约翰·劳埃德:《伯里克利初选》,《共和国》,2006年10月6日。参见 http://cdd. stanford. edu/press/2006/mar-pericle-eng. pdf。

分的信息，从而使他们的投票意愿发生了重大变化。从最初的调查到最后的调查，亚历山德利斯的支持率提高了15%（从24%上升到39%）。在最后两名候选人的决定性竞选中，他的得票率又上升了16%。正如其他协商民意测验显示的一样，获得更多信息的参与者改变了他们的意向。①信息是促使他们改变观点的主要因素，而不只是对候选人个性的认知。②

对该政党而言，这一方案为选择候选人提供了具有实质意义的民主形式，为挑选候选人提供了新途径。尽管不能从第一个案例中作太多推论，但最不为人所知的候选人最终得到了提名，这一事实仍具启发性。帕潘德里欧总结到："这一过程强化了民主程序。"他补充道："我们希望把这经验传播到世界上许多其他地方……并同时将它用到（希腊）其他城市和不同的议题。"③

这一实践令古老政治生活形态获得重生，这便是古雅典的独特政治实践。在公元前四五世纪，通过抽签选出的雅典市民，集会一天或更长时间，以做出重要的公共决策。五百人或更多人组成的市民陪审团享有比现代社会中法庭更广泛的权限。除此之外，雅典还有其他有特色的机构。公元四世纪，随机选出的立法委员会（nomothetai，陪审员由抽签选出）在立法问题上做出最终决定。还有一项特殊的程序（graphe paranomon）：在公民大会中提出了非法或者不负责任的议案的成员，可能会受到500名随机抽取的协商者组成的陪审团的审讯。因为有这审讯，人们在大会上的发言会更为谨慎。最为重要的是，这五百人委员会是随机产生的，其任期

---

① 参见詹姆斯·S. 费什金、罗伯特·C. 罗斯金、约翰·帕潘德里欧、小爱丽丝、Evdokia Xekalaki《协商民主选举回归雅典：协商民意测验推选候选人》，2008 年。相关论文发表于当年 8 月的美国政治学协会的年会上。参见 http：//cdd. stanford. edu。

② 在初选中，选择哪个候选人往往受到对候选者人格的印象左右。然而，两个美国实例向我们揭示，在候选人的选择中，协商能够使候选人的政策成为选举的决定性因素。参见山特·艾因嘉、罗伯特·C. 罗斯金、詹姆斯·S. 费什金《总统候选人提名运动中的协商偏好：源自网上协商民意测验的证据》。先前发表在美国政治学协会年会，2005 年。参见 http：//cdd. stanford. edu/research/papers/2005/presidential-nomination. pdf，罗伯特·C. 罗斯金、圭南·哈恩、詹姆斯·S. 费什金、山特·艾因嘉《协商性选民》，2006 年版。研究文献，协商民主研究中心。参见 http：//cdd. stanford. edu/research/papers/2006/deliberative-voter. pdf。首要关注的是初选和大选中民主党第二次选举中的协商民意测验。

③ 《帕潘德里欧呼候选人程序命名 PASOK》，雅典通讯社（2006 年 6 月 6 日）。参见 ht-tp：//www. hri. org/news/greek/ana/2006/06－06－05. ana. html。

为一年，负责为公民大会的会议设置议程。这五百人同时以每 50 人为一组，以一个多月为周期，轮流行使政府的大部分行政职能。

雅典实践的特别之处在于，将两个重要因素——审慎协商和随机抽样——结合在一起。这种结合有效地克服了社会规模加诸于协商民主（这个词是我们保留给政治平等与审慎协商相结合的形式）上的困难。协商民主为参与者形成自己观点，提供了有利条件，从而使每个人的观点都得到平等的考虑。过程中的协商性，在于其提供了信息充分且相互尊重的讨论机会，使人们会专注于对问题本身的思考。这一过程的民主性，则如下文所示，将所有人的观点平等的纳入其中。[①]

当然，协商民主的实现在很大程度上依赖于令参与者形成其观点"有利条件"。但也应注意到社会规模对实现审慎协商与政治平等结合的愿望的影响。

尽管普通市民会受到"理性的无知"的影响，一旦他们被选进小规模的协商团体，他们就面对完全不同的局面。作为规模较小的小组的成员，每位成员都会产生影响。在协商民意测验中，每个参与者都会在 15 人左右的小组中，令自己的声音产生影响，并最终在几百人参加的问卷调查或投票中发出自己的声音。因此，理性无知的"侵蚀"不再影响小环境中的成员们。在小规模的环境中，民主得以重新建构，个人的观点变得重要，个人参与因此被有效地激励。

也许有人认为古雅典的情况是个例外，社会规模带来的问题并不存在于雅典。雅典作为一个城邦，其中每个人都可参与公民大会。[②] 但不同时期的数据表明，雅典市民人数应在 30000—60000 人之间，[③] 而公民大会开会地点——尼克斯只能容纳 6000—8000 人（8000 人还是扩建后才能容

①　有关雅典这些机构的结构与运作的具体论述参见莫恩斯·赫曼汉森《德摩斯梯尼时代的雅典民主》，牛津，布莱克韦尔出版社 1991 年版；乔赛亚·奥伯《雅典民主中的大众与精英》，新泽西州，普林斯顿，普林斯顿大学出版社 1991 年版。

②　参见罗伯特·A. 达尔《民主及其批评者》，纽黑文，伦敦，耶鲁大学出版社 1989 年版，第 16—19 页探讨雅典民主的规模。詹姆斯·麦迪逊在《联邦党人文集》第 10 篇中仅仅假定一个所谓"纯粹的"或直接的民主应该是规模足够小以至于每个人都能够管理它。詹姆斯·麦迪逊、亚历山大·汉密尔顿、约翰·杰伊《联邦党人文集》，纽约，企鹅出版社 1987 年版，第 126 页。

③　参见汉森在第 53 页为此作出的预测，认为在 15 世纪的雅典有 60000 名成年男性公民。

纳的人数)。① 因此，雅典也存在类似于我们面临的问题：并非所有人都能参加议题的讨论，而每个人所占的直接民主的份额也因此降低到几近为零。

对所有市民开放的公民大会只是将公众纳入公共决策的直接民主方式之一。随机抽样或者抽签的方式是一种代议民主的形式：通过随机选取器 (Kleroterion) 从有意愿参与会议的市民名单中，做出随机选择，能激发选中的普通市民更多关注公共事务。如同在现代社会中，如果一个人不是陪审团成员，他关注审讯细节的动力就微乎其微，但如果他是陪审团成员，他则会有充分的理由去关注审讯。因此，被抽中的市民有充分的动力关注讨论的议题。现代陪审团和古代陪审团或者几百人组成的协商会议的不同之处在于在古代陪审团或协商会议中，被抽选的群体已经足够代表所有市民。而现代十二人陪审团的抽取过程则受到各种考虑因素（如不合理的回避要求，陪审团顾问的建议等）的干扰，因此不具有上述古代机构的代表性。当代陪审团规模太小，而且在当前"对抗型"的法律制度下，陪审团成员的轮选涉及太多策略性的决定。

古雅典的民主不应该被理想化。一个臭名昭著的例子是，通过抽签或者随机抽选的市民陪审团宣判苏格拉底有罪。这一决定将民主进程推迟了大约 2500 年（尽管现代研究表明苏格拉底自身可能操纵，或者实际上刺激陪审团的判决）。② 与由 500 人组成的议会不同，大多数古雅典的机构，在为期一天的协商中，并没有进行小组或者面对面的讨论，或像 500 人会议那样在圆形剧场中听取相反的见解。随机抽样的应用也有明显的限制。首先，只是自荐者（"那些有意愿参加的人"）才会出现在抽签名单上。此外，对于"市民"的界定决定了谁有资格参加，而这个界定是极其狭隘的。妇女、奴隶和外邦人（住在雅典城外的居民）都被排除在外。尽管如此，在雅典仍然存在基于"人的标准"（human scale）为其所有市民提供协商民主机会的设想，而这一标准并不限于城邦范围。

雅典实践的独特之处在于把两个重要思想结合在了一起——随机抽选

---

① 参见汉森，第 131 页。关于人口趋势从 15 世纪的 60000 人下降到 14 世纪的 30000 人，参见乔赛亚·奥伯《民主与知识：古典雅典的学习与创新》，新泽西州，普林斯顿，普林斯顿大学出版社 2008 年版，第 74 页，图 2—5。

② 参见艾萨多尔·范士丹·斯通《苏格拉底的审判》，纽约，Anchor Books 1989 年版。

和审慎协商。在雅典之后,这两者在民主制度的设计中都被淡化了(尽管通过传统的民意测验,随机抽样运用在我们的民间政治生活中)。而在民主实践的历史中,这种随机抽样与审慎协商相结合的思维也日益丧失。[①] 协商民主最近才重新受到关注,人们也因而对这种结合再度产生兴趣。[②] 让我们把这种结合置于公众咨询的一系列可行策略中,以厘清不同策略所涉及的民主理论和价值。

咨询公众

谁会为人民发声呢?目前已经有很多表达民意的民主机制。我们将从实现审慎协商和政治平等的价值理念出发,对这一系列机制进行探究。

在迄今为止的民主实践当中,民主过程的设计(以及可能的改革)始终面临反复出现的这两种机制选择:一种机制能够表达公众的真实想法。但通常在这种机制下,公众思考问题的条件很恶劣;而另一种机制,它们能够产生审慎的公众意见——公众在更好的条件之下对议题进行思考而得出的意见。而困难的决策则是指需要在虚弱却真实的意见和经过审慎协商的但“反事实”的意见之间做艰难选择。

某种制度为缺乏深入思考的民意提供了“快照”——公众在很多情况下的确没有掌握充分信息,也缺乏积极用心的投入。而另外一种制度(最理想的情况)则让公众有机会表达其在更具备信息和更积极用心的条件下对议题的思考——但这些经过审慎思考的意见常常是反事实的,并不为人们所广泛接受。上述困境的唯一出路就是通过某种方式产生信息充分、积极参与以及专心致志的民意,并且让这种意见为整个社会大众所分享。我们将在此后的讨论中,考虑这种挑战性的出路。

经过审慎协商或者“提炼的”(“提炼的”一词来自麦迪逊在《联邦

---

① 可有启发性的概述参见伯纳德·马宁《代议制政府的原则》,剑桥,剑桥大学出版社1996年版。

② 协商民主重新受到的关注是显著的。关于对协商民主广泛的讨论可参见编辑册,如詹姆斯·伯曼、威廉·瑞格合编《协商民主》,剑桥,麻省,麻省理工学院出版社1997年版;乔恩·埃尔斯特《协商民主》,剑桥,剑桥大学出版社1998年版;詹姆斯·S.费什金、彼得·拉斯利特合编《协商民主辩论:哲学,政治与社会》,第7卷。

党人文集》第 10 篇中一个著名的短语，他认为代表的作用在于"提炼和扩展公众的意见"）民意是一种历经了不同观点、论据和信息检验之后的意见。我将没有经历这一过程的意见称为"原始"意见。不同民主制度之间的根本区别，就在于制度是用来表述"提炼的"公众意见，还是仅仅用来反映"原始"的公众意见。

原始的公众意见通常可以在现有的大众民主制度中获得（公众创制，公民投票，民意测验，焦点小组讨论）。[1] 例如，通过直接选举而不是传统的间接方式产生参议员，美国向直接咨询的方向迈出了一步，使其更倾向于"大众民主"的方向，并使原始民意变得更有分量。与最初的设想相反（选举团应当在各个州中发挥类似协商机构的作用），选举团向选票汇聚机制的转变，也是向大众民主的方向迈出类似一步。这种大众民主增强了原始民众意见的影响力。同样，在总统候选人选举中直接预选机制的运用迅速增加——尤其是 1970 年麦戈文 - 弗雷泽改革（McGovern-Fraser Reforms）之后——这是另一种大众民主的前进。在美国，政党的全国大会曾经是精英们进行协商的机构，会上通过多轮投票选择出候选人，同时对政党政纲和国家面临的问题进行严肃认真的讨论。如今，它们却成为了奢华的媒体秀，为已由大众民主通过直接预选产生的候选人造势。

代议制机构是汇聚"提炼"民意的地方。正如麦迪逊所说，这些代议制机构致力于"通过一个经过挑选的公民团体，对大众意见进行提炼和扩展"。最理想的状态是，代议制机构不仅对于选民的真实想法十分敏感，而且对于选民掌握更多信息后的想法也同样敏感。

原始民意和提炼民意的区别，和直接民主和代议民主的区别大致对应，但并不完全重合。尽管有各种局限，描述民意现状的民意测验仍是大众民主中一种最具影响力的制度。民意测验与直接民主密切对应（乔治·盖洛普最初提出民意测验是直接民主的一个替代品——甚至最初被称为"抽样公投"[2]），但民意测验仅采用统计样本来代表其他未被抽样的公众，这一具有"代表性"的样本的成员们，是通过一个随机的科学

---

[1]　更多有关大众民主及其与协商制度的对照参见詹姆斯·S. 费什金《民主与协商：民主改革的新方向》，纽黑文县，伦敦，耶鲁大学出版社 1991 年版。

[2]　乔治·盖洛普：《民主制度下的公众意见》，新泽西州，普林斯顿，斯坦福德小讲座，1938 年。

程序选择出来的,而不是通过选举。尽管如此,他们仍然是公众的"代表";他们是代表其余公众——大众社会中更大多数的选民——的一个小团体。

制度设计困境的一种表述方式是,我们必须在两种不同的意见形式之间做出一个选择:虚弱却符合现实的民意与经过审慎协商的但(通常是)反事实的民意。基于前面提到的四点原因,符合现实的意见往往显得虚弱无力。但是,在现实的政治过程当中,符合现实的意见比那些代表人们经过思考后的意见更有分量——即使后者更具说服力。本书将在第五章探讨,经过慎思的公众意见仍具有影响力。

每一种民意的理念都应对于一幅民主制度运作的图景。美国的缔造者依赖的是"过滤器"这一形象的比喻。代议机构被认为能通过审慎协商对民意进行提炼。自反联邦党人开始,反对精英对民意进行提炼过滤的人则从一开始对"代表"就有不同的理解。他们认为,代表们应尽量充当真实的公众意见的"镜子":"过滤器"生产的是反事实,却具有审慎协商性的民意代表;而"镜子"提供的则是民意的原形——即使这些意见是无力的或者有疏漏的。这两种相冲突的情景意味着在"过滤器"产出的"主动反映"(reflective)意见与"镜子"所产出的"被动反映"(reflected)意见之间的艰难抉择。

过滤器与镜子

美国民主是政治可能性的羊皮书卷。旧画上涂抹了新画,透过的新的"涂画",早先的映像依然透视出来。但是这些早年文本的残碎片段对于多数美国人而言却难以理解。为什么我们会有选举团?为什么参议院比众议院要小很多?为什么在宪法制定和通过时,甚至在政党全国提名过程中,我们会倾向于"全国大会"(convention)这种形式呢?

事实上,旧文本也具有连贯性。一些事件使这种连贯性穿透了后来的改革而凸显出来。参议院的初衷是成为一个间接选举产生的小规模的协商机构。机构太大只会产生所谓的"多数的混乱"(《联邦党人文集》第55篇)。选举团起初被设计为一个(所有州参与的)协商机构,选举人可以自由地选择最合格的候选人。宪法事务的首选决策模式是"大会"——

每个州都召开制宪会议和修宪会议。此后，各政党的全国大会逐步兴起，政党实践中接受了大会作为一种协商机构的理念。但是，这些大会在大多数情况下并不比目前的选举团更像一个协商机构。一旦代表（或者选举人）选定，选举的结果就完全能够预测。尽管赋权于民是值得赞赏的，其也同时剥夺了精英审议机构进行有效决策的权力。长期以来，我们的民主改革使得精英审议和大众参与之间的冲突变得戏剧化。

麦迪逊在其笔记里阐述了他在制宪会议上的立场，他是"通过一系列后续筛选机制提炼民选结果的倡导者"①。他在著名的《联邦党人文集》第 10 篇中论述，代表的作用就是"以某个选定公民组成的团体对大众意见进行提炼和扩展……在这样的限制下，很可能会发生下述情形：通过人民代表发出的公众意见要比人民自行聚合的意见更符合公共利益"。麦迪逊的思路中贯穿的就是这两者之间的区别，一方面是"提炼"民意，通过一个小规模的代议机构的审慎协商，而得出的深思熟虑的判断；另一方面则是在这一审慎协商过程之外可能存在的民意的"临时错误和谬见"。只有通过在一个小型代议机构中的面对面的审慎协商，才会形成"对共同体的冷静而审慎的认知"（《联邦党人文集》第 63 篇）。这就是设计参议院的主要动机所在，希望其能用来抵制那种令公众走向多数人暴政的狂热和利益。

美国缔造者们对于审慎协商所需要的社会条件有非常深入的认识。例如，不论公民总体上是多么善于思考或多么有德行，公民的大型聚会都被认为是危险的，原因是它们规模太大，以致不能进行审慎协商。麦迪逊在《联邦党人文集》第 55 篇中指出："即使每个雅典公民都是苏格拉底，每次雅典议会仍会是一群乌合之众。"缔造者的制宪工程的关键，就是创造条件，以使审慎协商的民意能够形成和表达。

"过滤器"可视为是协商的过程，在此过程中代表们在面对面的讨论中，就公共议题形成了深思熟虑的判断。在这里，我们将审慎协商的操作理解为一种面对面的讨论，通过这种讨论参与者认真负责地提出并回应各

---

① 詹姆斯·麦迪逊，《在 1787 年美国联邦会议上的辩论笔记》，1987 年版。詹姆斯·麦迪逊撰写报告，阿德里安娜·科赫撰写概述，纽约，诺顿，第 40 页。

种相互冲突的论据，从而对公共问题的解决方法形成深思熟虑的判断。①
这一方式的风险在于如果这一社会环境包含了太多的人，如果参与者的动机受宗派主义的热情和利益所歪曲，那么协商民主就不可能成功。从美利坚缔造者的角度可以很明显地看出，大众民主或者公投民主中，我们所熟悉的那些社会条件不适合进行审慎协商。

如实地反映人们的观点

杰克·拉科维（Jack Revoke）指出，在建国之初，美国式的"代表"理解得到广泛接受的必备条件是，代表大会应当如约翰·亚当斯所说的那样，是"全体公民的一个准确的缩影"②。对反联邦党人而言，这一说法则是他们反对"过滤器"比喻明显的精英主义倾向的基础，只有受过教育的上层阶级才有望加入小规模的精英议会中，进行所谓的民意"提炼"；而基于"镜子"理念的代表理论却表现了公平和平等。如"联邦农夫"（Federal Farmer）所言："公平和平等的代表须能汇集人民的利益、感受、意见和观点，如同全体人民都参加了大会一般。"③ 在纽约批准宪法大会上曾经反对宪法的梅兰克顿·史密斯也论述说，代表们"应当如实地反映人民的情况，了解他们的处境和他们的需要，同情他们的不幸，并且愿意去探索他们真正的利益所在"。与镜子理论相一致，反联邦党人致力于探索定期选举、任期限制和其他方式，以提高代表与其被代表的人民之间精确的相似性。

联邦党人认为，"将所有人都集合起来"的集会方式只会使公共利益得到较差的表达。如前述的麦迪逊的观点，一个小规模的代表团体比"人民自己为此聚会"（《联邦党人文集》第10篇）更好地阐述公共利益。"镜子"能够如实反映民意的原型，而协商过滤器如果能够对公众意见进行"提炼和扩展"，则能提供一幅接近民意应然状况的反事实图景。

---

① 更加详尽的论述参见《协商》第二章。

② 杰克·拉科维:《"代议制的镜子"的本义：在制宪过程中的政治及思想》，纽约，Vintage Books 1997 年版，第 203 页。

③ 赫伯特·司铎灵:《完整的反联邦党人》，芝加哥，芝加哥大学出版社 1981 年版，第 2 卷，第 265 页。

很明显，被狂热或利益所激发的有损他人权利的派系，以及由此可能产生的种种弊端困扰了制宪者。他们所害怕的情景是雅典乌合之众与谢伊斯叛乱的某种结合。而协商民意中所谈到的"对社会冷静的和审慎的认知"（《联邦党人文集》第63篇）与那种导致宗派主义的狂热和利益是格格不入的。缔造者们认为，通过审慎协商过程提炼的民意会更有利于公共，同时避免导致多数人暴政的乌合之众的行为（参见以下"避免多数人暴力"部分）。

协商民主对大众民主：一场早期的争论

从缔造者的角度来看，罗得岛州的全民公投——在批准宪法过程中唯一一次对人们进行直接咨询，使两种形式的公众意见以及表达机制之间的冲突变得戏剧化。罗得岛州是胡乱花钱的温床，在联邦党人看来，罗得岛州的政府不负责任，财政管理不善。作为反联邦党人的一个据点，罗得岛州正如缔造者们所描述的那样：未经审慎协商过滤的公众激情，可能会导致很危险的结果。

反联邦党人发动了围绕恰当的咨询民众方法的全面论争，这一论争使公众与协商机构之间的长期冲突变得戏剧化。公投的倡导者坚持认为："把议题交由本州岛每位独立的土地所有者是汇集人民真实情感和观点的唯一模式。"① 但联邦党人对此表示反对。在他们看来，公投不能提供民众充分讨论议题的机会，而各种不同意见只有经过充分的讨论才能被汇集。换句话说，公投遭到反对是因为它提供的是有缺陷的审议协商。在遍布全州的市镇会议中举行公投，每个地区都会提出不同的意见。而不同地区的不同诉求间则缺乏共识。

> 沿海港口的市镇无法听到和了解内地的兄弟市镇在这个问题上的看法，他们因此也不能掌握我们的观点……每一个独立的利益体只会在个人或者地方动机的驱使下行动，而对其他用来评价共同福利与公

---

① "罗德岛州议会拒绝召开会议，并把宪法直接提交人民"，参见伯纳德·贝林《宪法第二部分的辩论》，纽约，美利坚图书馆出版社1993年版，第271页。

共利益的理由和争论缺乏了解。①

　　联邦党人认为，整个州的代表只有通过大会才能够聚集在一起，以表达关注，并得到持有不同观点的人们的回应。如此方能在共同利益的基础上达成某些集体性解决措施。以大会作为批准宪法的基础，是应因审慎协商的需求的重要创新。对公众进行直接咨询可如实地反映民意，但是它却不能提供审慎协商所追求的一致的、平衡的考虑。

　　联邦党人同时关注了另一缺陷——缺乏信息。

　　　　每位独立的自由人都应深入研究这些重大问题以便在制宪中作出决定：对于参加市镇会议的自由人而言，这要用去他们大量时间。市镇会议召开的时间不应只是三天，而是应该增加至三个月或者更多，以使大部分参与者掌握或多或少的信息。

　　被选参加会议的代表们可能会在合理的时间内获得合适的信息，但是为"全体人民"准备类似的信息就会要消耗极多的时间。

　　罗得岛州最终还是举行了公投。但这一公投遭到联邦党人的联合抵制。宪法在公投中遭到了否决。而罗得岛州在禁运甚至是被瓜分的威胁下（康涅狄格州和马萨诸塞州威胁要分别从两端入侵罗得岛州），才有条件地屈服了——它被要求举行州的大会，并最终在会上批准了宪法。

　　这事件是美国早期关于民主概念长期争论中的爆发点。由于其各种缺陷，联邦党人所强调的协商和讨论，长期来看很可能会输给反映民意原型的公投民主，或者其他大众民主形式。当然，民主制度一般能将协商民主和大众民主结合起来，将"过滤器"和"镜子"结合起来，但是在过去两个世纪的美国（以及大多数发达民主国家）的民主实践中，这一平衡开始更多地偏向于越来越大的大众影响——更多地顺从于原始的大众意见（而与经提炼或者更审慎的意见相对立）。

　　在美国，让我们看看在选举团（初衷是选举人进行审慎协商的机

---

　　① "为召开会议，普罗维登斯的每一个独立的个人可以提交八项理由。"参见贝林《论辩》，第 280 页。

构）、参议员选举（曾经由州议会来实施）、总统提名制度（曾经被政党精英所主导）、政党的全国大会（现在它们的结果都是预先设定的）等机制的发展和演变，公投的增加（用公民投票替代精英决策）以及公众民意测验的流行等，都带来了什么变化。在当前的政治体系中，麦迪逊式"过滤"的许多方面都日渐衰微，而这个体系被越来越多地"反映"那些深陷理性无知的民意。与被过滤器"主动反映"的民意相比，通过这些和其他许多方式，被镜子"被动反映"的民意越来越受到重视。

当前欧盟建立一个新的宪法结构，他们面临的困境，与美国联邦党人和反联邦党人在美国联邦宪法诞生过程中所面临的十分类似。在美国只有罗得岛州通过公投对美国联邦宪法进行了直接的公民投票，并否决了宪法；在欧盟，只有爱尔兰一个国家对《里斯本条约》（Lisbon Treaty）进行了直接公民投票，而公投也否决了这一条约。而本书写作之时，这个僵局还没有被破解。它向我们展示了一个根本性的困境：精英的审议仍被视为是不民主的（所以有欧盟著名的"民主赤字"一说），而与"飘在头顶的"意见相联系的直接民众咨询，却建立在信息缺乏的基础上。相比于改革的实质内容，高企的天然气价格与欧盟条约未获最后通过有更直接关系。近年来，欧盟的宪政变化或改革一直在精英过程（一个使新"宪法"胎死腹中的"大会"）与公投之间摇摆。在丹麦、法国、荷兰以及爱尔兰都是如此。

不论问题是宪政改革还是公共政策，将政治平等与审慎协商结合起来仍然是问题症结的所在：如何让人民了解议题是什么，继而获得他们的认同。

公众咨询的八种方法

请考虑两个基本问题："什么"和"谁"？第一个问题涉及对什么形式的民意进行评价，而第二个则涉及对谁的意见进行评价。对于第一个问题，我们可以说制度主要为我们提供原始的或者经过提炼的民意。第二个区别涉及要咨询谁的意见。尽管我所关注的分类没有穷尽所有的可能性，但却包含了实践中几种主要的备选方案。被咨询的人们可以是自愿参与的，也可以是经过非随机抽样的方式挑选的；可以来自随机抽样或是选举，还可以由所有选民（或者是被咨询团体的所有成员）组成。当上述两个问题的维度结合，就会出现表 1 中所列的八种可能性。

表 1

民意	选择的方式			
	1. 自愿参与	2. 非随机抽样	3. 随机抽样	4. "每一个人"
A. 原始的	1A 自愿参与的民意测验	2A 定额抽样	3A 大众民意测验	4A 公投民主
B. 提炼的	1B 讨论小组	2B 市民陪审团等	3B 协商民意测验	4B "协商日"

第一类，1A，其是在召集开放性会议的时候，或者在通过广播或互联网征求人们主动发表意见的时候，较常被使用的一类。芝加哥大学的诺曼·布拉德伯恩自造了一个首字缩拼词：SLOP，以代表"自愿参与的民意测验"（Self-selected Listener Opinion Poll）。在互联网出现之前，广播台里的交谈节目经常会以打电话方式征集听众对某个话题的看法。SLOPs 中的参与者不是通过科学的随机抽样产生的。相反，他们是自愿参与的。他们主要是那些热情或者是受到激励的人。但有时候，他们也是有组织的。

《时代》杂志组织的世界性咨询"世纪风云人物"是说明 SLOPs 所潜在的风险的一个好例子。《时代》杂志要人们按照不同的类别进行投票，包括最伟大的思想家、最伟大的政治家、最伟大的艺术家以及最伟大的企业家。奇怪的是，竟然有一个人在每个类别中都取得了最多的选票！这个在每个类别中都能击败他的对手的人是谁呢？土耳其的凯末尔！土耳其人有组织地通过明信片、互联网、传真进行投票。民族自尊心使他们的票数超越世界其他地区几百万张，而世界其他地区的选民则是通过无组织的个人方式投票。[①]

媒体通常会通过 SLOP 的方法在互联网上收集一系列就政治或社会问题的意见。SLOP 允许网站的造访者参与，从而给他们被赋权的感觉（他们在网站上写下他们的意见），但是它所产生的数据却是误导的，这些数据大多只反映出扭曲了的民意。那些最具热情的人们努力表达他们的意

---

① 《这个人是本世纪的风云人物吗？》，《卫报》1997 年 10 月 30 日，第 1 版。

见，并且往往不止一次的表达。在 2008 年的总统竞选中，罗恩·保罗在爱荷华州党团核心会议之前的网上民意测验中，遥遥领先所有共和党内的竞争对手——但与此同时，他在科学样本的民意测验中，支持率却非常低。[①] 互联网社交网络等技术创新拓展了 SLOP 的使用范围。2008 年，"ABC 新闻"与脸谱网站（Facebook）联合起来，在新罕布什尔州总统辩论中征集自愿的反馈，在"谁是共和党最佳总统候选人"这一问题中，取得压倒性优势的获胜者又是罗恩·保罗。[②]

这是一种耳熟能详的方式。艾伦·凯斯在 1996 年的总统竞选中，也在 SLOP 里取得了类似的成绩。他的支持者很激动，反复地进行投票。同样，大多数人在 SLOP 中支持弹劾克林顿，而具有代表性的抽样民调则显示出完全不同的调查结果。当参议员康拉德·伯恩斯被指与说客杰克·艾布拉姆有联系而受到批判的时候，他的支持者们动员起来，在当地报纸所做的民调中进行反复投票，表明他们对这一指控并不关心。当微软想证明 Microsoft. net 软件比 Java 更具吸引力的时候，它便在针对电脑使用者举行的媒体 SLOP 中动员投票。美国著名评论员斯蒂芬·科尔伯特参加了匈牙利政府为一座新桥命名而组织的网络竞赛。通过借助媒体宣传，科尔伯特赢得了比匈牙利人口总数还要多的选票，要以他的名字命名这座桥。当网络竞赛组织者宣布胜出者必须会讲匈牙利语，科尔伯特又通过广播来证明了他在匈牙利语课程下过的苦功。只是在最后被告知胜出者必须是已故者的时候，他才放弃了这一竞赛。由此可见，SLOP 能够跨过几乎所有地域和利益的界限而发挥作用。

人们经常认为科技能够有助于实现古老的民主形式。但是 SLOP 可以追溯到古斯巴达的实践，而不是古雅典。斯巴达当时有一种被称为"欢呼"的做法：候选人挤满了大厅，而获得最多鼓掌欢呼的人就会当选。[③]以下我们将探讨另一个不同的类别，它是对古雅典民主方式的实践，而非

---

① http：//majorityrights. com/index. php/weblog/comments/ron_ paul_ demolishes_ other_ re-publicans_ in_ online_ polls/（来自 2007 年 1 月 2 日的访问）。

② 在脸谱网站的自我选择性民意测验中，与获得 25% 支持率的赫卡比和获得 14% 支持率的约翰·麦凯恩相比，他（罗恩·保罗）赢得了 41% 的支持率（http：//www. facebook. com/poli-tics/debate. php？ id = 7067904614，访问日期：2008 年 1 月 5 日）。

③ 《在斯巴达普鲁塔克的"莱克格斯"》，纽约，企鹅出版社 1998 年版，第 38 页。

这种古斯巴达方式。

1A 类公众咨询方式的问题，在于它提供的民意既不具有代表性，也没有经过审慎协商。它提供的只是自愿参与者歪曲的、局部的原始意见。我们所谈到的两重价值在 SLOP 中都没有实现。

自愿参与小组举行的严肃、审慎的协商是 1A 类 SLOP 的一种替代方案。这些讨论小组就是表格中的 1B 类方案。如果讨论小组提供机会对其他市民的主要不同意见进行考量，那么即使参加者不能代表人口总体，这些讨论小组仍有可能针对议题展开审慎协商。凯特林基金会（Kettering Foundation）对美国和一些国家所推行的大规模"国家事务论坛"网络作出资助。在这些论坛上，成千上万的自愿参与者进行了认真和真诚的讨论协商，论坛上所分发的简报材料则为讨论提供了平衡而准确的基础。[1] 这些参与者聚集在教堂、学校或者社区的场馆，花上几小时的时间认真考虑备选方案。尽管他们的结论是经过提炼和协商的，但却不能代表全体公众的观点。而且，由于自愿参与小组的多样性有限，究竟它们能否充分实现审慎协商是个有待验证的问题，而迄今为止这个问题还没有得到充分研究。例如，如果一个小组的参与者大多数是中产阶级，大多数接受过高等教育，大多数在意识形态上具有高度的同质性，那么许多政策议题相冲突的辩论就会减少。而参与协商的成员缺乏多样性就限制了协商的质量。[2]尽管如此，自愿参与的讨论小组仍然在一定程度上，实现了协商民主的价值。若再加以平衡讨论的基础条件且良好的信息，如各种简报材料和优秀的主持人，那么参与者多样性的不足的缺憾能在一定程度上得到弥补。然而，这类小组显然不能同时实现我们上述的两重价值。

2A 类方法将原始民意与旨在获得一定程度代表性的选择方法相结合，但没有采用概率抽样。有一些民意测验就是属于这类。除美国之外，许多民主国家仍然普遍采用定额抽样，那些运用定额抽样的人认为他们这种抽样方式可以模拟概率抽样。但 1948 年杜威对杜鲁门的惨败以及 1992 年的英国大选等轰动一时预测失灵案例，或多或少都因为采用定额抽样的方式

---

① 有关这些活动及其背后的观点有很好的概述，可参见戴维·马修斯《人民的政治》，芝加哥，伊利诺伊大学出版社 1994 年版。

② 我们将在第二章《协商》回归对这一问题的讨论。

而遭到批评。[①]

2B 类方法采用非随机方法进行选择，同时努力尝试实现更具协商性的公众意见。有许多公众咨询的方法属于这类。所谓的公民陪审团采取定额抽样的方法，选取为数不多的参与者（一般是 12 位或者 18 位）就公共议题进行为期几天甚至几周的审慎协商。共识会议（Consensus Conference）首先是自愿参与（通过报纸广告征求响应者），然后采用定额抽样的方式使其更具相当的代表性。这些方法通常也会遇到上面所提到的问题。它始于参与者的自愿参与，然后通过定额的方式产生很小数额的代表，因此，任何对其代表性的声称都令人难以置信。[②]

3A 类方法将概率抽样与原始民意结合。民意测验当然就是这类中一个很好的例子。这类当中最先进的方式能提供比反联邦党人所能预见到的任何方式都更好的一面"镜子"，而且它避免了 SLOP 代表性扭曲的缺点，同时产生比 2B 类的非随机抽样方法更小的偏差。

这类反映原始民意的测验，只表达了肤浅、"飘在头顶"的公众声音。但在这种方式刚刚被推出的时候，其愿望是它能够真正地将审慎协商和政治平等结合起来，或者用我们这里所援用的比喻来说，是将"过滤器"和"镜子"结合起来。

在 1936 年的总统选举中，乔治·盖洛普成功将民意测验引入美国联邦政治当中，他比竞争对手《文学文摘》杂志所发起的大规模 SLOP，更能准确地预测总统选举结果。在取得了初次胜利后，乔治·盖洛普认为大众传媒与科学抽样的结合，能使新英格兰市镇会议的民主方式，推广至大规模的民族国家。

> 今天，新英格兰市镇会议的构想在一定意义上得到了恢复。报道政治家对日常事务看法的报纸广泛销售，收音机的普及使全国人民如置身在听证会中；现在，抽样公投能够迅速确定公众对日常问题的看

---

① 关于后者参见罗杰·乔韦尔等《1992 年英国大选：民意测验的惨败》，《民意季刊》1993 年第 57 期，第 238—263 页。

② 小数额击败了统计评估。此外，这些研究设计不准许对那些同意参与和不同意参与的人进行评估比较。

法。这些发展实际上已经在全国范围内建立了一个市镇会议。①

盖洛普提供了一个"镜子"代表理论的版本。通过运用科学抽样技术,他提供了一个甚至优于反联邦党人所设想的公众样本。但是他的成就只反映出我们在探索民主改革过程中所遇到的困境的冰山一角。在他看来,媒体会将整个国家放入一个房子里,而民意测验评估的会是从媒体得到充分信息的公众意见。但假如将整个国家视为一个房子,他便忽视了由此导致的"理性无知"——这间房子太大了以至于没有人真正关心它。而他最终所得的只是大众社会里那种漫不经心、缺少参与的民主,而不是新英格兰市镇会议的那种民主。这种民主所得的只是脆弱无力的民意。如在全球大众民主中广泛存在的情况,这些民意仅仅建立在对媒体上的只言片语和报纸头条的表面印象上——而不是信息充分和经过审慎协商的民意;这只是被动反映的"原始的"民意,而不是主动反映的经过"提炼的"民意。科技有助于创造一种新的民主形式,但这种新形式并不能实现市镇会议价值。毕竟,市镇会议有可能把审慎协商和对每个人观点的充分考量结合起来②,但民主改革的关键,在于其对那些能促成深思熟虑和信息充分的民意的社会环境,给予高度关注,从而把实现社会环境和对公众意见的平等地思考和权衡结合起来。

协商民意测验属于我们所列的3B类,其致力于将随机抽样与审慎协商结合起来。协商民意测验期望采用社会科学方法,如理想的准实验方法,以揭示围绕特定议题而经过审慎协商的民意;然后,将这些经审慎协商的结论引入现实的公众对话当中,或者在某些情况下将其引入实际决策过程中。

协商民意测验产生于对一般民意测验的缺陷的关注。这些缺陷包括纵容民众的理性无知,以及突出样本调查中无所谓或虚幻的意见(以及

---

① 乔治·盖洛普:《民主制度下的公众意见》,新泽西州,普林斯顿,斯坦福德小讲座,第15页,1938年。

② 依照我们在普遍包容和深思熟虑两方面的准则来看,实际上的城镇会议是不完善的。有关集中于一个城镇的具有里程碑意义的研究参见简·J.曼斯布里奇《超越对手的民主》,纽约,Basic Books 1980年版。关于把城镇规模和参与结合起来的大量案件的分析研究,参见富兰克·M.布莱恩《真正的民主:新英格兰城镇会议及其运作》,芝加哥,芝加哥大学出版社2004年版。

"飘在头顶"的几近无态度的意见）。与经过审慎协商过程过滤所产生的公众意见相对比来看，这些担心与缔造者对大众民意的关注并无实质上的不同。

在最理想的情况下，即使公众对于相关议题不了解、不关心也没有兴趣，普通民意测验也可提供民意的快照。这类民意测验是镜子理论的现代形式，并已经完善到反联邦党人从没有设想过的程度。但是，协商民意测验的明确目标是将镜子与过滤器相结合。随机抽取的参与者作为全体人们的镜子，同时他们的意见必须通过审慎协商的过滤。

这个过程中的每个细节旨在促进信息充分和平衡的讨论。经过初步问卷调查之后，参与者在周末被邀请参加面对面的协商；他们将得到经过仔细推敲和审查的简报材料，从而为下一个讨论打下初步的基础。他们被随机分配到受过训练的主持人的小组中进行讨论。主持人也会鼓励他们将小组讨论中产生的各种问题，提交到更大规模的全体大会中，让持不同观点的专家和政客讨论。小组主持人努力营造一种气氛，令参与者能够在一个安全的公共空间中相互聆听，不允许任何人支配讨论。在周末将要结束的时候，参与者会填写一份与初步调查一模一样的保密问卷。这个调查结果通常会与编辑后的周末讨论记录一起被公布。① 与整个基线调查以及人口普查数据相比，周末的参与者通常在观点上和人口分布上都具有较高的代表性。通过周末的讨论，参与者的意见通常会产生统计上较显著的变化。经过认真考虑的意见与普通调查所汇集的"飘在头顶"的意见往往不同。

这些结果说明了什么呢？这意味着我们的参与者能够克服大众通常存在的理性无知的影响。在周末参与讨论的那些参与者中，他们个人的投票实际上是几百张中的一张，而不是几百万张中的一张；在小组讨论中，他们的声音则是十五六个当中的一个。周末的集会是为了令参与者相信他们的声音意见是有意义的。他们克服了冷漠、隔绝、不关心以及起初的信息匮乏；来自社会各阶层的参与者，在审慎协商过程中改变了他们的想法。即使了解了参与者的教育和经济条件，我们也不能预测协商中人们观点的

---

① 该概述参见詹姆斯·S. 费什金《人们的声音：公众意见及民主》，纽黑文，伦敦，耶鲁大学出版社，1997 年版。也可参见罗伯特·C. 罗斯金、詹姆斯·S. 费什金、罗杰·乔韦尔《审议意见：英国的协商民意测验》，《英国政治学》，2002 年第 32 期，第 455—487 页。

变化。但是，我们确信，更充分的信息就预示着政策态度的可能转变。在这个意义上，经过审慎协商得到的公众意见是信息充分且具有代表性的。而且，几乎不可避免的是，它也是反事实的：公众很少能如周末的代表团体那样信息充分和全神贯注。

如果一个反事实的情形是恰当合理的，为什么不通过一个严谨的社会科学实验，而非仅仅依赖非正规的推理方式或不切实际的经验主义分析来明确它呢？如果这种反事实的情形既是可发现的，又是规范意义上合理的，那为什么不让其他人了解它呢？就像约翰·罗尔斯（John Rawls）提出的原始立场（original position）所拥有的说服力一样，由协商民意测验辨别出的民意反事实的代表，也为其他人提供了值得认真对待的结论。①他们之所以应该认真对待这些结论，是因为这代表了每个人经过思考的意见。

这一想法似乎不同寻常，它将规范性理论和经验性议程融合在一起，借助于社会科学的准实验方式以揭示经审慎协商的民意。但是，大多数的社会科学实验都致力于建立一种反事实的描述——这是由于实验条件的影响。将规范性研究和经验性研究融合起来的努力，成功的关键就在于明确恰当的体现规范性要求的实验条件。

所有的研究设计都要考虑两个一般性问题——内部有效性和外部有效性。②抽样调查的外部有效性相对较高：我们有信心将研究结果推断到更广泛的人群。相比之下，大部分在实验室条件下完成的社会科学实验都具有很高的内部有效性：我们也可以有信心地认为实验结果实际上是实验的

---

①　毫无疑问，罗尔斯的原始立场是其著名的理论，即在无知之幕背后，人们为公正的社会挑选基本的准则。在无知之幕里，人们不知道在幕外的自己和社会的情形，因而这些准则不会为谁的利益服务。在现实生活中，人们可以设想在这些完美的境况里他们会选择什么，观察不同思考原则之间的道德联系。与此相反，协商民意测验，在最理想的情况下，是真实实验，而非思想实验。然而，它的目标相同，去展示人们在稍趋完美的境况下会思考什么。当然，它作为民主理论的实践，和作为道德选择，意义有所不同。但是在这两种情况下，各有其规范的陈述。主要区别，在于协商民意测验参与者在做决定时并未从他们的现实生活及偏好中抽离出来。在这方面，协商民意测验决策程序更多地反映罗尔斯早期的精神，他提供的多是一些温和且贴近现实的程序，这些程序距离完美的判定还有相当的距离。参见罗尔斯《道德决策程序纲要》，《哲学评论》，1951年60/2（4月），第177—197页。

②　参见唐纳德·坎贝尔、朱利安·斯坦利《实验与准实验的研究设计》，芝加哥，兰德—麦克纳利出版社1963年版。

控制条件使然。比如一个以在校学生为对象的实验，如果其目标是要发现一些关于全体人口的规律性结论，那就缺乏外部有效性的基础。

如果一个社会科学实验具有相对较高的内部有效性，我们就有足够的信心认为实验的结果源自规范意义上理想的实验条件；如果它同时具有相对较高的外部有效性，我们有足够的信心将结论一般化到全体公民。那么这两种属性结合起来，将允许我们把规范意义上理想条件下得到的结论推展到全体公民。我们因此可以确信反事实的公众是在规范意义上的理想条件下得到的结论。换言之，如果一个审慎协商实验的内部有效性较高，那么我们就能确信结论是由审慎协商（以及相关的因素如信息）所致。如果实验的外部有效性较高，那么我们就能确信其结论可以普遍化到相关公众，例如所有合资格的选民。如果协商民意测验能够同时实现这两种有效性，那么它就足以传达深思熟虑后人民的意见。我们试图使社会科学服务于民主——让人们相信经过提炼的反事实意见，代表的是在完备条件下经过审慎协商而非虚弱的公众意见。

但是，即使在有利于实施 3B 类民意测验的最佳条件下，测验所得到的结果仍然有局限。协商民意测验只包含了从总体样本中抽取的一个科学的随机样本。正因为受到前面提到的四点局限性的影响，大多数公众十之八九仍然是缺乏参与和漠不关心的，实验当中所得到的经过深思和信息完备的观点并未被人们广泛接受。大规模民族国家中公民观点通常存在这些局限。协商民意测验至少在一个小团体中，在一次实验的情况下克服了这些局限性，但是它却没有触及大部分这个小团体以外的人（我们这里之所以说"大部分"是因为还有些公众可通过媒体，充分见证整个协商过程）。如同 3A 类的传统民意测验一样，协商民意测验通过政治平等——平等地对待随机选取的参与者的意见，以理论上平等化总体样本中每个人作为有决定意义的投票者的机会——来实现普遍包容。但是政治平等并不是实现普遍包容的唯一方式。另外一种实现普遍包容的方法是全体大众广泛的参与。这种方法在我们最后两种类别中将会提到。

4A 和 4B 这两类与此前类型是相对应的，只是在理想状态下，它们会完全实现由 3A 和 3B 中科学抽样所得的结果。如果每个人参与了诸如选举投票或者公投民主等大众咨询，那么 4A 将会得出和 3A 大众民意测验所得出的一样的观点。当然，公投民主和其他试图将大多数公众都包含在内的公众咨询方式都存在一个问题，那就是投票率通常很低，仅有部分公众参与。事实上，有时候民众在公投或者全国选举中的参与率都非常低，以至于大众民主与 SLOP 当中自愿参与的样本群体之间没有什么差别。当然，对于投票率低的问题，可以有一些制度上的弥补措施。澳大利亚长期以来就有强制选举的传统，且有一定效果，即对不投票者进行罚款。因此，澳大利亚是世界上全国大选投票率最高的国家之一。然而，可以确定的是，与高参与率水平相反，强制选举很少，甚至不会提高投票者的认知或主动参与水平。

澳大利亚的选举显示出与其他大众民主中一样多的原始的党派性以及策略性的操纵行为。几近全民的参与并没有提高公众讨论议题的水平，或提供任何我们所谓的经过"提炼的"偏好。澳大利亚进步主义者理想化地提倡强制选举，他们认为，只有公民知道他们不得不参加选举投票，他们才会尽力为选举做些准备。然而，结果却只是强迫那些不知情的人投票。因此，强制选举不会必然地提高选举过程中公众的认知（以及协商性偏好的）水平，有些人甚至质疑这种做法降低了上述水平。

最后一种可选择的方法是 4B，这是最大胆且最费劲的方法。布鲁斯·阿克曼（Bruce Ackerman）和我提出了这种方法，希望能开启关于怎样将协商民意运用到全民规模的讨论——即怎样使协商民意测验产生的经过审慎协商的民意变为现实，而不是不切实际的期待拥有掌握更多信息且积极参与的公众代表。

传统的民意测验（3A）通过随机选择的小群体展示了未经过协商的民意。协商民意测验（3B）则通过随机选取的小群体展示了经过审慎协商的民意。而 4B 类方法的设想是在选举背景之下，当协商民意能发挥最大效应时能将其付诸实施。怎样才能够实现这样一种反事实的可能性呢？

我们的提议简单而富于挑战性。我们将它称为"协商日"①。协商民意测验的难处在于其如何激励全体人民中一个小群体去克服理性无知，去积极参与实质性的面对面讨论，以得出信息充分的判断——充分了解讨论议题以及其他公民可能提出的各种不同意见。但是，一个小群体达到以上

---

① 有关这一主张的详细论述及它如何在实践中得以实施参见布鲁斯·阿克曼、詹姆斯·S.费什金，《协商日》，纽黑文，伦敦，耶鲁大学出版社 2004 年版。

目标是一回事，全体人民达到以上目标则是另外一回事。如我们此前所见，盖洛普之所以产生了大众传媒将整个国家变成了一个大的房子的观点，就是因为缺少鼓励小群体协商的社会环境。在一个大规模的民族国家，如果每一个人都在这样"一间大房子"里，那么这间房子就太大了，以至于没有人会彼此倾听。因而，我们需要另一种更加分散性的策略。

我们的设想很简单：设立一个全国性假日。在这一天，所有的投票人被邀请，且得到激励去参加当地随机安排的讨论组，目的是为一周后的选举过程做准备。各主要政党的候选人将发表演说，并通过全国性媒体转播；各地的小组讨论会选出一些关键问题，提交给到全国范围内同时召开的相对小规模的市镇会议上的地方党派代表。这一做法的关键点在于，对参与了一整天的履行公民权利工作的公民要给予一些激励。每人 150 美元的成本尽管很高，但可以使民主具有更大的实际意义，因为它能够使绝大多数的公众都参与进来，并且使大多数公民对议题和各种不同意见有充分的了解。正如一些短至一天的协商民意测验所显示，即使仅有一天的认真讨论，也能够使普通市民发生显著变化，掌握更充分的信息，从而显著地改变他们的偏好。

这一举措使协商民意测验所阐述的反事实协商性意见成为现实。数百万的投票人已经实实在在地对议题有更充分的了解，因此候选人也不得不基于这一事实调整自己的行为和宣传策略。对于更具协商性的公众的策略性预测可能，会为其他公众对话带来巨大的改变。候选人将认识到，在"协商日"公众能够获得更充分的信息。他们需要相应地调整自己的倡议和诉求。

协商日的提议可能不是造就更具协商性的公众的唯一方式，但是它却是第一个制度性的提议，这一提议意图在选举之前定期推动形成大规模协商性的民意。如同阿克曼自己所论证的，在美国历史上好几次都是在大危机的背景下，进行了非常大规模的公众对话，成为"宪政的关键时刻"[1]。但是，这类危机不可能成为制度设计中可以依赖的一部分。同时，这种危机也是很罕有的（如建国时期，内战重建时期和新政时期等）。大部分时

---

① 布鲁斯·阿克曼：《我们的人民》，第一卷，基金会，剑桥，麻省，哈佛大学出版社1991 年版，《转型》（《我们的人民》（第二卷）），剑桥，麻省，哈佛大学出版社 1998 年版。

候我们经历的都是"常态政治"，被印象管理的权术支配的、具竞争性和非协商性的政治所主导。

在我们的分类中，有两种类别能够同时实现政治平等性和审慎协商这两种价值，即分别以协商民意测验和协商日为例的3B和4B两类。前者对于一个小群体是具有可操作性和可实现性的完美典型；后者所追求的规模巨大，但是只要我们有意为之，也可以被应用于整个社会。这两种方法都有一个优点，即能够使各种情况下代表每个个体的公共观点获得表达。在可预见的未来，像协商民意测验这样的微观环境的小群体实验，将为克服大众民主的局限提供最可行的方法，使公众表达他们在良好条件下经过深思熟虑形成的意见和看法。然而，这些可能性以及包含了这些可能性的分类体系，并不是作为解决措施而提出的，其被提出的目的，在于推进对如何更好地实现核心民主价值的进一步探讨。

第二章

民主改革的"三难"困境

我是如何被包容的?

在前文中,我们关注于实现政治平等和审慎协商的可能性。而非如我们在本书开始时提出的包容 (inclusion) 和慎思 (thoughtfulness) 的根本观念。政治平等并非实现"包容"的唯一途径。另一弥足珍贵的传统则是包容和大众参与的"联姻"。协商民意测验通过随机抽样的方法"包容"人民:个体通过作为具有相同被选择概率的整体中一分子而被包容。但是,一些民主改革者更倾向于坚信真正的大众参与才是包容的一种形式——或是能与政治平等结合的最佳形式。当我投票(或者当我有跟其他人同样的投票机会)的时候,我就被包容在政治中了。以此这个视角看来,我们具有三个(而非之前讨论的两个)核心价值,即政治平等、审慎协商和大众参与。那么,为何我们并试图去满足所有三个价值呢?如果目标是实现全面包容,那么政治平等看起来就会显得重要,因为它要求包容性建立在平等的基础之上,即平等地对待每个个体的意见。但是这种平等对待与个人行为没有很明确的联系。因为这个原因,它似乎不能代表任何一种真实的公众同意。如果我不参与,但我却是那些有可能被随机选中的人员当中的一员,那么就会存在"我个人没被囊括到整体之中"的感觉。这种全面包容的表象,尽管以大众参与的角度看来可能是有效的,却并非真实的感受。

当然,如果选出样本是一个小而有代表性的团体,那么和我一样的人民就会被囊括进整体之中。我所持的观点他们同样也会提出,我所关心的问题他们同样也关心。但是如果我真正投票或者参与,我会感到我的行动代表了我希望表达的意思。不论我方是否占优，我都能感觉到机会的存在。如果没有大众参与，我的声音就会更单薄和空洞。相比之下，真正的大众参与则象征着真正的大众认同。

以理想状态而论，大众参与和政治平等的融合能发挥最大的效能。不能平等对待所有观点的大众参与从政治平等的角度来看是可疑的：其在武断地给予部分公民特权的同时，又武断地限制另一些人发挥政治影响。这种政治不平等正是美国诸多以地区划分为基础的机构的缺陷：在这些机构中，每个个体被不平等的对待。参议院分配加利福尼亚州和怀俄明州的参议员名额都是两位。选举团分配选举人名额时，要向小州给予实质性倾斜（因为虽然选举团投票与一个州在国会当中总的代表比例是相一致的，但是却被参议员的名额分配有所歪曲）。总统初选顺序对于某些进行初选，规模小并缺乏代表性的州（例如爱荷华州和新罕布什尔州）的选民带来巨大的不成比例的影响。作为第一个正式提名大会，爱荷华州的政党预选会议有一些协商的成分（在民主党预选会议上，选民在公开投票中表达他们的意见，而不是通过无记名投票，这能鼓励投票更加认真地对待选举①）。每个选区的代表人数是由民主党过去两次选举的投票数决定的。每个选区的代表人数以及由此导致的每个代表所代表的选民人数都有很大的不同。② 地理分区（选区）和基于历史因素的对代表的任命的结合对政治平等构成了极大的损害。这些都是为大家所熟悉的鼓励大众参与的民主制度是如何违背政治平等的例子。但是这种背离是可以补救的；在地理区域中制度化投票权的平等是可行的。但是，将公民大规模协商制度化为可靠的激励手段则是更为困难的工作。

---

　　① 约翰·密尔认为公开投票而不是无记名投票可以鼓励选民认真地考虑他们的选票。参见约翰·密尔（1991），*Considerations on Representative Goverrnment*，New York：Prometheus Books，1862 年版，在其第 X 章中。对于这方面的当代的阐释，参见 Geoffrey Brennan and Philip Pettit（1990），"Unveiling the Vote"，*British Journal of Political Science*，20/3（July），pp. 311 – 333。

　　② 有这方面的例子，有一个选区只能选举产生一个代表，而另一个选区则能选举产生十二个代表，参见 http：//blogs. britannica. com/blog/main/2007/11/theiowa-caucuses-are-like-the-electo-ral-college-at-least-for-democrdem/（2008 年 1 月 2 日访问）。

协 商

为了展开以下论证过程，我们首先要界定三种民主价值的操作性定义：审慎协商、政治平等和参与。

审慎协商，是指在众人一起认真权衡讨论中产生的不同观点的优缺点的过程。我们能从以下五个条件来探讨协商过程的质量：

a. 信息（Information）：参与者能接触到他们认为与论题相关的准确信息的程度；

b. 实质性平衡（Substantive balance）：基于一方或一个视角的论点被持不同视角的人考虑并回应的程度；

c. 多样性（Diversity）：讨论的参与者能代表公众主要观点的程度；

d. 自觉性（Conscientiousness）：参与者对于不同观点优劣的权衡程度；

e. 公平考量（Equal consideration）：所有不同身份参与者提出的观点的价值获得考虑的程度。

是否高程度地实现这五个条件是审慎协商和"普通对话"的区别标准。民主协商是关于集体政治意愿——应当做什么的问题。它是寻求信息充分的集体同意的过程。在政策选择中，公众希望接受何种优势和负担，有利和不利因素的组合？正如当人们对医学或者司法程序表示知情状态下的同意时，我们认为他们应该知道他们当前赞同的是什么，并已经考虑了其他影响同意与否的理由。我们可以将类似的考虑推广到一个可接受的为了实现某些类似目的的集体过程的当中，即"我们人民"的同意。当孤立的个人对治疗程序表示知情同意时，他（或她）也在进行审慎协商，但是我们一般认同这种协商是与他人隔离的。毕竟这种情况下，仅是孤立的个人表达知情同意。但就公共政策而言，每个个体的生活均承受其后果。当然，我们当中的一部分人因此受益，而另一部分人则相对不利，正因如此，我们需要共享对于政策影响的公共讨论。

当我使用诸如"我们人民的同意"的措辞时，我并非暗示这些过程均是官方的和有约束力的。它们可能是非正式和非官方的。公众民意调查经常被用以来佐证某项政策选择的公众基础，或者甚至被用来作为解释一道根本没有官方效力的"命令"的理据。① 这一现象的原因在于人们多样的表达，多元的声音和丰富的解释。甚至缺乏官方色彩的表达的手段，在适当的条件下，也能拥有相当大的合法性。在我们看来，实现合法性的关键在于在透明的过程中达成的审慎协商和政治平等。

鉴于民主协商是知情的集体同意的一种形式，审慎协商存在五个质量指标。第一个指标对信息的需求。当参与者评估各种不同的行动方案时，他们会发现各种支持或反对可能的选项的信息。在一次关于美国外交政策的协商民意测验中，一个从全国范围抽样选取的代表小组开始时认为对外援助是美国预算中最大的支出项目之一。最初，大多数人都要求削减该项目支出。在协商之前，只有 18% 的人准确地回答了对信息的问题——即对外援助占美国预算支出的比例低于 1%。协商之后，64% 的人能够正确地回答这个问题，对于对外援助的态度也由最初的大多数人要求削减其支出到现在大多数人赞同增加这方面支出。如果一次常规民调或者公民投票的结果是由公众对当前成本大小的不准确了解所最终决定的（如同协商之前的状况以及此后的转变），那么这种观点就不能真实的代表知情的集体同意。相反，它们似乎代表的只是一种与深思熟虑的判断相对立的"飘在头顶"的印象。相比之下，协商之后偏好的逆转则似乎令人信服表明——更充分的信息和更全面对于支持或反对的理由的权衡是人们真正所需，其表达了人们在反思基础上将会批准或赞同。

协商的第二个指标是实质性平衡。值得注意的是，协商的核心是"权衡"（weighing）。实质性平衡使我们确信双方不同的论点已经获得专门的考虑。我特别强调"实质性平衡"是因其不仅仅平衡了支持不同意见的表达或影响。政治广播节目可能认为，当候选人（或者说是政策倡导者）A 批评候选人 B 的政策主张，而 B 用对 A 的私生活的指责来回应A 的批评时，这么做就是维护了"平衡"。对于受众来说，这种影响可能会是平衡的；投入每一方的时间和注意力也可能是平衡的。但是，对 B的政策主张的批评却被至于"前协商"的状态。在缺乏了公开回应情况

---

① 对现代"命令"的可塑性的反思，参见 Robert A. Dahl，"The Pseudo-democratization of the American Presidency"在 Tanner Lectures 上关于人的价值的演讲。可以访问 http：//www. tanner-lectures. utah. edu/lectures/documents/dahl89. pdf。

下，国民会怎么看待这一被批评的政策主张？更进一步，如果对个人的指责同政治选择是相关的，那么在还没有对这些指责作出公开回应之前，国民怎么看待候选人 A 的品质？因此，作为协商必要因素的"平衡"，是指无论是赞同或是反对某个建议，某位候选人或某项政策，这些想法必须得到那些持不同主张的人的实质性回应。

考量因素大致可以分为三大类：一是政策或政治选择的收益或负担，二是不同选择与相应的收益或负担之间的因果联系，三是对收益或负担进行评估所依据的价值取向。不同政策方案的支持者们都需要在支持或反对一项政策方案时回答这三类问题，以实现实质性而非仅仅影响力的平衡。例如当某人提出理由来说明一项政策建议无法实现其预期的结果时，其依据的理由没有得到回应，并被取代为对其私生活的讨论，那么协商所必需的实质性平衡就没有实现。实质性平衡要求各种观点的支持者能公开地、充分地考虑，预期效果可行性，目标的可欲性，以及其主张所带来的收益和负担与其他政策建议的相比情况。

在英国关于犯罪的一次全国性的协商民意测验中，被调查者开始认为解决犯罪的方法是将更多的人投入监狱，并建造更多的监狱。这种"强硬"的立场呼声很高。但在周末协商会后，参与者了解到英国已经是西欧监禁率最高的国家；监禁成本非常昂贵；而且只有很小一部分的犯罪将导致监禁。即使在这种情况下，监狱也已过分拥挤和极其昂贵。这些考虑要求用其他方式对监禁加以补充，如区别对待青少年和成人犯罪以及至少对犯罪的根源给予一定的关注。参与协商的样本群体所了解到的内容一部分可以被归为信息。确实，参加者收获了大量的信息，这可以从调查中的知识性问题中得到反映；而且，如之后的协商民意测验显示的，信息获取推动了观点的转变。① 但是，大量参与者所学的并非调查中的信息性问题所能衡量。这部分知识来自于当他们面对不同观点指出的其观点中未曾意识到的局限。因此，他们会更多地思考在成本和数量受到影响的情况下，监狱本身所能实现的效果的界限。简言之，缺乏实质性平衡的协商是无效的，原因在于对议题的支持和反对意见都缺乏考虑。如果我们对在不同观点公开的情形下公共意愿形成的条件感兴趣，那么实质性平衡与信息一样

---

① 参见 Luskin、Fishkin、Jowel《深思熟虑的意见》。

是完全必不可少的。

观点的多样性是影响协商质量的第三个指标。如果在场的只有一方或一种观点的支持者，那么协商就会削弱。观点的多样性与人口类型的多样性当然在一定程度上相关。人口的多样性与此相关是因为其可影响到为协商提供相关前提的价值和利益。换种说法，它们会影响——尤其当人们在思考这个议题时——评估政策选项的方式。我们的多样性标准要求讨论应体现大众围绕议题的各种不同的观点。因此，参与者多样性的标准在于保证每一观点都有代表，而平衡性标准则确保赞成或反对的意见都被考虑、表达和反馈。

围绕归属性代表（ascriptive representation）——即某个种族、阶层、性别，甚至是地区的人可不可由其他类别的人所代表——是否必要的争论长期存在。① 美国就是在围绕代表性的争论中诞生的。英国议会一度被认为能为美国人提供"实际上的代表"。即使殖民地居民没有选举议员，在伦敦的议员们也被认为考虑到殖民地居民的利益。这种没有明确代表却要征税的想法被连同茶叶一起抛入了波士顿港口。然而，即使有选举一类的选择机制，以使人们在选择他们的代表时发挥实际作用，还是会有关于特定种族或性别能否被不同类型的人所代表的争论。这一争论必须回答特定群体的观点、利益和价值观能否被非本群体之外的代表充分表达。这一关切直接关系于协商质量。如若某一群体的观点、利益和价值观在争论当中没有得到体现，那么做出选择的基础就将会被削弱，观点的范围也被缩减。②

---

① 参见 Anne Philips（1995），*The Politics of Presence: The Political Representation of Gender, Ethnicity and Race*，Oxford：Oxford University Press；Jane Mansbridge（1999），"Should Blacks Represent Blacks and Women Represent Women?"，*Journal of Politics*，pp. 628 – 657。

② 这些考虑更加论证了一个协商的小团体不仅要有态度观点的代表性，而且要有人口统计学上的代表性。奇怪的是，大多数协商论坛的体制使得要评估态度上的代表性是困难的或不可能的，这样就不太可能知道，这些论坛是否能代表全体公民对这些正在被讨论的议题的看法。也有人在设计协商论坛时，没有看到建立一个关于态度是否有代表性的评估机制的必要，这方面一个很好的例子是，Archon Fung 认为协商民意测验的代表性等同于像 *America Speaks* 那样的自主选择的论坛的代表性。参见 Archon Fung（2003），"Recipes for Public Spheres: Eight Institutional Design Choices and Their Consequences"，*Journal of Political Philosophy*，11/3，pp. 338 – 367。Fung 只是评估了人口统计学上的代表性，他认为，把那些没有收集过他们对议题相关态度的人，补充到那些自主选择的参与者当中，那样是一样的。参见下面 SLOPs 关于这种方法更多局限性的讨论。

随机抽样为人口多样性的观点获得代表提供了办法。尽管这并非唯一的方法，但若能有效运作则已经足够解决。

我们将在讨论政治平等标准时给予代表性更精确的表述。如果每个人都能平等地被代表，无论是通过让所有人都参与还是通过随机抽样的方法，多样性的标准都会自动地得到满足。我们界定多样性指的是与整体社会观点多样性具有可比性的观点的多样性。但其更具有一些复杂性。

即使协商参与人与人口总体具有类似的观点多样性，能够有效协商的仅是小规模的团体。焦点小组的人数一般是 8 人或 10 人。协商民意测验的协商小组的规模有时可高达 18 人左右（根据实际情况而定）。但一旦人数超过此规模，成员间就难以进行有意义的参与和讨论。小团体民主开始转变为听众民主。[①] 每个人在对话中表达的份额太小，以至于不能成为一个有效的参与者。

一个简单的解决措施是，将参与者随机分配到足够小规模的小组之中。这种方法将为绝大多数小组提供差异。如果在小组之外还有专题讨论（panel discussions）和全体大会（plenary sessions），那么，各层次组别中的不同观点也就被仔细地权衡进而确保多样性。协商民意测验与协商日的设计都包含先小组讨论，然后再召集彼此观点竞争的小组参与的全体大会。在实施良好的状况下，协商民意测验和协商日都能如我们所指出的那样反映总体样本中的各种观点的比例。

然而，总体人群在某个对于讨论来说是至关重要的观点上可能只有很小的代表性。例如争论是围绕完全对群体 X 的政策，但是群体 X 却只占总人口很小的一个比重。则在此情况下，随机抽样可能无法保证在代表 X 观点的公众被抽中参加讨论。在澳大利亚举行的围绕土著居民政策的协商民意测验中，类似问题就曾被遇到［与我们的澳大利亚合作者——"澳大利亚议题协商"组织（Issues Deliberation Australia）一起举行的］。土著居民只占澳大利亚总人口的 1.5% 左右，即使包括土著居民在内，随机抽样也将无法确保每一个小团体里面都有至少一名土著居民。而且，一个

---

① 我使用的"听众民主"这个词是来自 Bernard Manin 的，Bernard Manin 用这个词来表述在国民投票过程中大众公民状态的特征。参见 Bernard Manin（1997），*Principles of Representative Government*，pp. 218－235。

在 15 人或 18 人规模小组中孤立的代表可能缺乏积极主动参与的动力。

　　我们解决这个问题的办法是对土著居民进行超比例的抽样,然后将这些超比例抽样产生的代表随机地分配在从所有小组中随机抽出一半的小组中。结果显示尽管所有的小组都偏向于同样的方向(政策大体上都赞同与土著居民进行和解),但是那些拥有更多的土著人的小组显示了更强的意愿。这一结果使利益相关的参与者来发声的重要性,也表明了即使小组内成员的多样性程度有缺失的时候,平衡的协商仍然是可能的。① 有人可能主张应进一步提高超比例抽样的份额以改善协商效果。但是应该注意到如此则会逐渐削弱代表性(或者本书所说对政治平等的诉求)。② 因此协商民意测验的制度目标将会主张在一般情况下坚持随机抽样,而通过在全体会议上的简报材料和平衡专家来处理针对一小部分人的议题的特殊情况。但此两种方法显然是互为消长。

　　坚持随机抽样是因为协商民意测验以及一般意义上的协商民主的核心目标都致力于审慎协商和政治平等的同时实现。不采用随机抽样会歪曲和破坏政治平等的诉求,即使如此也有可能促成审慎协商的实现。

　　第四个指标是参与者的自觉性。审慎协商要求参与者认真地权衡议题的利弊。他们的决定应建立在"更好论据之力量"的基础上。可以想见,人们可能会转而为某些通过背离审慎的思考而收获的利益讨价还价(如行贿或者竞选献金?),他们或也可能会采取策略性的行动。当然,如此作为的动力因制度设计而异。如协商设计要求如陪审团一样实现一致的"裁决",那么社会压力和讨价还价的可能会导致背离参与者清醒的判断。然而,协商民意测验实际上是征求个人在无记名投票形式中意见。由于并无多轮投票,因此也无从计算若在这一轮当中投票给次优选择,则可能在

---

　　① Australia Deliberates:Reconciliation—Where From Here? 提交给澳大利亚联邦议会的报告最终版,2001 年 9 月 25 日,pp. 47 - 49。相关报道可访问 http://ida. org. au/UserFiles/File/Australia%20Deliberates_ Reconciliation_ FINAL%20REPORT. pdf。

　　② 当协商的话题所涉及的政策指向是一个既定的少数人的团体,那么如果团体囊括很多人的话,这个话题就可能会被否决。这种情况在我们使用协商民意测验的方法去了解保加利亚的罗姆人的状态时就发生了。罗姆人占了样本总数的 10%,保加利亚的总人口接近 800 万人,估计罗姆人能有 80 万人,虽然在人口普查时存在着自我认同的问题,而导致数量比这要小。参见 *Briefing Material:National Deliberative Poll:Policies Toward the Roma in Bulgaria*,p. 5。可以访问 http://cdd. stanford. edu/docs/2007/bulgaria-roma - 2007. pdf。

第二轮中最佳选项胜出的可能性。每人因此仅有一次通过秘密投票表达其对利弊观点的机会。如果参与者能花费数小时确定他们的观点，并坚信他们的观点理由，那么在过程结束之时这些协商者提出的观点自然是真诚的。

普通公民相对于政治精英仅有较少的讨价还价（至少在大多数的制度设计下）和采取策略性行动（至少是有一定影响的）的机会。普通公民的工作不是为了竞选。他们没有必要为了取得选举优势而引导舆论。当然，他们受到社会压力的支配，并由于缺乏专注而易受操控。但是我们通常可以认为他们对于设计良好的协商咨询的反应是真实的。

有证据暗示协商民意测验激励了真诚而非策略性的行为。虽然这一问题尚未被系统的研究，[①] 我们对 1997 英国大选所做的全国性协商民意测验提供了佐证。在此测验中，第三党——自由民主党的支持率获得了极大的提升，但一些评论家认为在实际投票过程中，测验中自由民主党的支持者们不会真的投票给自由民主党。因为他们在压力之下，会将票投给两个更有机会胜出的党派中的一个。但是我们在选举后对被调查者的回访发现，他们自报的投票结果与协商民意测验的最后完美吻合。[②] 无论是在协商民意测验还是实际选举中，深思熟虑的判断都抵制了策略性投票的压力。在希腊，我们将协商民意测验运用到一次真实的选择政党候选人的过程。其显示即使是在有多个候选人，并存在大量策略性行为机会的情况下，参与者也被鼓励在最后的无记名投票做出深思熟虑的选择。当然，在计算被选上的机会时可能存在策略性行为。但真诚的倾向性在协商过程仍发挥了主导作用。

第五个指标是对协商过程中提出来意见给予公平的考虑，不论其由谁提出。更准确地说，我们期望创造一个受保护的公共空间，在这空间里，考虑的因素是理由的正确与否，而不是提出者的声望和社会地位。采取科学抽样的协商令社会背景和视角差异巨大的人都参与其中。对协商民主思

---

① 当然，可以想象一个专心于这个问题的有用的实验。

② 我们英国的合作者 Roger Jowell 收集了这些数据。更多的关于英国选举问题，参见 Robert C. Luskin，James S. Fishkin，Roger Jowell，and Alison Park（1999），"Learning and Voting in Britain：Insights from the Deliberative Poll"。该论文是在佐治亚州亚特兰大召开的美国政治学学会会议上提出来的。可以访问 http：//cdd. stanford. edu/research/papers/2000/general_ election_ paper. pdf。

想常见的批评是它有利于那些受过较高教育的和拥有较强实力的人。那些协商之外社会不平等的受益的人也从协商过程中的社会不平等获益。一旦这种情况发生，那如下看法似乎也是合理的：参与者不会根据意见本身优劣价值进行权衡考虑。这就不是"更好论据"，而是发声人的地位是使结果向其倾斜。

当然，团体无论大小，其协商中的参与者围绕议题都存在能力与专业知识的差异。为什么我却不跟从那些有更多知识的人呢？对时间和注意力的理性计算意味着不应把时间浪费在思考和对个人影响微乎其微的公共议题上，我仅需遵循着专家的意见而在决策中发挥微不足道的作用。

但是，如果我只是简单遵从专家或天才，我参与协商了吗？如果我只是简单地投票本地报纸支持的候选人，而缺乏自己的思考，我是在为我自己考虑吗？对于面临稀缺时间和资源的我们，这么做可能是相当合理的。但是如此，我们并非不协商而仅是利用提示或捷径。在大众社会的很多政策问题上，我们对于公民的现实期待，恐怕仅能如此。

然而，大众民主中的投票——如公投或选举——至少对那些不是特别感兴趣的选举或议题的公民而言是一条捷径。但若其被在那些极少数的旨在达成协商一致的制度中依然被用作主导的制度，其将产生更大局限性。值得注意的是，利用提示和捷径即使需要达成一致的制度中也定会在一定程度上发生。这一情形所发生的程度以及其带来的变化，值得更加深入的经验研究。即使是信息充分的公民也很可能会利用捷径或提示。第一，因为提议已获支持这一事实本身经常是一种稀缺信息，知情的投票者更可能掌握这种信息。第二，因为这类投票者拥有更多的背景条件去思考任何支持的优点和不足。第三，因为这类投票者也可能会自觉认识到反对意见和不同的专家意见需要得到同等的权衡。关键的问题还是参与协商的公民须亲身权衡不同观点的价值。他们如此作为便是审慎协商。

此外，权衡不同观点的价值时，他们必须要考虑政策选项和政策影响的对应关系。对这类问题，一些彼此对话的合作伙伴可能会比其他人更好地掌握相关信息。这是对各种观点的价值进行平等考量的一部分，其目的是要对核心建议的手段与目的之间关系做出最恰当的判断。例如，假设我和 X、Y 正在协商，并且我知道 X 了解对议题的某些方面。如果我决定支持某一政策仅仅是因为 X 支持，那么我就不是在协商。但是，如果 X 认为这个政策将可能产生某个结果，而这结果正好符合我的价值观，那么这便和我的考量是相关联的。如果 Y 对此缺乏了解，不理会 X 所提出的因果联系，那么在判断所提出的政策是否会产生预期的结果时，比起 Y 的不理会，我更可能合理去权衡 X 所提供的经验性判断。从这个意义上来说，我更加注重 X 的观点。然而，我依旧对拟议中的政策有自己独立的判断，因为它产生了我所期望的结果，而不是仅仅因为 X 也是这么想的。事实上，我可能会发现 X 之所以喜欢某项政策选择，是因为这个政策选择会给他或他的公司带来税收减免，而这并不是我所关心的或是会给我带来好处的。因此，X 赞成的事实不能解决我是否也支持同一政策这个问题。

约翰·斯图尔特·密尔在《代议制政府》的开篇就提出这样一个问题：为什么不能简单地把统治事务交给一位仁慈的独裁者呢？且不论如何找到并保证一个人是真正仁慈的、如何使智慧的连续性得以制度化（这是在《理想国》中就提出的问题，也是政治哲学的基本问题）等复杂问题，若我们成功地找到了一位仁慈的独裁者，如此会产生怎样的人民呢？我们的人民是否因此将会不习惯独立思考和集体的判断？一旦我们是基于人而非内容评价不同观点，我们就是用背书和暗示去取代协商而已。

这五个条件结合在一起共同定义了公众意志形成的过程：为讨论提供充分的信息；权衡对于支持和反对各种选项的优缺点；社会中主要的立场和观点都在讨论中被体现；参与者的考虑是建立在议题本身；被参与者带入协商的过程中的不平等因素不会阻碍审慎协商的进程。如果五个条件中任一条件没被满足，就可能无法实现深思熟虑的判断。缺少参与者认为与之相关的信息（或是提供错误的信息）可能会导致协商偏离正确方向；提出的观点没有得到回应，那么这种不均衡会使讨论得出偏向于某些在令一方声音被听取的情形下未必会被支持的结论。如果对议题的考虑并非针对其自身的价值，而是因为其他原因而作出决定；或者如果不平等使一部分声音享有特权同时贬抑另一部分，以致这部分参与者不能有效地参与论证，那么协商也会偏离正常轨道。

政治平等

在本书中，协商民主被认为是政治平等和审慎协商的结合。古雅典人通过两个步骤（在极少数具有公民资格的人中间）实现政治平等：第一步是随机抽样[1]，第二步通过在被随机选中的人当中（平等计票）的过程展现政治平等。但是随机抽样只是实现政治平等的一种策略。更普遍的做法是，给予大众每人一票，并且平等计票，这做法贯穿于民主实践史的大部分时期。因投票制度的不同，这其中也存在许多复杂情况。最明显的例子是，在一些制度下，的确是每人一票，但是因为选区规模不一，依旧不能实现政治平等。即使选区规模一致，如果依据可预测的投票模式有意识地不公平地改变选区划分，从而制造永久的少数派以剥夺一部分人的公民权，那么政治平等的主张也会遭到破坏。

政治平等的最基本的理念是平等地考量各种政治偏好。每个人的偏好需要在某种程度上平等的对待。目前，平等投票权的理念主导了对政治平等的衡量。[2] 其基本想法是如果我们假设每位公民支持特定方案（无论是候选人、政党或政策）的概率是相等的，那么这个制度就应该给予每个公民一个平等的成为自我决断的投票者的机会。当然，在现实生活中，人们不可能等概率地支持每种可能的备选方案，但是通过此方法可以测试在多大程度上，汇集偏好的方法对每个人的偏好给予平等考虑的程度。仅有平等投票权对于实现政治平等是不够的，但是目前先让我们聚焦于它。

从计票的角度来看，我在决策中微小的份额应该与其他任何一个人都是一样的。另外，大家可能都希望每个人有平等的机会去决定那些被给予公平考虑的观点。然而，在以下论述中，我们将在协商的标题下讨论这些

---

① 参见 "From Athens to Athens" 第一章。随机抽样产生于将奖券分发给那些愿意将他们的名字写在单子的人。

② 可以参见 L. S. Shapley and M. Shubik (1954)，"A Method for Evaluating the Distribution of Power in a Committee System"，*American Political Science Review*，48，pp. 787 - 792。关于一个稍微有点不同的变体的介绍，参见 John H. Banzhaff Ⅲ (1965)，"Weighted Voting Doesn't Work：A Mathematical Analysis"，*Rutgers Law Review*，19/2，pp. 317 - 343。

偏好形成的问题。①

　　要注意的是，就有成为自我决断的投票人的平等机会而言，政治平等的基本理念是在以下两种情况下是没有什么区别的：（a）所有投票人进行投票，这些选票受到平等的对待，那么我就有成为自我决断的投票人的平等机会；或者（b）在所有投票人当中抽签选择一个小样本，然后让这小样本投票人去投票，这些选票也受到平等地对待。无论这过程是由一个阶段还是两个阶段组成，我都有平等的机会投下自我决断的一票。在两阶段方法中，个人投票在第一阶段中平等的且所占份额较小，而在第二阶段中则分量较大。在一阶段方法中，投票是平等的且通常所占份额较小。由于后一种原因，人口多的民族国家中，普通选民中"理性的无知"这类问题会更突出，因为当每个人都投票时，每个人只能对决策产生相当小的影响。在协商小组实验中理性的无知问题得到解决的方法就是给予被抽中的代表在第二阶段较大的分量。一旦被抽中了，他们有充分理由全力投入。

　　除非存在一些限制，通过平等的投票权体现对选票或偏好的平等对待，对于实现政治平等是不够的。首先，在偏好形成中存在机会平等的问题。正如前所述，我们将在协商的名义下讨论这个问题。一个满足我们提出的所有条件的协商过程将会在偏好形成方面给予每个人平等的机会。但还有一个问题是，平等的投票权仅仅是一种对未考虑可以预见的政治联盟的对形式上政治平等的衡量。其结果是，它没有考虑到同等规模的选区可以按照党派利益进行划分，从而产生一些永久性的少数派。尽管从形式上看，其结果是实现了某种政治平等，但事实上这些永久性的少数派的投票权已经被剥夺了。

　　根据本书的目的，我们将平等投票权定义为政治竞争条件情况下的政治平等。如果没有有效的政治竞争，除虚假的议题外，就没有需要公众进行决定的议题。举行选举的一党制国家就是其中一个极端的案例。每位投票人都有平等的投票权，但事实上结果在选举前都已经产生了，因此公民

---

　　① 在 *Democracy and Deliberation*（New Haven：Yale University Press，1991）一书中，我谈到了一些我这里将要谈到的议题，它们是在协商的框架内，并含有政治公平因素。我认为无论采用哪种方法，都可以实现协商和政治平等的联合，这个策略可以使我下面将要探讨的三难困境更加清晰。

并没有作出什么决定。另一个不太极端的例子是依党派利益划分形成的选区，在这种选区中竞争已经被确立的一党统治取代。形式上每位投票人都有平等投票权，但是在投票前决定事实上已经形成。因此，一种可行的政治平等的理念是将平等投票权与对公共咨询（不论是选举、公投或专门议题）有效政治竞争的要求结合起来，即所咨询的不是一个预先已决定的结论。

值得补充的一点是，在大众层面举行的协商将会使传统的通过对政治联盟的预见从而按照党派利益划分选区的可能性变小。经过协商，白人可能将票投给黑人候选人，黑人也可能将票投给白人候选人，这要由他们立场的实质内容所决定。资深的民主党人可能会投共和党人的某位候选人的票，反之亦然。因为我们离那个大量协商的世界如此远，我们只能勉强地瞥见这种可能性。那些其偏好未经协商的投票人最易因选区划分而被操控。但同时，在现实世界中，对概念边界的操纵可能有效地消除政治竞争，因此在我们需要将政治竞争作为对政治平等概念的限定。

参　　与

我们所讨论的参与是指大众的政治参与，亦即包括人口中的大多数的政治性参与。我们这里所用的"政治参与"是指公众成员的旨在直接或间接影响政府或政策选择的形成、采纳或执行的行为。尽管投票是到目前为止政治参与最普遍的形式，但是为政治目的而出钱、出力或花费时间，游行示威，给政府官员写信或发电子邮件，签署请愿书等行为引发大规模的人民参与。为某些目的，将较为被动的（但有价值的）行为，比如收看新闻纳入政治参与的范畴也是有用的。但我们暂时不需要如此宽泛的扩展参与的概念。①

---

①　参见 Sidney Verba, Kay Lehman Schlozman, and Henry Brady (1995), *Voice and Equality: Civic Voluntarism in American Politics*, Cambridge, M. A.: Harvard University Press, pp. 38 – 40, 他们认为政治参与不包括那些不旨在影响政府官员或政策的媒体消费和讨论。

当公民投票，给他们的代表写信或发电子邮件，聚集示威，签署请愿书或者资助试图影响政治或政策的人或事之时，他们即参与了大众政治。大众政治参与的程度就是此行为扩散的人口的范围（可能以百分比来计算）以及每个个人的行为数量。大众参与的增加有两种形式，一是有更多的人参与，二是同样的一些人但参与得更多。虽然如此，我们还是要特别明确，当我们承认某地大众参与水平较高，该地人口中的大多数都应参与。

正如我们所见，一些理论家并不认为大众参与值得提倡。在他们看来，大众参与是一种威胁。满怀激情或褊狭利益的人民，一旦被唤起，就可能会激发派系斗争的出现，鼓励暴民式的行为，这些都会损害其他人的权利。美国宪法的最初设计是为了过滤公众意见，通过一个间接过程过滤民意，以取得经过"蒸馏"的民意，从而民意对于政治或政策的影响。然而，从其他角度看来，大众参与是民主的基石。大众参与标志着大众同意的一种形式。当人民通过参与批准某种结果（无论是以选举的形式，还是以公民投票的方式）之时，无论政策结果如何，其都具有强制性，即受到决策影响的人都应在决策的过程中拥有实际的份额。

三个相互矛盾的选项

三个原则——审慎协商、政治平等和大众参与——构成了一种可预见的冲突模式。试图满足其中任何两者的努力都会破坏第三个原则的实现。由此导致的模式产生了图表 2 中所示的三种结果，它们一起构成了一个"三难"困境，即一种包含三边关系的两难困境。①

①　关于更早我对这个三难困境的表述，参见 Bruce Ackerman and James S. Fishkin （2004），*Deliberation Day*，New Haven and London：Yale University Press，pp. 201 – 204。对在一个与此不同的领域内的三难困境的表述，参见 James S. Fishkin （1984），*Justice*，*Equal Opportunity and the Family*，New Haven and London：Yale University Press。关于自由主义的"过程平等"的类似物以及它的普遍问题，参见第六章结尾部分对于其他三难困境的讨论。对民主改革的三难困境的更多探讨，参见 Anthony McGann （2006），*The Logic of Democracy*：*Reconciling Equality*，*Deliberation and Minority Protection*，Cambridge：Cambridge University Press，pp. 126 – 129。

表 2　　　　　　　　　　　三难困境中的选项

	政治平等	参与	协商
选项一： 大众民主	+	+	—
选项二： 动员式协商	—	+	+
选项三： 微观的协商	+	—	+

　　至少从理论上来讲，由三难困境所带来的挑战不是不可以克服的。我们可以想出解决之道，但是要付出巨大的成本，并且偏离了被视为可行的改革的范围。协商日就是一种方法，其试图将大规模的协商植入到大众民主中。① 但是，除非发生惯常的政治实践和约束的重大突破②，或者无法预见的技术革新，则此三难困境都将存在的。在漫长的民主实验史中，这一困境贯彻始终。换句话说，从来没有一种制度能同时满足政治公平、审慎协商和大众参与这三个条件。在政治平等原则下举行的传统的代表选举在第一个阶段内实现了政治平等和大众参与的结合，而将协商分离于由政治精英主导的另一阶段。公民投票实现了参与和政治平等，但通常不能同时实现审慎协商。在一些如阿克曼所研究的"宪政时刻"等一些历史的偶然时刻，整个国家都被唤起去讨论某个议题，但是这些时刻的发生无法由制度来确保，它们的发生是不可预期的。③ 只要制度设计中还存在这三难困境，民主改革者就要面对艰难的价值选择。

大众民主

　　让我们考虑为何满足两个条件会导致另外一个条件无法实现。首先假设，我们的目的是同时实现参与和政治平等这两个价值目标。其中，政治

---

　　① 参见前面对《协商日》的讨论。

　　② 参见《协商日》，第 6 章。

　　③ 参见 Ackerman，*We the People*，第一卷（1991）对"宪法时刻"的概念进行过论述，第二卷（1998）则提供了一些史实的证据。

平等是指对普罗大众中所有公民的观点给予平等考量的某种制度化的机制。增进政治平等一方面可以通过提升对被给予平等考量的公民观点的关注，也可以通过提高这些观点被平等考量的程度。正如我们前面提到，一些衡量投票权的指标的存在可以让我们先假设投票的所有可能性组合，然后通过计算某人能成为一个自我决断的投票者的概率来推断他的"投票权力"。借助于投票规则或者制度设计的结构，而不是我们所知道的历史上的投票模式或各类群体的实际偏好，我们可以先验地推断出这些可能性。如果一种公众咨询制度给予每位公民平等的投票权，那么其就在形式上满足了我们关注的政治平等的理念。在这点上，如果选区的选民规模存在很大差异（例如美国参议员选举中各州之间的差异），那么政治平等在一定程度上就被破坏了。在选举联邦参议员时，一位加利福尼亚州的选民所占的投票份额比一位怀俄明州的选民的份额要小得多。要注意的是，政治平等的概念不仅适用于在选票被平等对待的公投或选举当中的大众投票，同样也适用于抽签或随机抽样式的选择。有平等的机会成为一个自我决断的投票人的理念可以进一步细化为：是否在每人都投票的单一阶段里实现平等机会，或者通过以抽签或随机抽样的方式先选择出代表样本，然后再由此样本团的投票中实现平等。如果评定每个人观点的机制给予你平等的投票权，那么我们就可以说你的观点是被平等地对待的。

民主改革史上大部分改革都聚焦于政治平等地向曾经由于人种、民族、宗教、经济地位或性别等原因而被排除在外的全体延伸。普选权的拓展是一项非常伟大的成就。这些改革扩大了基于政治平等而须平等对待适用的人群范围。同时，美国国会和大多数州的选举实现的"一人一票"的改革，提高了参与者政治平等的程度。[①]

政治平等的扩展经常伴随着政治参与机会的增加，从而将我们提倡的两个基本价值观结合了起来。

无论是在美国，还是在大多数主要的西方民主国家，民主改革的主要方向是同时提高政治平等和增加大众参与的机会。在历史长河中，阻碍各种群体参与的主要形式上的障碍，如人种、性别或经济地位等，都已经趋

---

① 关于这方面的概述，参见 Alexander Keyssar（2000），*The Right to Vote: The Contested History of Democracy in the United States*，New York: Basic Books。

向消失了（至少与十八九世纪相比是如此）。从政治平等和参与这两个角度来看，这些进步是引人注目和令人称道的。然而，通过开放政治过程以便利大众参与的做法，却产生了一个没有预料到的效果——减少了我们第三个关键价值——协商实现的机会。

大众民主增加了很多决策当中原始民意的分量。通过倡导、公投和罢免等形式，它甚至将一些决策的实际场所转移到了大众当中。此外，使用民意测验测量和预测民意也强化了这个同样的过程。但是，这些促使政府和政策更贴近于实际的、原始的民意的努力的好意却削弱了协商的影响。正如我们已经观察到的有很多强大的因素使大众民意难以变得审慎。

在大众民主体制下，公民几乎没有多少理性动机对公共议题展开审慎协商——这个问题不是仅仅因为公民是自私的或自利的。即使公民是出于利他的或道德上的原因为每人提供公共品，即使他们在评估不同方案时不仅仅是出于影响到他们自己的福利，而是出于对整个社会产生影响，他们依旧会面临这个问题。正如曼瑟·奥尔森（Mancur Olson）在多年以前所证明的，当团体规模较大而单个个体对公共物品提供的影响很小的时候，激励个体参与到旨在提供公共物品的集体行动当中，通常是比较困难的。[①]

在普通公民中实现审慎协商的问题与集体行动的一般逻辑是一致的。例如，如果没有什么合理的理由去投票，那么就没有什么合理的理由去充分了解某个人的投票，或花费大量时间和精力去权衡投票的不同观点。同样的情况也适用在较大规模的国家中的公众通过其他途径影响对公共事务的深思熟虑的过程。在一个民主政体中，从对信息充分和积极参与的公民角色的民主理想来说，所有这些都是有缺憾的。

然而，正如奥尔森所指出的那样，在大团体中（包括大众选民），激励贡献较小的个体提供公共品的一个解决措施是提供选择性激励，也就是说，只给那些参与其中的个人提供激励。很明显，我们关于协商日的计划已经将这考虑进去了，因为对每个参与个体来说，都将有明显的"选择

---

① 这个经典的讨论参见 Mancur Olson （1965）， *The Logic of Collective Action* ， Cambridge，MA：Harvard University Press，也可以参见 Russell Hardin （1982）， *Collective Action* ， Washington，D. C.：RFF Press。

性激励"——只有通过在公平的讨论中尽一天公民的职责，进而在选举中投出实质性的一票，选民才能得到激励。

到目前为止，大众民主现状是其追求的参与和政治平等并没有为公共协商提供基础，这是因其大众民意的审慎协商会自然形成的。然而，这样的图景过于乐观，因为它严重地夸大了试图去实现参与平等的制度成功运作的可能性。即使从大众民主关注的参与和平等这两种价值来看，我们对参与平等的追求也存在严重缺陷。我们政治参与的实践面临"参与性扭曲"（participatory distortion）的问题，即那些选择参与的人并不能代表全部选民。① 在美国，到目前为止，那些真正参与的人仍然更多是白人、富人和受过更高教育的人。在此意义上，已经实现的有效的政治平等，比起破除参与（即投票权）的形式上的障碍时所期待的政治平等要少得多。政治平等的强烈主张致力于最小化对参与的扭曲，以使那些选择参与的人尽可能地能代表全部选民。我们这里所指的全部选民是指符合条件的选民，而不只是登记在册的选民。美国是世界上唯一的一个将登记的全部负担都交给选民个人的国家，这样就使选民登记本身成为参与的一个障碍。大约只有72%符合条件的选民进行了登记，而尽管我们登记选民的实际投票率可与其他主要民主国家相比②，但由于很多选民一开始没有登记过而无法步入投票的大门。所以，即使很多阻碍参与的形式上的障碍已经被拆除，但如果采用我们认为正确的分母——符合条件的选民数量，无论他们是否前去登记——来计算选民投票率，那么我们距离实现政治平等还有很长一段路要走。

维巴（Verba）、施洛兹曼（Schlozman）和布雷迪（Brady）使用"参

---

① Verba, Schlozman, and Brady, p. 15.

② 参见 David Glass, Peveril Squire, and Raymond Wolfinger (1984)，"Voter Turnout: An International Comparison" in *Public Opinion*, December-January, pp. 49 – 55, 对此有一个经典的论述。2008 年，符合条件的总人口有 2.07 亿人（考虑到年龄、国籍、没有犯重罪等因素），大约有 1.5 亿人登记在册的选民，那么有资格的人当中登记在册的百分比就为 72% 。当 2008 年登记在册的选民的投票率是 86%（1.5 亿人登记在册的选民当中有 1.29 亿人投票了），那么符合条件的选民的投票率就是 62%（2.07 亿人的总人口当中有 1.29 亿人真正投票了）。正如 Glass、Squire and Wolfinger 所描述的那样，国际间投票率有很大的不同，这是因为它要取决于是否将有资格的比率和登记在册的比率考虑在内了。美国跟其他大多数国家不同的是，它把登记的全部责任都推给了选民个人。

与性扭曲"这个名称描述实际参与的人和那些可以参与的人之间的区别,如实际投票的人和有资格投票的人之间的区别。在一项标志性的研究中,他们注意到参与性扭曲对人们传达的声音有显著影响。他们写道:"不平等的参与会影响到向政府传达的到底是什么。参与的倾向在政治分歧中并不是随机分配的。"其结果是"那些嗓门大的声音对公众状态——他们的需求与偏好——的一系列阐释与那些不积极参与的人自己的阐述并不相同。如果每个人都同样积极主动,或者积极分子是从总体中随机抽取的、无偏差的沟通才能出现"①。

当然,从总体中"随机抽取积极分子"的说法充满了矛盾。积极分子一般都是热情的自我选择者,因此他们同那些随机抽样选取的人在观点上有所不同。当然应该注意的是,在协商民意测验以及其他小样本协商的形式当中,我们是随机地招募参与者,没有特别招募积极分子。随机产生的公民代表避免了参与性失真情况的发生——这是说明他们同时满足了政治平等和参与两个价值的另外一种方式。

进一步开放政治过程以及增加公众商议的机会的努力甚至也可能使参与性失真增加。低参选率的公投、群众初选的扩大,为自荐团体表达对政策议题的观点而举办"市镇会议"等所有这些都具有值得称颂的目标,即参与平等。但是,这个目标经常不能完美地实现,因为大多数人并不关心,也不会利用这些机会去参与。其结果经常是无法很好地实现参与平等,反而进一步破坏审慎协商。开放政治、鼓励更多参与的过程实质上是让有强烈表达愿望与能力的人更容易被关注,而且其他声音依然保持着沉默。在很多议题上,一方面大多数公众漠不关心和置身事外,另一方面自荐的积极分子可以表达强烈的,有时甚至刺耳的观点。这种特别强烈的力量,有可能源自强烈"反对在我家后院"建某项大工程的利益相关者②,或者可能源自有少数人赞同的道德或政治意识形态③,或者可能源自利益

①　Sidney Verba, Kay Lehman Schlozman, and Henry Brady (1995), *Voice and Equality: Civic Voluntarism in American Politics*, Cambridge, M. A.: Harvard University Press, p. 11.

②　Morris P. Fiorina (1999), "Extreme Voices: The Dark Side of Civic Engagement" in Theda Skocpol and Morris P. Fiorina, eds., *Civic Engagement in American Democracy*, Washington, D. C.: Brookings Institution Press, and New York: Russell Sage Foundation, pp. 395 – 425.

③　参见 Verba, Schlozman and Brady, pp. 178 – 182。

集团的动员。其所导致的参与性扭曲会让公职人员和普通民众对民意分布以及对与对话相关的观点谱系产生误解。这公众讨论模式是在那些确信无疑观点之间的信息交流，而不是开放态度的交流。当然，如果有更好的方法去实现参与平等中政治参与的元素（因为那些不太感兴趣的人也会参与其中），那么这个问题就不会那么严重了。然而，对于很多公共议题，要让更广泛的、不那么不激烈的公众充分参与是件很困难的事情。这一结果对审慎协商是不利的。如果公众对话主要是一种愤怒、偏激观点之间的交流，那么就会让与这个议题没有一些特别利害关系的人觉得厌烦而不再参与。① 如果参与的人主要限于那些激情澎湃的人，那么开放政治过程以便有更多参与，并不能对公众对话产生促进作用。因此，安全的公共空间就显出了其特殊价值，在其中人们可以相互倾听而不相互咒骂。当然，这种公共空间不太可能自己主动出现，而是要通过有意识的制度设计来实现。

某种长期存在的论调认为如果仅仅因为投票人（和以各种其他方式参与进来的参与者）和不投票者是不同的，那么这并不意味着选举方式之间存在不同。很多选举中不投票者和投票者有相似的政策偏好和政治倾向。因此，如果我们用某种方式使不投票者参与投票，选举的结果不会有任何变化。② 即使与投票者相比，不投票者掌握的信息没那么充分，如果他们有自己的政策和政治偏好，那这种偏好会倾向于附和或反射出与投票者相同的观点。在此基础上，沃尔芬格（Wolfinger）和罗森斯通（Rosenstone）在一次经典辩论中提出，如果不投票者参与投票，也不会使选举的结果有很大的不同。按照这种观点，"参与性扭曲"并不会真正产生太大的扭曲，因为就最终结果而言，它不会改变选举的结果。

就某些选举和议题而言，这一论点具有某些价值。然而，它也表明了

---

① 此论断的一部分参见 E. J. Dionne（2004），*Why Americans Hate Politics*，New York：Simon & Schuster。Diana Mutz 也认为交叉接触（她称为协商）将压制政治参与，一方面是因为它将使社会关系处于危险当中，另一方面是通过制造矛盾的心理。参见 D. Mutz（2004），*Hearing the Other Side：Deliberative versus Participatory Democracy*，Cambridge：Cambridge University Press。"当人们处于一个政治上异质性很高的社会网络中，他们出于为了避免将他们的社会关系处于危险当中的考虑，会主动从政治行动当中退出来"，p. 123。

② Raymond Wolfinger and Steven Rosenstone（1980），*Who Votes?*，New Haven and London：Yale University Press.

将政治平等和参与与审慎协商相脱钩的问题。因为若我们可以设想让不投票者参加投票，并参与议题讨论，则他们投票之前，我们已经得出了与将非投票人纳入民主过程的后果很不同的反事实的方案。如果不投票者先参与审慎协商，然后再投票，我们可以很容易地想象到这么做会对结果产生的重要影响。因此，不投票者的利益和观点或许不同于投票者。通常情况下，不参与投票的选民有一半左右来自经济条件比较差，具有较低受教育水平以及少数族裔的群体。他们漫不经心的原始民意看起来可能与投票者没有什么不同之处，但是如果我们可以真正地让他们参与到政治过程当中参加议题的讨论，那么我们可以合理地预期他们的意见或会不同于"飘于头顶"的印象。对于协商民意测验的参与者而言，这一变化的确存在。不论其教育程度、收入水平或社会地位，通过审慎协商，所有的参与者都趋向于改变他们的政策和政治态度。

当然，就我们的目的而言，即使经典的沃尔芬格－罗森斯通论断是正确的，其也只是说明了缺乏审慎协商的政治平等和参与并不会如一些协商支持者所宣称的那样带来巨大的不同。在一些议题上，即使每个人都参与投票，也不会使选举结果有很大的不同；在另外一些议题上，参与性扭曲则将导致对民意的误解。我们仍然需要继续探索同时实现了三个基本价值可带给我们的收获。

在上述大众民主的局限中，关键点在于纳入第三个准则——审慎协商的困难。一旦考虑到大众民意的功利性和脆弱性，在平等的基础上将每个人都囊括进来很有可能只产生原始的且易被操纵的民意。如果我们实现了大众参与和政治平等，我们的政治发展很可能止步于投票民主这一形式。诸如协商日这种有抱负的而且又昂贵的创新可能会——至少协商日——打破这种三难困境，但是这需要有进行大变革的政治意愿。大众民主的局限强调了这一创新是多么配得上与之相关的投资。

动员式协商

接下来，假设我们尝试另一个配对——参与与审慎协商相结合。近年来，已经有很多值得关注的尝试去努力实践被我们称为动员式协商的这种策略。这些尝试是值得的，因为它们有助于在大量的公众中推行公民教育和审慎协商的潜能。但这些尝试又是局部的，因其在一个有数百万选民的国家中的影响力仅及于数以千计而非百万计的人口。这一策略鼓励大众参与到协商论坛当中。鼓励的方式包括提供一些"基础"，以便使严肃的协商成为可能。这些基础包括开发适合公民审慎协商的经过仔细平衡的、没有党派倾向的简报材料，培训主持协商论坛的主持人，建立传播消息、组织论坛的当地团体的网络。在美国，这类活动最有名的包括由凯特林基金会（Kettering Foundation）支持的"国家事务论坛"（National Issues Forums）、托普斯菲尔德基金会（Topsfield Foundation）支持的"学习小组资源网络"①（Study Circles Resource Network）、外交政策协会支持的"伟大的决策"系列对话（Great Decisions dialogue series）。在这些所有案例中，都开发了出色的、中立的简报材料，并提供给全国许多地区的公民论坛，这些论坛上有经过专门训练的主持人引导推动自愿参加者之间的讨论。

请注意，这些都是在信息充分的讨论中所做的无党派倾向性的、自觉的平衡的努力。当然，还有许多其他的尝试，包括在线或面谈的方式，其他把党派的支持者们通过讨论结合起来。沿用凯斯·桑斯坦（Cass Sunstein）的说法，我们把这些尝试称为"飞地协商（enclave deliberation）"②。飞地协商就其本身的性质来说，会吸引来党派的支持者甚至忠实信徒，因此与无党派倾向的、平衡的讨论相比，其更难吸引有代表性的小群体的参与。它只是吸引那些赞同相同观点的人。但是，平衡且无党派倾向的讨论的经验基本上是类似的——将审慎协商同大众参与相结合可能会破坏政治平等。

对这些自愿参与的协商论坛的研究证明了它们与各种代表小组协商（如协商民意测验，或者人数更少的公民陪审团）具有差不多相同的模式。不同的研究表明参与者增加了知识，提高了效力，显著改变了意见，

---

① "学习小组"最近已经更名为"每日民主"。关于国家议题论坛背后蕴藏的基本原理的综述，参见 David Mathews（1994），*Politics for People：Finding a Responsible Public Voice*，Urbana，IL：University of Illinois Press。

② Cass R. Sunstein（2007），*Republic.com* 2.0，Princeton，N. J.：Princeton University Press，pp. 77 – 80.

其政治观点变得更加老练。① 然而，这些论坛自愿参与的特点不可避免地会对审慎协商产生影响。自愿参与可能限制参与者的多样性，可能有助于吸引那些对某个特定主题有特别兴趣的人。与协商民意测验或者公民陪审团（或是协商日）不同，参与者既没有得到明显的激励，也不是由科学抽样所产生。不通过这些努力，自愿参与的论坛可以很轻易地容纳更多人参与，从而倾向实现大众参与的价值。

在此，我的假设是，如果既没有激励因素，也没有强制性措施，是不可能有效地动员数百万的公众参与审慎协商的。强制性协商（Compulsory deliberation）会与自由产生冲突，这使得它成为一个自由民主社会中的禁区。足以激发大比例选民参与的激励因素引发了我们对于协商日的设想。除了高额成本之外，我们还可以预见，如果我们尝试将审慎协商向大部分普通公民扩展，那么我们会遇到参与者对讨论的主题有特别的兴趣和信息的人。这种情况下，我们可能实现很高程度的自愿参与，但是这种参与不具代表性，其也违背了政治平等的原则。

协商代表小组

我们提出的三个价值中还剩下一组配对组合：要同时实现审慎协商和政治平等两个价值目标。我们称为协商均衡（Deliberative Equality）。虽然这种尝试还很少，但它们却提供了例证说明如何去克服大众民主的一些不足之处，虽然这将会付出其他一些成本。尽管到目前为止，已经证明了要同时实现审慎协商与政治平等这两个目标是可能的，但这方面的进展通常是在没有大众参与的情况下取得的。

当通过从总体中随机抽样的方式实现的政治平等与面对面的协商过程相结合时，我们就实现了所谓代表小组协商一个人数不多的有代表性的小组在权衡不同观点自身的优缺点时获得了更加充分的信息。如果这个小组能够代表总体，且不论在何种组合或决策过程中每个人的观点都能被平等

① 关于这方面的概述，参见 John Gastil（2008），*Political Communcication and Deliberation*，Thousand Oaks，CA：Sage Publications。也可以参见 John Gastil（2004），"Adult Civic Education Through the National Issues Forums"，*Adult Education Quarterly*，54/4（August），pp. 308 – 328。

地对待，那么政治平等就得到了实现。协商民意测验就是实现这种代表小组协商的一种尝试，但它不是唯一可能的版本。还存在基于同一基本理念的其他方式，其最主要的包括：公民陪审团，规划小组（Planning Cells），协商主题会议（Deliberative Panels），共识会议（Consensus Conferences），以及电话投票（Televote）。每一种方式都有其优点和缺点，但是它们都期望通过公众代表小组的方式提供一种具有代表性的协商机制。

密尔在他对立法机关扮演的理想角色的思考建议了"代表小组协商"的理想型。他认为立法机关应该按照"民意的国会"（Congress of Opinion）的模式运作。

> 国家中的每一个人都可以仰赖于找到某个合适人选，这个人能清晰地表达我们的想法，如同甚至优于我们自己的表达——他不仅只是向朋友和同党派的人表达，还要面对反对者，经受意见相左的矛盾观点的检验；意见被驳回的人也会感到满意，因为其意见也被他人仔细聆听，而不是仅仅因为意见不同被否决；否决的原因仅是其他意见被认为更加合适，并且能代表这个国家大多数人的想法；国家中的每一种意见都能聚拢自己的力量，同时纠正任何对其支持者的数量或力量所产生的幻觉。[1]

民意控制的国会中不同观点的分布接近于国家中不同观点的总体分布（"国家中的每一种意见都能聚拢自己的力量，同时纠正任何对其支持者的数量或力量所产生的幻觉"）。每个人都会发现自己的看法在其中得到表达，"如同甚至优于我们自己的表达"，进而展开持续的对话，而所表达的观点会得到回应，由此自己的观点"经受意见相左的矛盾观点的检验"。最终，当得出最后的结论时，那些"意见被驳回的人也会感到满意，因为其意见也被他人仔细聆听，而不是仅仅因为意向不同被否决；否决的原因仅是其他意见被认为更加合适，并且能代表这个国家大多数人的想法"这就是我们描绘的一种协商机构的景象。在其中，人们通过了解他人的不同论点而掌握充分的信息；在观点交流中有措施保证实质性平衡

---

[1]　J. S. Mill, *Considerations on Representative Government*, p. 116.

的实现;其中观点的多样性能与社会总体相比拟;代表们会尽心尽责地参与,并且能依据观点本身价值作出权衡。

代表小组协商的构想是要建立一个相对小规模的、面对面的团体,在这个团体中每个人都有一个平等的机会成为其中的一分子,并且为其在政策或政治议题的协商创造良好的条件。如同协商民意测验一样,公民陪审团也是使用民意研究方法通过组织一个样本小组去展开协商。但是公民陪审团更接近于一个单独的讨论团体,因为其规模与现代的陪审团差不多12 人,或可能 18 人或 24 人。① 这样一个团体的好处在于,它可以在一个长时期内在本地社区持续开会,有的时候是几天,或者是几个连续的周末。"陪审员"(jurors)聆听证词,传唤证人,要求证据,有的时候向某个地方或政府当局提出些建议。这个过程的局限性在于,代表人数太少,以致不可能确保协商团体在统计学意义上的代表性。公民陪审团的规模如此之小,以至于缺乏科学基础将他们的结论与全社会在信息充分情况下得出的反事实的观点(即国家在信息更加充分条件下所做的决定)联系在一起——即使公民陪审团的结果经常是在信息更加充分下得出的。然而,现在美国与英国的广泛公民陪审团实践经验让我们看到了公民——一旦公民发现自己拥有支持协商的社会环境——处理复杂政策议题的能力。②

代表小组协商的另一种形式是彼得·迪内尔(Peter Dienel)在德国发起的"规划小组"。规划小组是在许多分散的地方——如一个地区内的不同镇——采取随机抽样的小规模的团体讨论。这些分散讨论的结果被集中起来,就有足够的数量来进行有统计学意义上的普遍化推断。但整个地区或全部人口的随机样本并不是各地的随机样本的累加。尽管如此,如果规划小组是从一个地区随机样本中产生的,并且参加者被邀请参加到当地社区里分散的任务小组中,那么这个过程就能同协商民意测验一样代表在信息充分条件下形成的反事实意见提供基础。当然,对于不同时间、地点和事件,有人就难免会担心每个地点的过程是否都足够相似,以使结果的累积有意义。虽然如此,这个方法可以被认为是提供,或者是试图提供,

---

① 关于这方面的概述,参见 Anna Coote and Jo Lenaghan (1997),*Citizens Juries:Theory into Practice*,London:Institute for Public Policy Research。

② 参见对于受克林顿医疗计划中的杰弗逊中心引导的公民陪审团的著名新闻报道。例如,Julie Rovner (1994),"President Clinton's Health Care Plan on Trial Last Year",NPR,September 30。

总体的一个分散化的代表小组，它由分散在不同地点的小组聚集而成。从这个意义上讲，规划小组部分地实现了一个接近于协商日的设想——很多分散的社区针对一个相同的议题进行本地协商。

另一种可选方案是尝试着在时间上而不是在空间上拓展主题会议。这种方案原本是一个叫"观点学习"（Viewpoint Learning）的团体在地方层级上建立"协商主题会议"所使用的方法。在同一地方，连续几个周末都有不同小组被召集起来讨论，每次都围绕相同主题进行一天的审议协商。举行七八次之后，参与者的数量就足以使结论具有统计上显著性。只要在举行协商的几周内，与讨论中的议题相关的背景没有发生重大的变化，且采取了方法保证不同小组的经验具有可比性，那么这种方法就可以为地方性谘商提供可行的备选方案。① 然而，这些方案的主要成果是一个共识声明，而不是像匿名问卷体现的定量研究前后鲜明对比的结果。这种方法关注的是对变化的根源或原因进行定性分析，而不是定量分析。

共识会议（Consensus Conferences）是一种起源于丹麦的公共谘商模式，主要应用于审议科学与技术中的伦理问题。参与者先通过从报纸广告招募，然后在保证多样性的基础上进行选择。这种协商方式类似于公民陪审团。但是值得指出的是，如果协商自始仅通过回应报纸广告自荐的人参与，那么这种协商就失去了参与者的普遍性，而只局限于那些因特别自身利益而挺身而出的人。那些不太参与的或者对议题还没有自己想法的公民是不太可能站出来的。为了确保样本的人口学上的代表性所作出的一些努力并不能弥补这样一个缺陷——只有那些勇于挺身而出的人才可能在第一阶段被选中。另外，如同公民陪审团一样，共识会议存在着缺少无记名投票的问题。正如它名称所表明的，共识会议和陪审团的要求一样，规定小组要达成"共识"，因此参与者的决策过程必须承受追求小组一致性的社会压力。相比之下，协商民意测验在周末结束时通过匿名问卷收集意见，

---

① 一个关键的局限性在于，只是收集了参与者最后的态度，而没有收集他们最开始的态度。因此，就无法评估他们的观点是否真正具有代表性。该种设计也将用对照组来完善自己，有了对照组之后，就可以知道哪些变化是由于世界的变化而导致的（Campbell 和 Stanley 称为"历史"）哪些变化是由于相互协商而产生的变化。参见 D. T. Campbell and J. C. Stanley (1966), *Experimental and Quasi-Experimental Designs for Research*, New York：Rand MacNally。由于要求进行所有不同协商的时间不断累加而具有相当的数量，这种情形的弱点也在不断增加。

从而实质上进行了无记名投票。协商日避免这一问题的方法是在当天根本不就选举中的投票意向收集意见。而是参与者将会在一周之后选举实际举行时通过无记名方式投票。此外，协商日将可观的物质激励、一天的国家假日以及大规模宣传结合起来，从而能动员大规模的参与。

其他还有两种制度设计——电话投票（Televote）和选择式问卷调查（Choice Questionnaire）也是代表小组协商不同形式的例子，但这两种方法都只是把很多相对孤立的个人思考汇集到一起。在电话投票中，参与者通过电话回答一份调查问卷，然后将收到与议题相关的材料。参与者将被推动在家中与朋友和家人讨论该议题。一段时间之后，再次致电给参与者，看看在经过进一步的思考和讨论之后他们的意见是什么。电话投票的优点在于它采用的是科学的随机抽样方法，而不是共识会议中的自荐，或是公民陪审团中的定额抽样。但其所能带动的审慎协商是十分有限的。即使有些参与者确实阅读过寄送的材料，并与家人和朋友一起就议题进行过讨论，其效果也常常和观点相似的人讨论的效果类似。正如我们所知，自然条件下的公民协商的主要缺陷之一就是，当我们讨论议题时，我们最倾向与同自己相似的人讨论，或与朋友和家人讨论，更一般地说就是与那些有相似社会和政治观点的人讨论。这些人容易接近，但他们却可能强化我们的观点，而不是用不同的观点进行挑战。可能正因如此，与那些需要持有不同观点的人进行的讨论（例如，通过将随机样本随机地分配到小组讨论当中）的协商民意测验和其他代表小组协商相比，电话投票试验中观察到的意见变化是很小的。①

选择性问卷调查是另外一种采用随机抽样但只有有限协商的方式。与电话投票一样，选择性调查问卷鼓励在拥有更多信息的基础上进行思考。但是与电话投票不同的是，它尝试在调查工具中提供更多信息。此外，其协商的时间仅限于调查时段内。作为标准的抽样调查的变体，其在提问过程中也提供相关信息。因为这些原因，选择性问卷调查的干预比电话调查显得更温和。在调查中通过电话传递的信息所激发的思考和审议是十分有限的。然而，其优点在于它是一种经济上合算的方法，可以用来研究信息对科学随机抽样选取的样本产生的影响，也可以用来在设计中加入控制

---

① 参见 Christa Daryl Slaton（1992），*Televote*，New York：Praeger。

组，观察同一问题的不同变量对参与者影响，例如可以比较不提供信息和提供信息情况下被提问者的反应。[①]

与代表小组协商变化形式相比，协商民意测验有许多优点。与公民陪审团和共识会议截然不同的是，协商民意测验聚集了足够多的参与者以及相关的各种数据，因此样本（在观点倾向和人口统计学上）的代表性和观点的变化都可以进行统计学上的研究。与规划单元和协商小组相比，协商民意测验的优点在于它实现了空间和时间上的统一。它把整个国家（或是整个区域、整个州、整个城镇）都放到一个屋子里，在那里他们可以共同思考。这么做能适用于媒体可报道的重大事件，并且它使各小组之间可以进行比较。与电话投票和选择性问卷调查相比，协商民意测验提供了更加密集和强烈的干预，它让人们在一个更长时间段内体验与更有多样化观点的对话，它更提供了机会实现不同观点之间更具实质意义的平衡。通过时间更加充裕的，内容更加丰富的向意见不同的专家和政治家提问，大量信息多样的观点获得了交流和表达。

即使上述方法存在各种优点，它们当中没有一种方法，包括协商民意测验，能促进实现大众参与的价值。参与的人数，无论是通过随机抽样或定额抽样或是自愿参与的群体中进行选择，都只是总体中微不足道的一小部分。所有那些没被选中的人们都无法参与，只能通过电视、网络或新闻报道等间接渠道接受信息。有一些证据表明，收看诸如协商民意测验那样的代表小组协商的电视节目，会有限地影响人们对自身政治效能感以及公民参与意识的看法。[②] 但是，这些媒体效应实际上无助于鼓励人们自己进行审慎协商或者掌握更加充分的信息。

就其本质来说，代表小组协商是针对少数人的，而不是针对多数人的。为了实现与政治平等和审慎协商相并列的大众参与的价值目标，我们

---

① 参见 Peter Neijens (1987), *The Choice Questionnaire. Design and Evaluation of an Instrument for Collecting Informed Opinions of a Population*, Amsterdam: Free University Press。

② 与此相关的一个有趣的实验是美国的第一次协商民意测验的电视直播，参见 Kenneth A. Rasinski, Norman M. Bradburn, and Douglas Lauen (1999), "Effects of NIC Media Coverage Among the Public" in Max McCombs and Amy Reynolds, eds., *The Poll with a Human Face: The National Issues Convention Experiment in Political Communication*, Mahwah, N. J.: Lawrence Erlbaum Associates。

需要让多数人参与其中。然而,正如我们之前在讨论到大众民主时所看到的,一旦我们让多数人参与——如大众社会中的数以百万计的选民——我们就可能遇到理性的无知以及缺少让参与者去掌握充分信息的激励等问题。我们再一次面临无法同时满足所有三个价值目标的处境。

如果我们实现了参与和平等两者的结合,我们就平等地对待每个人的观点并表达了实际的大众同意。但是它不是在普遍信息充分条件下或经过深思熟虑后的同意。它默许公众是不积极的,并可能是受操控的。另外,如果我们实现了平等和协商的结合,我们计算的就是对公众深思熟虑的判断的代表,但是与广大选民之间的关联只是通过随机抽样的方法确保他们被抽中的概率是相同的。实际大众参与的标志并不存在。第三种选择是协商和参与的结合,其必然会出现"参与性扭曲"或者缺少公平的对待而破坏了代表性。必然存在某些特别感兴趣的群体,而其他群体则被排除在外。在可预见的实际状况下,这一三难困境是周而复始出现的,不可能使所有三个原则都得到满足。

防止多数人的暴政

三难困境中的三项价值——审慎协商、大众参与以及政治平等——适用于民主过程设计本身。总而言之,它们提出了人们的观点是如何被构造的(协商),人们是如何被选中的(大众参与),以及人们是如何被对待的(政治平等)。但是在民主理论中还有另外一个关键性的价值起着重要的作用。它并不是民主过程设计中内在的因素,但它提供了一种评价其影响的方式。我们可以称为"防止暴政"(non-tyranny),因为它是关于防止所谓"多数人的暴政"的。其中关切点就是即使人民是按照民主方式进行决策的,人民也可能做坏事。

如果我们认为民主是一种做决策的政治方法,那么值得关注的是这个方法可能会造成一些根本性的不公正——至少在某些情况下,这种不公正将证明超越或放弃民主的方法是正当的。约瑟夫·熊彼特(Joseph Schumpeter)就曾提出过如下著名的质疑:

让我们把自己流放到一个假想的国度,这个国家用民主的方法迫害基督徒、焚烧巫女和屠杀犹太人。我们当然不会因为这些行为是按民主程序的规则决定的就赞成它们。……即使最激进的民主主义者也会把一些终极理想和利益置于民主本身之上。①

还有其他很多人，如麦迪逊、托克维尔以及密尔也都探讨了多数人是如何可能做坏事的，以及他们怎么实施"多数人的暴政"。当然，少数人也可能做坏事。但多数人暴政尤显困扰，因其表面化了意愿与公正之间的激烈冲突。这种可能由于民主而导致的可被反对的后果至今没有受到足够的重视，但是它经常在讨论中被认定为一类基本的不公正。

对多数人暴政的恐惧是美国宪法最初的主要动机之一。众所周知，麦迪逊并不笃信偏爱"共和"的"民主"一词，他在此指此种"民主"为"作为代议结构的政府"的。相比之下，在古代城邦国家这种小规模的面对面民主——无须代议的"纯粹的民主"（他是这么认为的）中，"并无应对派别危害的措施。几乎在每一种情况下，整体中的大多数人会感到有共同的激情或利益……没有任何方法可以限制牺牲弱小党派或弱者的动机"（《联邦党人文集》第十篇）。参议院设计的原理在于其作为"必要的组织，以在某些时候防止人民由于一时的谬误而举措失当"。它保护人们进行深思熟虑地判断，保护"共同体有冷静而审慎的见解"，使人们免于"为某种不正当情感及不法利益所左右，或为某些自私者的狡诈歪曲所哄骗"（《联邦党人文集》第六十三篇）而形成派系，对其他人的权利和利益甚或对整个共同体的长期和集体的利益造成损害。一个类似参议院这样的审议协商机构则有可能拯救苏格拉底，麦迪逊认为：

> 如果雅典人竟有先见之明，在其政府体制中订有防止自己为情感所左右的办法，岂不会避免多次严重的烦恼吗？今日下令鸩死某些公民，明日又为他们立像表功，这样玷污人民自由的难忘耻辱，岂非原可避免的吗？（《联邦党人文集》第六十三篇）

---

① Joseph A. Schumpeter (1942), *Capitalism, Socialism and Democracy*, New York: Harper & Row, p. 242.

显然，法院是制衡暴民情绪以及被阴谋诡计之人煽动的公众情感的另一道防波堤。司法部门可以防止一时冲动下的谬误——人们在得到更充分的信息、经过反思后往往为这些谬误感到后悔。正如汉密尔顿在《联邦党人文集》第七十三篇中指出的那样：

> 法官之独立对保卫宪法与人权亦具同样重要意义。如果在某些玩弄阴谋诡计之人的煽动与影响下，未经人民的审慎详查，致使某种不良情绪得以散布，可以造成政府的某种危险变动，使社会上的少数派遭到严重的迫害。

但是汉密尔顿至少不相信法院可以构成对多数派的强有力壁垒。他认为"值此立法机关在社会多数派的舆论怂恿下侵犯宪法之时"法官没有"毅力"去"尽其保卫宪法之责"（《联邦党人文集》第七十三篇）。

对被激情或利益煽动而去损害他人权利或利益派别所可能做出的恶行的担忧始终困扰着美国宪法的制定者。他们害怕的是雅典暴徒和谢斯起义的结合。多数人的"暴政"只是一个笼统的说法，但很显然，宪法制定者们害怕对生命、自由和财产的进行本可避免的实质意义上的剥夺。虽然这些理念都是发人深思的，但在此我们需要对此种决定——虽其被民主原则的支持，但却如此不可接受，以至于更高的规范性主张所抑制的——政府决策进行操作型定义。

就我们的目的而言，我们可以认为暴政（无论是多数人的暴政还是少数人的暴政）是一种政策选择，给政策严重剥夺了人们的根本权益，而其他尚可被选择的政策则不会进行同样的残酷的剥夺。我所说的"防止暴政"就只是指避免这种意义上的"暴政"[1]。当然，这涉及对"根本利益"的定义以及在什么意义上某种政策是另一种政策的替代等一些有

---

[1] 很明显，这个论述受到罗伯特·达尔对麦迪逊以及民主理论中暴政问题的探讨的影响，这些探讨见 Robert Dahl（1956），*A Preface to Democratic Theory*，Chicago：University of Chicago Press。我的其他论断也从达尔对达到"充分的知情"问题的探讨中受益很多，对这一问题的探讨见 *Democracy and Its Critics*，New Haven，C. T.：Yale University Press。

趣的问题。我已经发展了一套关于解决这些问题的视角。① 如果人们被迫牺牲他们自己的生活方式，这是不是根本利益呢？如果牺牲的是他们的根本信仰或健康呢？如果由于资源限制，两项相替代的政策不可能同时实施，那么是否还存在彼此可替代的政策选项呢？如若 A 和 B 处在不同的政策领域，公众或决策者是否必须仍在 A 和 B 当中进行选择？

基本性的思考并没有对这些理念进行详细的阐述。对我们目的而言，根本理念是：如人们选择对他们当中的部分人做出恶行，并且此种选择本来可被完全避免，那么此选择就应该被加以反对。②

需要补充的是，如果说一个政策选择破坏了防止暴政的条件，那么这种选择应该是有意而为之的，这些意图必须会对他人产生影响（也就是说，支持者很大程度上被追求导致他人受损的政策预期效果的意愿所驱使）。还有一点，即把有意识选择的政策作为和不作为均包括进来也是合理的。换句话说，例如在围绕若没有为下一次飓风做足救灾准备，那么群体 X 是否将会受灾的讨论中，某一联盟阻止救灾准备，那么如果造成了严重的后果，那么这个决策就可以被视为是"多数人的暴政"，或者"少数人的暴政"（这要视阻止救灾行动的联盟的规模而定），即使该后果是由于"没有"采取行动而导致的（决策明确决定不进行救灾准备）。

为了完整地描述"反暴政"（或是多数人的暴政），我们需要就区分加在受损者身上的不可接受的残酷的剥夺的不同类型的本质进行讨论。就本书的目的而言，我们将讨论对人的生存、尊严或损害其他必要权利等损害人权的行为。我已经在别处对此进行了论述。然而，在此我们无须将此讨论置于具体的情境之下。我们只需要指出当被采纳的政策带来了另一个可选的政策不会引发的残酷的剥夺，则此时防止暴政的理念就被破坏了。这一定义至少可以为我们的进一步讨论辨别出足够多的关键案例。如果每一个政策选项都会对其中一些人进行残酷的剥夺，那么这类复杂案例的处理就构成了正义理论中一个更复杂的主题。

已经有人尝试着在不对后果进行实质性讨论的情况下对多数人暴政进

---

① 参见 James S. Fishkin（1979），*Tyranny and Legitimacy*：*A Critique of Political Theories*，Baltimore，MD：Johns Hopkins University Press。

② 当决策者面临的是死胡同，无论他们选择哪一个，都会对某一部分人带来可怕的后果，那样就不太适合用"暴政"这个词。那样的情形，更适合用"痛苦的抉择"这样的词。

行论述。罗伯特·达尔在他的经典著作《民主理论的前言》中，提出了麦迪逊论述的现代版本——"强力间的平衡"（balance of intensities）。其思路是如果少数人对某个议题拥有强烈的观点，而其意见被漠然的多数人所否决，那么对意见的整体权衡（考察意见的数量以及表达意见的强度）可以偏向少数派，而否决少数派的意见则被认为是多数人的暴政。这样的分析更可能保护那些占多数的团体（如果议题是去防止少数人的暴政）。

　　然而，回顾历史，这种将实质性讨论转变成只是关注于过程的尝试似乎注定难以成功。当然，如果考虑到从熊彼特的"心理实验"中导出的结论和多数人会"焚烧巫女"或"屠杀犹太人"的话，那么就很难将"强力间的平衡"同多数人暴政的主张联系在一起。的确，即使少数人有更强烈的意见，但是如果这种强烈反应的计算能被测量（例如，我们有某些体系可以进行基本的人际间的比较），那么我们是否反对纳粹将不取决于他们感情的强烈程度。无论少数人的感觉是多么强烈，如果多数人的数量和激情都足够强烈，从理论上讲，权重都会偏向于多数人这一边的意见。这与政策后果是否应被反对关系不大。问题的关键在于多数人想要对少数人做非常坏的事——进行原本可以避免的残酷的剥夺——而不在于少数人比多数人对某事有更加强烈的反应。

　　基于上述解释，可以简单地说，当胜利的联盟对失败的一方进行本可以避免的残酷的剥夺时，防止暴政的条件便已被破坏。在对"残酷剥夺"的定义上我们保持灵活性，但可以明确的是，剥夺越是残酷，越是明确地可以避免，就越紧急的存在多数人（或少数人）的暴政。

第三章

相互矛盾的视角

四种民主理论

在上一章我们已经把对民主的基本关注点扩展到了四项基本原则——政治平等、审慎协商、大众参与和非暴政，因此接下来可以根据对待四项原则的不同立场对几种民主理论进行解析。对四项原则的不同立场理论上存在 16 种可能组合，但是其中有实际规范意义的只有四种。其他组合或是这四种情况的变种，或是被三难困境所排除，或是它们的主张要求太低（比如仅仅支持其中一项原则，而拒绝其他三项），或是它们拒绝所有的原则，或是以乌托邦的方式同时认可所有四项原则。更多细节可参见附录。

这四种民主理论都明确地支持其中两项原则，同时对另外两项原则持保留态度。它们对另外两项原则的立场可以作为一个值得研究的经验问题，或是作为一个它们并不关注的问题。我以"＋"来表示它们对核心原则的信奉，以"？"标示出它们对其他原则的存疑态度。

表3	竞争式民主	精英审议协商	参与式民主	协商民主
政治平等	＋	？	＋	＋
参与	？	？	＋	？
协商	？	＋	？	＋
非专制	＋	＋	？	？

表3 居中标题：**四种民主理论**

　　世界上并没不存在一种单一的民主理论，相反毋宁是存在着几种相互竞争的民主理论。在一定程度上，我们所关注的四种理论都是"理想型"（ideal types），对于一些理论家而言，我们需要对他们的理论进行一点精心处理以便其能够被归入给定类型中去。我认为，这些精心处理是为了让他们的立场更加鲜明。比如，竞争式民主的最初支持者对平等投票并不关注，但是如果选民被平等对待，那么竞争式民主对大众而言会更有吸引力。

　　这四种理论有助于澄清问题，因为它们都拥有立论的清晰立场。并且，我们会把这四种理论视为对这四种原则以及它们如何对待其组成部分的价值立场的不同组合。如此，我们便有了讨论所有可能的民主理论的工具。我的目的并非提供一部民主理论史的简要指南，而是试图理解和掌握一系列关于民主应然形态的相互竞争的理论。

竞争式民主

　　最先考察的是一种最简单化的理论，我们称为竞争式民主。它关注的焦点是竞争性选举以及保护人们免于多数暴政侵害的权利的制度化。竞争式民主最有名的支持者是约瑟夫·熊彼特，此后它被很多理论家所推崇。[①] 它对任何公意（public will）形成过程所具有的意义不抱高期望，相反，更关注"如何通过竞争赢得民众的选票"以及权利得到尊重这一额外要求。依这种观点，民主的关键挑战是保障权力平稳过渡和政治领导的和平轮替。此外，政党通常会倾向于满足中间选民的偏好，因此政党之间的区别没有它们表面看上去的那么大。当然，如果选民依据高度分裂的意识形态立场而分野聚集，或者如果投票率期望鼓励的是政党动员其基础支持力量而不是致力于吸引中间选民，或者如果通过不公正地划分选区使得选举失去竞争性，那才可能导致中间选民推论站不住脚。追根溯源，在这一理论中"公意"的实质内容并不真正重要。政党或是候选人是否真靠近中间选民只是一个无关紧要的问题、一个需要实证研究的问题。在这种民主观看来，竞争式民主关键是提供统治精英的平稳交替，另外整个体

---

　　① 参见理查德·波斯纳《法律、实用主义与民主》和伊恩·夏皮罗《政治的道德基础》。

系对统治精英的决策提供某种程度上的明确限制（通过制度和宪法的限制）。依这种竞争的观点，即使存在"人民意志"，期望"人民意志"（will of the people）起作用，也只是一种幻觉。但是如果这种规则能够解决权力更替问题而免于革命或暴力行动，同时权利又能得到保护，那么就已经是重大成就了。

　　熊彼特本人并不支持政治平等。事实上，更臭名昭著的是，他并不认为在他理想的政治竞争体制中应该包括诸如美国南方黑人或是苏联的非党人员。当政治平等通过政党竞争来实现时，存在着两个显而易见的问题：（a）选举权的范围，（b）对有投票权的人的平等对待。熊彼特并没有对这两个问题提供他的标准，反而是回避了这些问题。①

　　然而，当最简单化的或是竞争性的民主开始将"政治平等是通过政治竞争实现的"纳入其主张时，它才有了最合情合理的解释。但是，当发展到主要群体被取消投票权的程度时，这种理论会因其排斥主义而引来不必要的批评，从而失去其魅力。而当发展到边界被操纵或者候选人或选民无法接近的程度，竞争式民主的理想也会大打折扣。更进一步，如果到了选票没有被平等地计算的程度，那么这种竞争会被指斥为不公平。在讨论每一种理论时，我们分析的都是最理想层面上的论述。因此，即使的确有国家可能拥有缺乏政治平等的竞争式民主，对这种理论而言，这将是一种不必要的额外负担，在现代情境下，尤其显得不必要。

　　加上这条，很明显美国在很多方面都没有实现政治平等。一些比较明显的例子包括：总统选举时总统选举团维持了18世纪的组成结构，以及国会两院制设计且参议员议席不按人口比例分配。类似的政治不平等来自于进步主义运动中改革论者改变候选人提名方式时建立的传统——按顺序进行总统初选的制度使得那些缺乏代表性的小州，比如最先举行初选的爱荷华州和新罕布什尔州，拥有了不成比例的更大影响。尽管存在这些复杂性，我们能够充分理解"一方面把政治平等和竞争性选举相结合，另一方面把政治平等和对防止多数人暴政的保证相结合"这一理想的诉求。

---

　　①　对熊彼特这一观点的结论的批评可见罗伯特·达尔的《民主及其批评者》，第121—122页。

在一些关键性的关于重划选区的法院案例中，我们可以看到在重新设计选举区等一些方面确实更加接近"一人一票"的理想目标。①

竞争式民主对我们提出的另外两项原则持保留甚至敌视的态度。依这种理论，审议协商并没有特殊价值。实际上，竞争式民主理论的有些版本攻击协商的理想在决策成本中只是一种浪费性投资。如果形成"公意"没有意义，那么我们为什么还要浪费时间和资源去尝试着促成它呢？并且，如果政党基本上将向中间选民靠拢，耗费那么多时间去帮助人们判定哪个政党将会取胜也没有什么用处。尽管每个政党或许试图使自己明显地区别于其他政党，但是它们在本质上如此相似，从而使得不管谁赢得选举都没有太大差别。②

不论是在熊彼特的观点中，还是在理查德·波斯纳最近对该论点的重申中，其想法是将那些致力于形成公意的"古典"理论与对此并不重视的现代竞争性理论加以比较。尽管对于提出替代方案的古典理论到底是什么还存在争议，但其基本想法仍然是对于形成公意与仅通过选举而决定由谁获得职权的两种方式的对比。③ 波斯纳把民主的审议协商模式视为一种虚幻的理想。他认为"协商民主就像是白日梦一样不值得一个正常人去关注"。他说，将公民协商作为一种改善民主的方法，就像是让奥德修斯生出翅膀作为逃离卡利普索岛的方法一样天真。④ 在他看来，公民在处理复杂的政策问题上的无能令审议协商变得不可能。⑤ 因此，民主改革应该仅仅着力于改善政党竞争的环境。

当然，普通公民（选民或是居民）是否确实有能力处理复杂政策问

---

① 关于美国宪法的民主局限的详细论述可见罗伯特·达尔《美国宪法的民主程度有多大？》，纽黑文和伦敦，耶鲁大学出版社 2003 年版，以及桑福德·列文森《美国不民主的宪法》，纽约，牛津大学出版社 2006 年版。

② 关于这个观点的论述，即不管它们如何强调两者表面上的差异，政党差异实际上很小，即使它们在重大问题上存在一些差别，可见查尔斯·林德布洛姆（1977）《政治与市场》，New York：Basic Books。

③ 作为熊彼特式的竞争式民主观的替代品，我们将会把它当作第十五种，并将其有用性归结到我们的全部的四种民主理论的划分中，参见第三章和附录。

④ 在荷马的神话《奥德赛》中，奥德修斯被卡里普索（海中女神）在其岛上截留 7 年。——译者注

⑤ 理查德·波斯纳：《法律、实用主义与民主》，第 163 页。

题是个实证问题——协商民意测验的试点与许多其他试验一起正在努力探索这个问题。[①] 在没有充分证据的情况下，不应该否决对大众参与决策的胜任能力的期望。普通公民看起来是否胜任，可能在很大程度上取决于他们是否有理由去关注，他们的声音是否会发挥作用，他们的讨论和互动是如何进行的，以及关于他们的观点的数据是如何收集的。显然，协商咨询会议上得到结论能否推断到代表更广泛的民众的观点，关键地依赖于参与者是谁，他们是怎么产生的，以及哪些数据可以被收集来评估对他们的决策能力的判断。

熊彼特和波斯纳这样的竞争式民主的支持者同样关注另一个实证性问题：大众参与是否会唤醒大众的恶行，并发展成为多数人的暴政。这种观点认为在大众参与和违反对我们所称的非暴政原则之间存在可能的（经常是假定意义上的）因果联系。竞争式民主的主流解释实际上拒绝大众参与和审议协商，但是为了力求全面，我在前面的表中只用了"？"号，其目的是涵盖各种可能性：一种立场可能包含其中一方面或者另一方面。[②]

竞争式民主的支持者对大众参与时刻保持着警惕，因为他们会问，除去暴民心理（mob psychology）或是由激情或利益产生的麦迪逊所假定的"党争"（faction），还能有什么原因使公众中的大部分参与政治？[③] 这种推测认为除非牵涉很强的感情因素，大众一般会远离政治或政策。在他们看来，大众就像一个沉睡的巨人，最好让他保持在睡眠状态中。

但是，如果只考虑大规模的竞争式民主中个人投票或个人参与行为的纯粹工具性效果，那么甚至很难解释没有被鼓动的大众中的低参与度。投票或政治参与的悖论有些时候被指为"吞噬理性选择理论的魔怪"[④]。其

---

① 其他的做法有调查研究中实验的嵌入，比如说选择性的问卷调查和模拟陪审团的大量资料。

② 如果一个人接受了我们关于三难困境的观点，同时支持两者可能就是不现实的。无论如何，它的关于竞争的论述不会出彩，而仅仅是一个我们应当同时拥有所有美好事物的平庸论断而已。

③ 记住我们将麦迪逊视为精英审议而不是竞争式民主的支持者。但是这两种理论都关注如何避免多数人的暴政并以此为理由拒绝大众参与。

④ 参见唐纳德·格林、伊恩·夏皮罗《理性选择理论的病理》，纽黑文和伦敦，耶鲁大学出版社1996年版，尤其是第四章。

观点是，如果一个人考虑投票带来的利益（对个人或普遍公众而言），以及个人的选票或意见对结果带来影响的可能性，那么使参与的成本和收益维持平衡的唯一方法就是加入道德考量——例如从投票中得到的满足感。[①] 事实，很多人参与投票的确是因为他们认为自己有责任如此做。是否能合理地建构出此种责任感，让即使作用微小的个人也能感受到投票的责任？——对此问题一直以来都有讨论。[②] 就本章的目的而言，我们只需要认识到，如果实现大规模的民众参与常常取决于他们感觉到自己"有责任"去做，那么我们可以考虑调动某种道德心理，这种心理既能激发民众参与，但又没有暴民心理或激起派别之争的愤怒情绪那么危险。在这个意义上，之前我们对大众参与导致多数人暴政的暴民心理之间的因果联系的假设是可以被打破的。

简而言之，竞争式民主的关键是通过竞争争取人民的选票，以解决谁来掌权的问题。通过选票而非子弹解决问题，我们就可以实现政权平稳更替，以及使个人权利获得司法保护（后者通常被认为有利于保护人们免于多数人暴政，尽管如汉密尔顿所总结的，司法保护可能只是一个脆弱的防波堤）。因此政治平等和非暴政的结合，以及对另外两个原则的存疑态度，在我们的表中界定出了一个切实可行的理论视角。

精英审议协商

第二种理论是，即我们所称的精英审议协商，与第一种竞争性模式有很多相似处。与竞争式民主一样，精英审议协商对大众参与保持回避态度。按照强调对大众舆论进行"间接过滤"的麦迪逊的思路，精英审议协商的理念是审慎协商的代表"比因特定目的而召集起来的民众能更好地就正义和公共利益发表意见"。如果公众想表达其共同体的冷静和深思熟虑的意见，他们的观点便需要通过其代表来"过滤"和"提

---

① 举个例子，比如见威廉·里克尔和皮特·奥德肖克的《关于选举的微积分理论》，载《美国政治科学评论》，62/1，第 25—42 页。也可见唐纳德·格林和伊安·夏皮罗《理性选择理论的病理》，其中有关于这个方法在多大程度上避免了实证调查的讨论。

② 我自己对这些观点的看法可见詹姆斯·费什金《责任的局限》，纽黑文和伦敦，耶鲁大学出版社，其中谈到了大多数行动者的责任，包括选民。

炼"。

事实上，这一理论的完善版本体现在麦迪逊的思想当中。"国父"们很少考虑政治平等或大众参与，但他们集中关注了审议协商和避免多数人暴政。

麦迪逊在《联邦党人文集》第 10 篇中提供了精致而简洁的论证。但是，其中也藏有一个难题。在定义了派系（"我理解，派系就是一些公民团结在一起，不论是全体公民中的多数或少数，被某种共同情感或利益所驱使，反对其他公民的权利，或者反对共同体永久的和总体的利益"①）之后，他提供了两种控制的方法——消除其原因或控制其影响。由于只有消除自由方可消除派系的原因，因此问题集中到如何控制其影响的方面。

接下来，麦迪逊讨论了两种情况：少数人的派系和多数人的派系。在少数人派系的情景中，"可用共和政体的原则来求得解决，这就是使多数人用定期投票的方法来击败其阴险的企图"。但是在多数人派系的情景中找到解决办法并不那么容易。"另一方面，当一个派系包括多数人时，民众政府的形式会使公益和其他公民的权利让位于统治热情或利益而作出牺牲。"如何控制多数人派系是一个"重大目标"："因此，我们探索的重大目标就是，保护公益和私人权利免遭这种派系的威胁，同时保持大众政府的形式和精神。"

请注意，在他宣称运用"共和政体原则"就可以轻易地控制少数人派系时，麦迪逊已将"共和政体原则"定位为多数人统治。但是如何"保持民众政府的形式和精神"且同时控制多数人派系成为一个"重大目标"。

《联邦党人文集》第 10 篇的延伸讨论的主题就是麦迪逊针对派系问题提出的两个观点中的第二个。第二个观点是非常有名的：

> 把范围扩大，就可能包括种类更多的党派和利益集团，全体中的多数形成侵犯其他公民权利的共同动机的可能性也就降低了；即使存在这样一种共同动机，那些享有共同动机的人也更难发现自己的力量且彼此一致地采取行动。

---

① 本段译文参考自汉密尔顿、杰伊、麦迪逊《联邦党人文集》，程逢如等译，商务印书馆 1995 年版，第 45 页，后面的参考不再赘述。——译者注

但是这个论断是关于为何大型国家里多数人的派系形成的可能性较低，以及即使形成，为何它们被较少感知到？它并没有直接解决两种原则之间的不一致性，即"共和政体原则"本身和侵犯他人权利的多数人派系不应当取胜的原则（即如何去满足我们所称的非暴政的条件）。

换句话说，概念上的问题是，如果"共和政体原则"表达的是多数人统治（且因此它能控制少数人派系），为什么它不能克服多数人派系呢？麦迪逊的解决方案从根本上说就是，共和政体原则只应用于精英，由这些精英们代表经过审慎协商或过滤后的公共舆论。这些精英审议协商时，他们不会以派系利益行事，相反，他们会服从于公共利益。

当麦迪逊把共和政体定义为"实施代议制的政府形式"时，他认为正是基于这一事实才能"保证实现纠偏，而这正是我们在寻求的"。他用一句名言解释了代议制的功能："通过一个选出来的公民团体，使公众意见得到提炼和扩大，这些被挑选出来的公民充满智慧，最能辨别国家的真正利益，同时他们的爱国精神和对正义的热爱会将短期的和偏狭的考虑降到最低可能性。"

如此前所指出的，这种"经过精炼"的公众舆论不同于召集公众并当场询问他们对于特定事情的看法时所获的意见。它并不是镜子，而是滤纸。它往往还会是公众意见的反事实，却被这些代表们以公众代表的名义得以坚持。但是，它仍会造成一种感觉让人们认为这依然是一种多数人的观点——如果公众能够以代表们在审议协商机构中考虑问题的方式来进行思考，他们也会得到相同的观点。它们不仅仅是代表们的观点，而是囊括了代表观点的"公众意见"的提炼和扩大。这不是将"共和政体原则"运用于人民实际所持的意见，而是运用于如果他们按照麦迪逊所倡导的方式思考所应当持有的意见。①

---

① 这种解读与约瑟夫·毕塞特《理性的温和之声》有很大相似性，芝加哥，芝加哥大学出版社。比如说，他论述道，那些建国之父们"没有看到他们关于公民协商的制度轻易变成了那些有智慧和德性的人之间的协商……根据麦迪逊的观点，代表是以'公共声音'发言，而不是他们自己的明智判断"（第45页）。令人好奇的是，当毕塞特谈到议会中的协商部分时，他只是简单地将其定义为"对公共政策价值的思考"，并降为仅仅是对民意的提炼，以及同时如果民众信息灵通的话，代表们是否对选民的想法保持敏感。

　　麦迪逊的"纠偏"就是将"共和政体原则"仅仅适用于代表们提炼协商后的公众意见上。麦迪逊认为这种民意最有可能在小规模的代议机构中的审议协商中形成，如参议院或制宪会议。实际上，这些集会的目标就是要形成经过提炼的公众意见。

　　麦迪逊概略地提出了从政治心理学角度解释，为什么他认为这么一种方式的审议协商过程——民意过滤过程，也能够解决派系问题。答案在于"共同体中冷静而审慎的意识"（《联邦党人文集》第63篇）与鼓励侵犯其他人权利的"激情或利益"的派系（《联邦党人文集》第10篇）之间的区别。审慎的协商讨论以平心静气的方式过滤公众意见，以达成解决公共问题的集体性方案。通过在便于管理的小规模协商机构中的一起讨论，代表们已经权衡了支持这些方案的理由。麦迪逊和汉密尔顿不约而同地都从区分造成派系的情感和利益与"公众的理性"（"只有公众理性才应当管理和控制政府"）（《联邦党人文集》第49篇）。麦迪逊提出了与审议协商相关联的政治心理的基本原理。对公众意见的过滤达成的是对公共问题的冷静而共享的解决方案。它并不来自直接针对他人的一触而发的激情或是以他人为代价而追求的利益。

　　在这种情况下，精英审议协商，即人民代表间的审议协商，不仅通过过滤公众意见来防止多数人暴政，也通过间接的过滤处理形成人民在反思基础上应该产生的要求。在这个意义上，它所提供的代议制与我们所称的协商民主理论有很重要的相似性。但是我们单列出后一种理论，因为它是人民自己进行的审议协商，也因为它不仅满足审议协商的原则，同时还满足政治平等原则。精英审议协商理论并没有为每个选民提供在重大决策上的同等决定权。它只不过是由精英代表人民并作出决定。麦迪逊式的精英民主强调审议协商和非暴政，所以我们把对这两项原则的认同作为这一种理论的标志性特征。很明显，麦迪逊式精英审议协商理论是"为了"人民而审议协商。而我们稍后将要讨论的审议协商民主则是人民自己进行的审议协商。

　　约翰·密尔的"万言堂"（Congress of Opinions）通过提出审议协商精英如何与普通公民关联起来，进一步完善了精英审议协商理论。在密尔设想的情景中，每个公民都能看到他的观点得到准确甚至更充分的表达，得到持有与自己不同观点的人的回应，也可看到与自己对立的观点得到准确甚至更充分的论证，这些观点也能依次得到展示和回应。到了最后，决策不仅是依意愿而行动的结果，而是建立在更充分论证的基础之上。密尔所设想的代表审议协商与麦迪逊所做的一样，不考虑派系或政党因素，而是建立在对"什么是应该做的"进行了最完善的论证基础之上。密尔所设想的代表们根本上说是一个辩论团体，而不是决策机构。作为解释议会如何实际运作的理论，精英审议协商理论还没有解释，精英们因关注再次当选而忠于所在党派的同时如何会真正关注决策的内容。

当然，麦迪逊—密尔描绘协商代表们的图景看起来自美国建国以来就已经从我们绝大多数的政治实践中被远远地移走了。在近乎无期限的选举中，由政党、选举捐献与类似议题企业家（issue entrepreneurs）的候选人构成的现代政治世界中也看不到这一幅图景。麦迪逊至少有段时期曾生活在一个从弗吉尼亚送到马萨诸塞的信件需要经过英格兰中转的缓慢传递的年代。他无法设想技术能够通过改变政治传播从而改变政治本身。麦迪逊认为，与小规模选区相比，大型选区的选举更不易受到"邪恶手段"（the vicious arts）的操控。他主要考虑的是贿赂问题。显然，向很多人行贿会比向少数人行贿要困难得多。[1] 然而，蛊惑煽动和操纵控制公众的机会在人口众多的选区中是明显存在的，尤其是当技术进步使得与大规模的民众交流非常容易时。事实上，与面对面民主尚存的规模非常小的选区相比，各种邪恶手段——范围远比单纯的贿赂要广泛得多——借助于通过各种媒介的沟通，在人口众多的大型选区更容易实施。[2]

对我们的研究来说，麦迪逊"纠偏机制"的重要性在于两个方面。首先，它建议代表们可能需要恰当地对待"反事实"——经过"提炼和扩展"后"公众意见"会是怎样的。其次，即使提炼后的民意可能对于整体民众意见而言确为"反事实"，它对代表团体而言则却是实事求是

---

① 参见埃德蒙德·摩根（1986）《安全人数：麦迪逊、休谟和第十位联邦党人》，《亨廷顿图书季刊》，第95—112页，第105页。即使这个假定看来设想政治家应该是提供意见而不是接受贿赂或其他刺激。在麦迪逊的时代，没有人预测到我们对电视的使用及选举资助所创造的数不清的欲望，使得那些希望重新被选上的政治家需要获取如此多的经济资助以让贿赂更易发生，通常是由党派或利益所提供。

② 然而，关于新罕布什尔州的初选转型——从零售政治转向"批发"式竞选的论述可见加里·奥恩、纳尔逊·波斯比（1987）《媒体与动力：新罕布什尔初选与提名政治》，Chatham，N. J.：Chatham House。

的。将共和原则精神运用于有限的精英审议协商，可能避免多数人暴政且服务于公共利益。

麦迪逊的这种思想提出了代表们经常会遇到的两难处境中的一种中间立场。① 对于什么选择对国家（或是所在的州或地区）最有利，他们到底应遵从民意还是根据他们自己的观点进行投票？这种粗糙的两分法主导了对"议会成员和其他立法者应该怎样完成他们的任务"的讨论，但是这两种基本的可能性都有相应的困难。如果国会议员们遵从民意，他们可能被认为是因随着民意的风向随时转变的、缺乏领导力的风向标，从而不再获选。考虑到公众在大多数政策议题上信息非常不充分，盲目性实际上将成为主导力量。另外，如果议员们遵循自己认定的有实质意义但不为选民同意的观点，他们可能会因把个人价值判断强加于持不同观点的选民而受到批评。

一种细微的改变是将代表们视为天气预报员，而非风向标——他们尝试预判在一个议题的实际发展过程中其选民的观点。然而，从规范的立场来看，这并不是一个显著的改进。很明显的是，在很多议题上，公众无论如何都不会充分掌握信息，甚至越来越可能被误导。公众在能获得充分的相关信息时的所思，与其长时间置身狂轰滥炸的广告和喊话式竞选（sound bite campaigning）的环境下的所思会有非常大的差异。诚然，代表们有很强的动力关注后者，然而，在一些情况下他们仍可能会关注前者。

在服从公众意见和自身价值判断之间的中间立场是如此显而易见，以至很少需要明确阐释。中间立场很容易被忽视，并且很少被清晰地表述出来。代表们会考虑其选民在掌握充分信息和了解了事实，听取了各方面意见，并有机会对议题进行仔细思考后的想法。在那些代表们知道公众知之甚少的议题上，这对于代表的角色的认识为代表们抵制民意调查的压力提供了基础。这种立场并不等同于代表自己对所讨论的议题的看法。代表们

---

① 关于两难困境的经典论述，可参见汉娜·皮特金《代议制的概念》，加州伯克利，加州大学出版社 1967 年版，第七章。皮特金并没有在这里点出中间理论立场，但是（按我的观点）后来在这本书（第 194—195 页）对麦迪逊"过滤"观点的忽略是不恰当的。有趣的是，后来她用假定的同意——即如果民众消息灵通的话他们的意见——来解读洛克关于责任的观念。参见皮特金（1974）《责任与同意》，载皮特·拉斯莱特、郎西曼、昆汀·斯金纳主编《哲学、政治与社会》，第 4 集，Oxford：Basil Blackwell。

可能知道在某个议题上他或她的观点并不同于其所代表的选民的意见；选民们或许永远不会接受某项特定的政策，即使他们拥有更充分的信息和讨论。代表也可能会充分了解自己的选民，知道选民们只要掌握了信息会接受什么样的观点。这种对"反事实"的审慎协商意见的尊重为理解代表的作用提供了思路，从而一方面避免了遵从公众在信息不足情况下的意见引发的困境，另一方面也避免了遵循信息更充分、但仅代表个人的意见所引发的困境。

尽管这一关于代表作用的观点常常没有明确地表现出来，但在极少数议会或评论员具备自觉意识的时刻它就会浮现出来。以塞缪尔·比尔（Samuel Beer）在克林顿弹劾案的准备中对众议院司法委员所作的建议为例。他认为，议会是"人民的机构（creature）……在四年一次选举之间代表人民进行行动。议员应该竭尽全力去做人民会尽力去做的事情。（强调号为作者所加）"①，几位议员正是基于同样的认识——如果公众能像议员们一样得到充分信息，那么他们会怎么考虑——对自身在弹劾过程作用做出公开的、理性的定位。②

当然，弹劾是很少见而且极其重大的事件。但是，正是因为它的严重性和少见性，它使得在其他场景下不明显的代表的作用——尽力代表公众深思熟虑的看法的愿望——浮出水面。在后面讨论"审议协商民主理论"时，我们将会讨论另一种思想：让人民或部分人民自行表达审慎考虑后的意见，而并不委托精英们代替他们完成。审议协商民主理论与精英理论在提倡审议协商的价值上是一致的，但更凸显了政治平等的价值。然而，在转入该理论前，我们先来讨论另一种理论，这种理论强调了上述两种协商理论都没有强调的一项原则——大众参与。

---

① 参见 1998 年 12 月 8 日前众议院司法委员会上贝尔的证词。

② 举个例子，参议员林德赛·格拉汉姆谈起关于弹劾问题上的民意时说："他们对不计其数的谈话和无数利于自己的陈述留下了深刻印象；民众告诉我，他们中的五分之一对此事保持高度关注。这个问题你必须回答：如果我们每个美国人都被要求做我所做的事情，保持沉默，听从证据的话会有不同吗？"CNN 报道，1999 年 1 月 16 日。

参与式民主

正如我们所看到的，当国父们提出的美国宪法方案在罗得岛州进行全民公决时，早期美国精英审议协商的理念遭到了挑战。虽然该事件只是宪法批准过程中的一个小冲突，但是它仍然值得关注，因为它凸显不同的民主理念。全民公决提醒了被精英审议协商所忽视的原则——可以用于代表公民实际同意程度的大众参与。反联邦党人宣称：每一个自由民的自由都处于危险中。为什么每个人不都对议题投票呢？大众参与作为表达实际同意的方法已经存在了很久。在很多国家，宪法的变革需要进行全民公决，在美国很多州也是如此。即使是在英国，全民公决虽然极少发生，但也有把极其重大的事项（比如是否加入欧共体）诉诸全民公决的例子，以此展示被统治者的同意。

大众参与并不要求所有决定都由民众直接做出。即使有人倡导，但在大规模的民族国家，这也显然是不现实的。[①] 但其关键点是通过改变组合使得直接咨询商议被频繁使用并产生实际影响。站在参与式民主的立场来看，直接咨询商议的内容并不仅仅是选择政策精英，还包括对政策的选择。它不同于竞争式民主的是，不应该仅仅就哪个团队当权来听取人民意见，更应该就将要做什么的实质内容来听取人民的意见。参与式民主认为形成公意是有意义的且值得咨询商议的。

请注意，参与式民主支持政治平等和参与的结合。衡量民主赤字的一个指标就是大众参与被参与失真所影响的程度。参与是公意得以表达的方式。因此，如果某些社会部门、某些人群以及某些广泛认同的观点被遗漏了，那么公意表达就失真了。在我们前面的两种理论中，对代表性参与都没有给予关注。竞争式民主和精英审议协商民主对大众参与都持保留，有时甚至是公开敌视的态度——因其与"多数人暴政"之间可能存在的因果关系。不管平等与否，它们从不鼓励参与。在竞争式民主理论中，竞争是一场公平游戏。而且根据一些研究发现，竞争也是一种有效的策略，可

---

① 关于这一论题的著名论述是由罗伯特·保罗·沃尔夫（1968）提出的，《保卫无政府主义》，New York：Harper & Row。

以通过负面广告降低大众，特别是对手的支持者的热情和投票率。① 当然，我们认为竞争式民主是致力于政治平等的——至少其在考量民众的选票时是平等的。但这一观点并不意味着参与应被广泛应用，其原因是对于参与扩大可能给予一些危险的派系可能有表现机会。

有的体制可以包含了缺乏政治平等的大众参与。事实上，看看一些地方性的以及 18 世纪美国体制的遗产就知道，这种情况在我们美国就很大程度上存在着。在很多情况下，我们的选票并没有被平等对待——如选举团，美国参议院以及两党初选体系。即使在一些选举区域内计票无可挑剔（我们还远远没达到这一理想②），但在不同区域之间仍然明显地缺乏政治平等。某些州的选票所起的作用远大于其他州——较大选举权力源自较小的州在选举团和参议院中被过度代表以及最早开展初选的几个州的过度影响。当参与制度违背了政治平等原则，它的规范性主张也就相应减弱了。因此，我们会将我们的注意力集中于对该理论有最高要求的版本。我们将参与式民主描绘为推崇政治平等和大众参与的理论。但是，它对另外两个原则持存疑态度。

参与式民主的理想为何会得到支持呢？我们已经提到过实际参与可被视为大众同意的指标。毕竟，是人民生活在政策影响之下并承受其利弊。那么，为何不就影响人民生活的政策咨询人民的意见呢？当然，这种"受影响"理论可以成为向那些最密切受影响的群体进行更多咨询商议的做法的基础。③ 然而，这种制度可能难以运转，因为对于不同群体受影响的程度的争论可能将成为决定政策的争夺焦点。但是，如果把大众参与作为对整个制度表示同意的标志，在这种制度中人们平等地享有权利，则平等咨询协商在一定意义下就是可行的。

此外，还有其他一些论述的观点。比如，对参与式民主的兴趣再度增加很多都是被它所具有的"教育功能"所激发的。那些通过参与的人会

---

① 参见 Stephen Ansolabehere、Shanto Iyengar（1995）《负面转变：政治广告如何使选民缩水和极化》，New York：Free Press。

② 带有吸引力的案例的叙述，参见斯宾塞·奥佛顿（2006）《盗窃民主：选民压迫的新政治》，New York：Norton。

③ 关于这些论述的一点乌托邦式的建议，参见约翰·伯恩海姆《民主是可能的吗》，加州伯克利，加州大学出版社 1985 年版。

在行动中学习怎么成为公民。他们会获得更大的效能感，对公共议题了解更全面、更深入。最重要的是，他们能获得一种"公共精神"。因为他们聚在一起讨论公共问题，他们会欣赏鉴别不同的观点，并尝试着超越个人利益去权衡利弊。如同佩特曼指出的，参与式民主的独特之处在于它对人类发展可能的意义。密尔对托克维尔对于高社会平等的社会论述的回应中，提到了一些赋予公民责任感的重要机构——如新英格兰的乡镇会议和陪审团。在这些"公共精神的学校"（schools of public spirit）中，公民们一起讨论公共问题，并为更广泛公共利益承担责任。

就像我们之前看到的，考虑公共参与时，互动规模与社会背景是重要的因素。参与式民主的许多诉求来自小规模的机构，如乡镇会议或陪审团。面对面规模的民主可以有充分的互动，可以解决集体行动的困境。将新英格兰地区乡镇会议和"加州模式"（California-style initiatives）归为同一类确实是错误的。虽然从技术上讲，它们都提供了直接民主的范例，但是在规模上的差异意味着"加州方案"成为了"观众式民主"（audience democracy）的变种，因为其主要信息来源是大众媒体，而个人的作用则在数百万的其他参与者中被稀释得微不足道。相比较而言，乡镇会议或陪审团允许积极主动而非被动的参与，令每个参与者能对决策过程进行有实质意义的分享。无论是打动了密尔和托克维尔的"公共精神的学校"，还是其他小规模环境，比如实施实质性工人民主的企业，教育功能对于可能面对面的范围是最有吸引力的。[①]

我们还需要注意另外两点。第一，我们所考虑的四种民主理论都是需要在大规模的民族国家中实施的理论。因此，如果参与的好处只能在小规模环境中实现，参与式民主就会因无法在其他情况下适用而被拒绝。在一个较大的政体里，放松对地方的控制和分权化（decentralization）能够创

---

① 参见卡罗尔·佩特曼（1970）《民主和参与理论》，剑桥，剑桥大学出版社，第四章和第五章。想了解工人民主的一个现代样例，雅克·卡斯万、露丝·卡斯万（1989），《西班牙的蒙德拉贡合作社》载《世界评论》春季版。http://findarticles.com/p/articles/mi_ m1510/is_ n62/ai_ 7422455。其他关于参与式民主的重要论述包括本杰明·巴伯（1984）《强势民主：新时代的参与政治》，加州伯克利，加州大学出版社，以及鲁瓦克《民主的新精神》，巴黎，Editions du Seuil 出版社。

造出多大直接民主的空间是一个有争议的问题。① 即使假定这些策略会成功，我们也应该询问对教育功能有价值的是参与，还是审议协商？请注意，陪审团或乡镇会议等有影响的案例都把讨论与责任感结合在一起。陪审团和乡镇会议共同讨论公共问题，通过那些讨论每个人都学习如何考虑他人利益而不仅仅是自己的利益。如果参与不包含讨论，如果参与如现代的秘密投票一般无声和匿名，那么显而易见，参与行动本身并不会实现其教育功能。

进步主义时代的改革者在呼吁大众参与的决策模式时，曾希望在大规模的民族国家中的投票能像在小规模的民主制中那样实现相同的教育功能。为了推动实施，他们在倡导其他公民教育形式的同时呼吁编辑选民手册，并发放给每一个投票人。② 然而，因为喊话式民主中信息缺乏的冲突，他们的改革——如大众参与候选人初选，政策议题中提出权与全民公决，罢免现职官员——为喊话式民主中信息不充分的冲突提供了战场。③ 在这些斗争中，对于公众是否会掌握充分的信息的问题很少存在争论。唯一的争论在于公众能否使用捷径达致那些他们本不知道的信息充分的偏好。因此，在大规模的政体中参与的教育功能通常是很小的。④

在小规模环境中，参与的教育功能确实会看重如审议协商这样的环

---

① 参见布鲁斯·阿克曼、詹姆斯·费什金《协商日》，纽黑文，耶鲁大学出版社。为了设计这样一种策略的努力，即在全国性选举前，在众多分散化场所将参与和协商结合起来的策略。

② 了解选民手册的有效性，参见大卫·麦格雷比《直接立法：支持无记名投票的提议》，巴尔的摩，马里兰州，约翰霍普金斯大学出版社 1984 年版，第 137—139 页。关于高技术的选民手册有效性的实验，见 Shanto Iyengar 和 Simon Jackman《技术能激发选民的活力吗？从 2000 年到 2003 年的实验证据》。可通过网址 http：//pcl. stanford. edu/common/docs/research/iyengar/2003/energize. pdf 获得。Iyengar 和 Jackman 观察了 CD 型手册对选民兴趣和结果的影响。

③ 在加州近乎竞技场的环境中，州长职位的选举为希拉姆·约翰森和设计了它的进步改革派人士的严肃民主期望提供了令人不安的对应物。

④ 一个有希望的信号就是一些适度的教育效应在全民公决中发现。但是这些明显没有达到参与理论的期望。它们并不像卢梭或密尔所期望达到的效果，但是确实值得指出。一个尤其引人注目的案例能在丹麦发现，那里已经有关于欧洲的七次全民公决。对于欧洲的了解丹麦人一直处于顶层，这一系列全民公决运动是一个可能的解释。但是只有较少的政治组织希望花时间和资源去进行全民公决，对同一话题不断诉诸于此。美国的证据可见丹尼尔·史密斯、卡罗琳娜·托尔博尔特《创制的教育：美国各州中公民和政治组织里的直接民主的效应》，安娜堡，密歇根，密歇根大学出版社 2004 年版。

节。托克维尔和密尔列举的"公共精神的学校"——陪审团和乡镇会议——是对话机构（discursive institutions）。而且，即使全民公决中的大规模参与所具备的有限的教育功能肯定也与全面公决能激发大规模公共讨论的事实是有联系的。人民会讨论那些预期会在全民公决中投票表决的议题。但是，全民公决中实际投票行为或在大规模社会中的初选并不是一个对话行为，而是其通过秘密投票实现的一种私人交流。显而易见，这里存在需要权衡之处。如果希望实现教育功能，则审议协商这种形式是必需的。如果还希望在大规模公众中产生作用，那么问题就是如何将这种功能扩展到更多人，这正是我们在"协商日"（Deliberation Day）这种形式中努力去解决的问题。这里关键是，当一个人衡量参与的价值时，其价值的核心应当依赖于由社会语境所塑造的行动性质。根据乡镇会议中的效果衡量的参与价值并不意味着相同的教育功能会在全民公决或大众的初选中出现。如果教育功能就是所追求的，那么直接审议协商——或是考虑包含了必要审议协商成分的制度设计——可能会更合适。

另外，如果看重的大众政治参与作为民众实际同意的指标，那么教育功能在其主张中可能并不是本质性的。从大多数角度来看，它们是受欢迎的额外收获，但参与本身并不依赖于它们。若我们不考虑教育功能以及其不同社会环境下的差异，我们可以收获一种可被称为参与式民主的明确而可行的理论。这种致力于政治平等和大众参与，而对图表中另外两种原则持存疑态度。

协商民主

四种民主理论中最后一种尝试着将人民自己的审议协商与政治平等结合起来。如前所述，大众参与可以作为一种实现政治平等的策略——理论上每个人都去参与且被平等对待。这种方法在历史上的民主改革中是占支配地位的，但是它也有一些缺陷。首先，当参与依靠自愿时，通常会产生参与失真——衣食无忧和受过更多教育人倾向于参与更多，而一部分人的声音则更有可能被遗漏。贫困人口挣扎在生存边缘，他们只会极其偶尔的被动员。虽然这种问题可以通过强制投票来解决，但是强制的代价显而易见是自由。这也意味着那些未经充分准备的人也将会被强制去投票。即使不考虑参与失真和（强制投票）损害自由之间的权衡，通过大众参与实现政治平等还存在第二个问题。在人口众多的区域里，很难有效激发起信息充分的投票或是公民审议协商。公平计算选票或意见虽可达成政治平等，但是大众民主的规模往往导致政治缺乏积极参与者，而得不到乡镇会议中那种理想化的自主参与。①

将政治平等和审议协商结合起来需要审议协商在人性化环境和面对面的民主规模中进行。当国父们认识到了这一事实，他们为精英审议协商专门设计了相对较小规模的机构——如一次修宪会议、参议院或是早期的选举团。但如前所述，这种审议协商是为了人民的福祉，但不是由人民自己进行。那么，比他们的代表数量要多得多的人民怎样才能来参与审议协商呢？前面提到过的一种方法是认真设计机制激励民众自愿在许多分散论坛中审议协商。每个论坛的规模都足够的小到允许面对面的人性化审议协商。我们提议的"协商日"就是这样一种策略。然而，由于需要协调和激励上百万计的人，这种方案成本高昂。如果因为激励机制足够好，能够动员所有阶层的民众参与，从而消除参与失真，那么这种策略就能满足政治平等和审慎协商的要求。但负面效果是这种策略的成本和超大规模。

没有理由相信技术会解决这种问题。不管是网络的还是面对面的对话，造成参与失真的自我选择问题同样也会出现在那些自愿参加的人中。但技术可以帮助消除地方面对面对话中因空间隔离而产生的偏见，因为它能消除地理因素的影响，为每一个小群体创造一个真实的全国性审议协商会议。在虚拟空间，我可以很轻易地与国家另一端的人交流，如同在同一个镇内的交流。毫无疑问，区域多样性的增加丰富了对话的视角。但是，当审议协商被纳入存在中央政府和州政府的联邦制度中时，还不是很清楚技术是否具有明显的优势，因为可供讨论的样本数量非常有限。

除了协商日这种大规模参与试验外，我在这里要集中讨论一个更加适度和可行的实现协商民主的策略——小样本审议协商（microcosmic deliberation）。如同代表会议或参议院一样，小样本会议（microcosm）的规模

---

① 参见弗兰克·拜恩《真正的民主：新英格兰乡镇会议及其工作原理》，芝加哥，芝加哥大学出版社 2003 年版。书中详细解释了乡镇会议里，参与的规模是如何随着乡镇大小的不同而不同的。

是有限的。但是与精英制度不同的是它的代表团是由普通民众基于随机抽样产生的。小样本会议所能代表的人数并没有上限。从基本原理上说，不必要通过更大的样本来代表更多的总体人口。因此，几百人的样本能够代表圣马特奥县，也能代表加利福尼亚州或是整个美国，甚至是一个更大的政治体，如欧盟（其人口接近五亿），而其代表的准确度几乎接近相同。

理想的情况是，样本规模必须足够大到以进行统计分析，但也必须足够小以保证每个参与者均有机会发言——通过小组和大组讨论的交替，每个参与者在小组中都进行实质性参与。一方面，如果样本太小，那么统计代表性就无法成立。公民陪审团或共识会议（Consensus Conferences）（规模上类似于现代的陪审团）就存在这个问题。另一方面，如果可以划分小组讨论，除了受到实际成本的限制（参与激励、交通费、住宿费等）外，对于规模并没有明确上限。

小样本审议协商的理念可以追溯到古代雅典，它的很多机构是通过抽签选择参与者的（从一个经过自己事先同意的名单中抽取）。这些机构一般都会召集大约 500 人或是更多的人，进行至少为期一天的审议协商。500 人的陪审团的来源范畴比现代法院的陪审团更广泛。此外，类似的组织还有立法委员会（nomothetai），其在某些情况下它有权对立法作出最终决定。另一种机构是"法令否决委员会"（graphe paronomon），即准许对在大会中提出非法提案的人进行检控。这种机制促进了在大会中展开更好的审议协商，因为发言者知道不负责的法案可能会带来处罚。

最重要的是，大会的议程和政府的诸多运作决策都是由"五百人大会"做出的。与其他小样本审议协商机构不同，这个委员会一整年都聚在一起开会。它是由十个（人为设定的）部落或族群各自分别选出 50 人产生的。每个部落的代表在一个月多一点的时间内全面领导整个会议的运作。小组交流因此大量的涌现。五百人委员会与其他小样本代表机构的不同不仅在于其审议协商的时间长短，也在于面对面交流的集会的多少。其他小样本代表机构通常只是在一天内围绕特定议题进行讨论，500 名代表作为听众坐在竞技场的观众席上。

小样本审议协商通过随机挑选参与者及开会时平等地对待每个人的意见，实现了政治平等；通过对不同理由和论点的平衡的交流，实现了审议协商。在协商民意测验、公民陪审团以及古代雅典五百人委员会中，意见的交换是通过面对面的讨论实现的。在雅典的法院中，意见交流受到很大限制，因为它的参与者绝大部分时候担当的都是听众的角色。后面我们还将会讨论虚拟的小样本审议协商会议，它们只能进行语音会议，但是在数周内能延续召开一系列会议。在线语音讨论可以获得一部分面对面的互动效果，但是不必把每个参与者召集到同一个地方。①

通过合理的随机抽样和有效参与激励，参与失真是可以避免的。至少在现代情况下，邀请民众之前通过大规模的问卷调查，便可以掌握小样本代表机构是否在观点或人口特征（在发出邀请前就已经收集了相关的信息）等任何方面不具备代表性。我们对古代的小样本代表组织知之甚少，但确知当时有评论指出当时法院主要是由那些为钱而去的老人和穷人组成的。② 现代的协商民意测验通常在参与者和非参与者之间不存在统计显著的差异。当然，由于激励、议题性质及需要的旅程距离等不同，每个个案也都会有所不同。③

假定一个小样本协商机构具有充分代表性，并进行了实质性的平衡的审议协商，那么能得到什么呢？得到的就是能代表人民在理想条件下所思所想的观点——一种同时体现了政治平等和审慎协商的代表制。但其缺陷在于仅仅是"代表"。全体民众并非都参加审议协商，而只有一个具有代表性的小样本群体参与。因此，当我们认为决定结果代表了一种集体的经过深思熟虑的同意——即信息充分的民众应该会接受的选择——我们必须注意到"应该会"（would）这个词的重要性。实际处在未经加工的民意状态中的人民可能会对议题缺乏深入思考，可能不会掌握充分的信息，可能从不会比较权衡其他竞争性的观点，事实上也可能没有任何主见。

因此，这种方法主要的不足是参与审议协商的小样本群体与大众总体

---

① 我们通过随机抽样实施了一些网上协商民意测验的情况（因此我们需为那些没有电脑的人提供电脑）。通过相应的技术然后把他们随机地分为实验组和控制组，我们也通过网上的大规模模板获得一个样本来实施。在这种情况下，关键是比较进行了协商的微观组织和那些没有进行的组织。参见本书第六章"实质民主"部分。

② 参见阿里·斯托芬在《黄蜂》剧中在法庭上的讽刺，其中陪审员的代表性不强，也不负责，载杰弗雷·亨德森编的《阿里斯托芬:云彩，黄蜂与和平》，杰弗雷·亨德森译，剑桥，哈佛大学出版社 1998 年版。

③ 更远的路程有时会是个激励因素，因此全国的和国际层面的事件有时候会吸引更多的参与者。

之间的鸿沟。当然，这是所有代议制度都会遇到的问题。审议协商性小样本机构是代议制度的一种替代或是补充方案，他们的成员来自随机抽样而非选举。同样，这种方法也有其利弊。一方面，人们可能认为这种小样本机构缺乏政治责任，因为它不用担心重新选举的问题。另一方面，它也因不需要考虑重新选举，而能集中关注各种意见本身的价值。参与者的唯一身份就是来自相关人群的公民（或者，在某些情况下是居民）。不管他们如何决定，他们的这一身份都不受影响。当然，最终他们会同从中被选出的那个群体一样承担决定的结果。他们为了公共目的而牺牲自己的时间，参与广义上的社区服务，因为他们认为自己的意见会起到作用。如此得到的是代表们致力于得出尽责的、谨慎的意见，而不是为了吸引重新当选的选票而预先编排的、来自政治顾问的立场。

就像我们将要看到的，审议协商者和大众选民之间的鸿沟常常是一个可以得到解决的问题。这一问题与特定的政策背景相关，也与小样本机构与决策过程关联的方式相关。我们将在第四章中继续讨论这些问题。与此同时，我们先要问，为什么协商性小样本群体得到的结论对我们产生规范性要求？为什么它们会值得推荐呢？

小样本审议协商实现了就特定议题达成经过深思熟虑的判断的理想条件。如果我们认为在个人层面上，关注一个深思熟虑的判断，比关注扭曲的或是考虑不周全的论断更有价值，那么为什么不更加关注那些集体性的深思熟虑的判断呢？它们比那些我们并没有深思熟虑的或是忽视的相关看法的判断具有更好的决策基础。

在罗尔斯对"深思熟虑的判断"（considered judgments）的界定中，他集中关注的是道德，关注我们的道德能力能够被无扭曲地展示出来的条件，但他也表示同样的讨论也可以应用于"任何种类的深思熟虑的判断"。深思熟虑的判断是"不会出现在那些很容易导致错误判断的环境里。因此，作出判断者被假定有达到一种正确决定的能力、机会和愿望去做出一个正确的结论（或至少没有不这样做的愿望）"[①]。

[①]　约翰·罗尔斯：《正义论》，剑桥，哈佛大学出版社1971年版，第48页。这里我要感谢丹·布洛克在这方面的相似处的提醒。此处翻译参考了何怀宏等人翻译的《正义论》，中国社会科学出版社1988年版，第44页。——译者注

　　我们关于合格的审议协商的标准指出了那些可能让我们偏离正确道路的失真与扭曲。这些标准包括信息、实质性平衡、观点的多样性、自觉性以及对各种观点的价值的公平考量。上述标准缺一不可，缺乏其中一条，我们都可以合理地质疑我们是否达成了深思熟虑的判断。第一，我们可能会缺乏相关信息。回忆下我们之前讨论的对外援助。在关于外交政策的全国性协商民意调查中，我们的参与者希望削减对外援助的水平，但是他们错误地认为这是美国预算中最大一部分。当他们意识到这部分只占预算的不到1%时，他们希望能增加它。① 第二，我们可能没有充分了解不同观点。在我们关于"清洁煤炭"的讨论中，我们可能认为它比劣质煤炭更清洁，但是我们可能不知道它比天然气或风力的污染程度高很多。如果我们在不知道其他观点的情况下在煤炭和其他能源之间做出选择，那么可能不久就会发现我们自己错了。第三，我们可能在所代表的立场上缺乏多样性。如果保加利亚人针对罗马的事情开展审议协商，在讨论中却没有罗马人自己的立场，或是澳大利亚人在对关于原住民的议题进行协商时却没有让原住民参与讨论，那么在此场景下任何就其中已有的不同观点所达成的实质性平衡都无法对整个社会的观点多元性做出公正判断。因此，实质性平衡和观点的多样性两项标准都需要通过参与者对不同的观点做出权衡而得到满足。第四，参与者可能不会对论断的价值进行自觉的、负责的思考。如果他们仅仅是按策略行动，甚至为了其他目的而试图干扰审议协商，那么显而易见，他们不会做出深思熟虑的判断。由此可见罗尔斯的观察是相当重要的：参与者必须有"意愿"去做出正确的决定。第五，参与者必须只考量论点本身的价值，而不考虑看法是由谁提出来的。即使一些参与者社会地位低下，这也不意味着他们的观点不被考虑。因为提出的观点得到回应，那么提出者会感受到实质性平衡，但如果没有听取某一阶层的观点，那么他们的观点就不会得到有效的听证。这类失真的可能性已

---

　　① 参见亨利·布拉迪、詹姆斯·费什金、罗伯特·拉斯金《关于外交政策的信息灵通的民意》，《布鲁金斯评论》，21/3（Summer）；ABI/INFORM Global，第16页。也可从网站 http://cdd. stanford. edu/research/papers/2003/informed. pdf 获得。也可见罗伯特·拉斯金、詹姆斯·费什金、Shanto Iyengar，关于美国外交政策的深思熟虑的意见：来自网络和面对面协商民意测验的证据"，2006年，也可从网站 http://cdd. stanford. edu/research/papers/2006/foreign-policy. pdf 获得。

经成为审议协商的批评者们①一个集中的攻击点。实际研究完全可以评价审议协商的设计在多大程度上会遇到把部分人的意见排除在讨论之外的问题。我们认为这个问题会因审议协商过程设计的不同而有所区别，如果过程设计合理，这个问题是可以避免的。

如果一切顺利，那么得到的结果就是个人深思熟虑的判断的聚合。但就某些标准而言，协商民主和个人意见的聚合仍被认为是有区别的。聚合民主（aggregative democracy）和协商民主被认为是竞争的、不相容的理论。但是，我将论证这种划分过分简化了理论的可能性。

协商 vs 聚合？

假定我们不得不在"聚合的"和"协商的"理论中间做出选择。聚合理论被认为属于我们此前所称的竞争式民主：它们计算选票并宣布胜者。但它们并不关注"我们人民"的意见，而是和平地决定由哪个精英团队执掌权力的过程。对这种观点而言，这就是民主的全部。审议协商民主耗费了太多的时间和精力，通过长时间的争论，寻求某种被迫的共识。如果协商理论的理想是哈贝马斯式的"理想的言说情境"（ideal speech situation），在达成共识时没有时间限制，那么该决策将花费无穷。② 而在现实世界中，如果争论实际上不会无休止（虽然可能看上去会一直进行），达成共识的要求可能会导致一个更接近错误的共识——就像一个陪审团处于不得不做出决定的巨大的压力之下所做的裁决，尽管陪审员们内心存在切实的疑虑。为什么我们要去关注一个错误的共识？当共识只是在压力下隐藏了实际上的分歧，为什么我们把它当作行动的合法指令呢？而且，即使偶尔形成了真正的共识，它可能是因为不对等的劝说权力、被劝说人的疏忽，对可替代的方案或关键信息的忽略以及如波斯纳（Posner）所说的精英知识分子阶层将他们的意识形态倾向施加于那些缺乏怀疑精神、并不那么精明的普通公众的能力。所谓的审议协商民主可能只是反映了受

---

① 爱丽丝·马里昂·杨：《内涵与民主》，牛津，牛津大学出版社 2002 年版；里恩·桑德斯（1997）：《反对协商》，《政治理论》，25/3，第 347—376 页。

② 通过比较，记住关于共识这里提供的观点并不具有优先性。

到更多教育和享有更多特权的知识霸权。它并没有作出严肃的道德主张。波斯纳和伊恩·夏皮罗巧妙地提出了很多类似的主张为竞争式民主辩护。①

为了评价这种论点的合理性,首先要考虑其中的出发点,即通常讨论的将民主理论分成两大类——聚合民主和协商民主。我认为这种分类只讲出了故事的一部分。审议协商就是偏好形成的一个条件。而由多数决定或是其他投票规则形成的意见聚合的性质只是一种决策规则,那些偏好的最终结果就是按照这种规则形成的结论或决策等,而不论这些偏好是如何形成的。在这种简单的分类背后,还有一点似乎被忽略了,那就是使用个人偏好聚合的审议协商方法的存在——事实上协商民意测验就是一个范例②——确实存在一些要求达成共识的审议协商理论③,但只是一部分,而不是全部。

相应的,也存在使用原始偏好(那些没有经过权衡利弊的、信息充分的审议协商而形成的偏好)的聚合理论和采用了审议协商的聚合理论。因此,聚合/协商的二分法实质上将四种可能的理论合并成了两种。这四种理论是:聚合的审议协商(Ⅰ);达成共识的审议协商(Ⅱ);聚合的原始偏好(Ⅲ);达成共识的原始偏好(Ⅳ),参见表4。

表4　　　　　　　　　　意见形成和决策方式

偏好形成模式	决策方式	
	聚合式	共识式
审议协商的偏好	Ⅰ	Ⅱ
原始的偏好	Ⅲ	Ⅳ

---

①　理查德·波斯纳:《法律、实用主义与民主》;伊恩·夏皮罗:《政治的道德基础》坚定地支持这种观点。但是并不是只有聚合/竞争式的理论家认可这种区分,在协商理论家中这种看法也很常见。参见爱丽丝·马里昂·杨《民主的两种理论模式》(section Ⅰ),尽管以一种女权主义的视角进行审视,她还是认可协商民主模式。

②　参见詹姆斯·费什金《民主与协商:民主改革的新方向》,纽黑文和伦敦,耶鲁大学出版社1991年版;费什金《民众的声音:民意和民主》,纽黑文和伦敦,耶鲁大学出版社1995年版。

③　举个例子,见乔什华·科恩《协商民主中的程序与实质》,载詹姆斯·博曼、威廉·雷吉主编《协商民主:论理性与政治》,剑桥,麻省理工大学出版社1997年版,以及艾米·古特曼、丹尼斯·汤普森主编《民主及其不满》,剑桥,哈佛大学出版社1996年版。

表4还掩盖了一些重要差异。聚合偏好有很多种可能的决策规则，同时达成共识也有很多可能的方法。核心问题可能集中在决策规则是多大程度上的多数决，或是当不得不采用绝对多数决时，绝对多数的要求在多大程度上使得做出改变变得困难——从而事实上导致对现状的维持。① 此外，投票规则满足政治平等的程度在这种简单的分类中还没有揭示出来。比如在密尔所称的"多元投票"制度中可能会有聚合，使一些人可能获得额外的投票权。同时，还有诸多可以达成共识的方法。它们的达成过程是否存在平等的公众参与？各种意见选项是如何被提出和考量的？在各种不同意见被提出来以达成共识的过程中，主持人扮演什么角色？可以想见，在聚合和共识形成过程中必然存在多种变形。

基于上面谈到的复杂情况，表4可以揭示出聚合与协商的明显对立是一个伪两难处境。

协商民意测验和选项式问卷属于第一种类型（假定后者中，即使提供平衡的信息所做的一点点努力也能被看作是有助于协商的）。现实中，一些著名的审议协商民主的例子，如科恩的理论及古特曼和汤普森的理论，属于第二种类型的理论。② 第三种类型调和了未经审议协商的偏好与大众民主，这在全民公决、总统初选和传统民调中体现得尤为明显。我们对大众参与式民主的讨论也都属于这种类型。对于第四种类型的理论而言，非审议协商的偏好形成模式是可能产生共识的。审议协商的最低要求是平衡的观点和信息渠道的畅通。③ 因此，那些取向于不经审议协商而达成共识的方法属于第四种类型。例如，通过集体洗脑而不通过审议协商达成共识就是第四种类型一个最明显的例子。或者说，如果洗脑听起来过于极端，我们还可以简单地设想在一种大众民主体制中，精英作出决定，并采用大规模的广告宣传运动来说服公众支持他们的结论。这种制度看起来提供了一种实质性的形成公意的过程，但是实际上只是一种伪装。更重要的是，一旦竞争式民主的严肃倡导者如果完全不认可审议协商，就会发现

① 参见道格拉斯·瑞伊《共识性决定的局限》，它对该问题做了精致阐释。
② 见上面对科恩、古特曼和汤普森的注释。
③ 协商质量的标准在"协商"第二章以及布鲁斯·阿克曼、詹姆斯·费什金《协商日》中得到讨论，纽黑文和伦敦，耶鲁大学出版社2004年版，第180—184页。

也失去了反对这种倾向的基础。①

　　这种分类方法并不同于我们之前对四种民主理论的划分。竞争式民主通常会被划归到第三种类型里，因为它只会关注通过聚合原始偏好以决定谁赢得选举。大众参与式民主会追求第一种类型中的目标，但是通常会被划分到第三种类型里，因为公众持有的通常是相对原始的和信息不充分的偏好。精英审议协商有时候被划归到第二种类型，例如通过委员会会议达成的共识。但是它有时候可能属于第一种类型，如参议院承认无法达成一致并诉诸投票表决一样。第四种类型，基于原始意见的共识型决策，在本章讨论的四种规范理论中找不到对应的一类，但如上所述，这种类型可以通过洗脑的方式来实现。

　　然而，就我们的目的而言，关键点在于将形成偏好的审议协商与采用聚合方法的决策方式结合起来是可行的。在不需要必须达成共识的情况下，依然可以进行审议协商。我认为，反对追求共识的压力是存在合理理由的，因为这种共识会因屈服于社会压力而得到一种伪共识。对所有四种可能性的比较，突出了第一种类型的一些优势，但是与波斯纳、夏皮罗等人的观点不同的是，② 我们还可以汲取第三种理论的主张（基于原始偏好的竞争式民主）。

民主的规模与形式

　　本书已经从不同视角勾勒出了民主的可能方案的图景。我们对公众咨询的形式进行分类（表1），在民主改革三难困境中进行艰难的选择（表2），基于对基本价值不同组合的四种基本民主理论（表3）以及偏好形成和决策方式之间的关系（表4）。但是，我们还没有讨论社会规模与公众意见的形式之间的关系。

　　在下面的图1中，我们会回到在讨论公众咨询的形式时的两个问题——"谁和什么"（who and what）？谁参与以及他们提供什么意见？在

---

　　① 理论上，这种反对既适用于第三种类型，也适用于第四种，因为它们都没有在指出偏好是如何形成时，使用了原始偏好。但是，这尤其适用于第四种类型，因为其方法依赖于共识的合法性，而洗脑为削弱该论断提供了合理的基础。

　　② 见本书第三章和附录中对备选理论范围的讨论。

我们其他的关于"谁和什么"的问题讨论中，我们将"谁"的问题理解为特定选择方法的问题。在此，引入一个简单的分类坐标：其横轴表示参与规模，而纵轴表示意见形式（区分依据就是意见是否由审议协商过程提炼过或仅仅是大众社会中的原始观点）。

首先来关注横轴或社会规模维度的两极。假定左端一极为每个人都去参与，而另一极只是小规模参与。这种小规模的或选择性的团体可依据某种体现代表性的形式确定，比如随机抽样或是选举。或者它仅仅是一种自我选择的表达机制。其特点是参与并不是广泛的。因此，在横轴的一端，我们可设想为一次成功的"协商日"，通过"协商日"活动，几乎每个人投票前都参加了一天的审议协商。而横轴的另一端是一种小规模的代议形式，不论是精英审议协商形式还是采用了协商民意测验或公民集会形式的统计意义上的小样本审议协商。在这些形式中，参加审议协商的代表在总人口所占比重极小，但这并不阻碍这个群体成为具有代表功能的协商者。

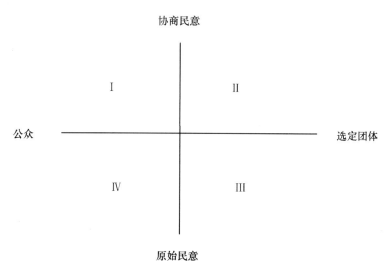

图 1　参与和意见

将这两轴结合起来，有四种基本的可能性：①

———————————

①　这个图同时也在"协商日"中展示出来，但是确是用于不同的论断。

Ⅰ协商民意；

Ⅱ某个选定团体（Select group）的协商意见；

Ⅲ某个选定团体的原始意见；

Ⅳ原始民意。

第一象限表示每个人都参与到公众意见的审议协商中，说明为什么存在广泛参与时，人民深思熟虑的判断会被认为是有说服力的。只有当审议协商民主达成的是一种实实在在的集体同意——每个人或者事实上每个人，都实质性地分享了对于该问题观点的时候，那么"审议协商民主代表的是一种信息充分的集体同意"这种说法才容易为人们所接受。①

正如我们所知，能称得上由审议协商产生的意见就要求参与者仔细反思不同观点本身的价值。支持或是反对不同意见的理由都须被表达出来并得到回应。协商民意有一系列质量指标。参与者需要在实质性平衡的原则下考量相互竞争的观点，由此提出的各种观点会得到多个回合的回应讨论。参与者获取相当充分的相关信息，认真而谨慎地参与讨论，真诚考量那些不同观点本身的价值。参与者代表了观点的多样性。他们已经平等地听取了多样化的观点，而不论这些看法由谁提出的。在自然状态下，这类观点会更难被听取。在党派林立的环境中让那些对立观点面对面交锋是一件很困难的事情。它甚至会让人不快并减少参与。相比于日常环境，在有组织的秩序井然的环境中更能创造一个安全的空间，使人们能在相互尊重的氛围下分享多元的、彼此相竞争的观点。

我们还可以假想一下每个人在一定程度上都能持有审议协商性意见，图1中的第一象限完全得到实现的情形。这显然是审议协商民主的理想情境——所能得到的就是人民在良好环境下通过适当反思后的总体意见。就像我们在民主改革的三难困境中所看到的，其困难在于期望同时实现政治平等和大众参与的高度努力却为在如此大规模的环境中实现审议协商设置了障碍。审议协商最好发生在小规模的直接民主中，正是这个观点刺激麦迪逊最初选择了通过大会或参议院的形式进行过滤的策略，也激发了托克

① 关于不论是否协商，大众参与作为某种程度的同意的指标的论述可见伯纳德·曼宁《代议制政府的原理》的第二章，以及伊恩·巴奇（Ian Budge）的《直接民主的新挑战》，剑桥，政体出版社1997年版，第二章。

维尔后来对乡镇会议和陪审团的观察。当然，就像我们看到的，这些机构的设置影响了它们成功的程度（依据不同标准衡量）。而这种规模很明显是一个令会谈变得易于管理，并激发个人参与的促进性因素。

虽然面对面的审议协商能在网上实现，但是技术至少到目前为止并没有解决规模的问题——如果想进行审议协商讨论，每个人只能与有限的其他参与者互动。[①] 当然，无论是网上还是面对面的讨论，民众都可以被继续细分，就像我们的"协商日"提案中设想的众多小组。但这种方案承担建立巨大的新组织的组织工作和成本。在一般社会中，第一象限的方案只是一个思维实验，或是罕见的历史性事件，如"制宪时刻"（constitutional moment）。[②]

第二象限只需存在一个选定团体为其他人民审议协商即可实现。它可以是麦迪逊头脑中的代表团体。在《联邦党人文集》第 10 篇中，他说到"通过一个选定的公民团体作为中介，使公众的意见得到提炼和扩大"。这类团体可以是参议院选举团（在它最原初的期望上），或是那些宪法起草人所设想的"制宪大会"。通过使用不同的选择方案，它也可以是协商民意测验或是公民大会中选出的参与者，不论这个选定团体是官方的还是非官方的，都可发挥为其他人民进行审议协商的代表功能。

第三象限——选定团体的原始民意——包含了民调导向的大众民主中的参与者。普通的民意调查允许那些通过随机抽样选定的公民群体将他们原始的、未经过滤的偏好带入到政策过程和公共讨论之中。就传统的民意测验对政治和政策的影响程度来看，我们已实现了第三象限的方案——

---

① 按照罗伯特·古丁的观点，即孤立的个人可能会参与协商，在相互认识的基础上我们可以设想大家会有不讨论的协商，但是需要一些适当的刺激。这种场景不会需要小组，依据开销和其他实际因素适合于任何规模。但是，如果个人之间没有互动，过程就会成为封闭的并且是预先定好的。人们可能会设想那些消化了他人意见的方法将被展示给每个人，且对每个人保持更新，被限定在易于管理的形式上。如果有适当的技术的话这个过程倒是可能的。它集中关注在相互认识的基础上促进没有讨论的协商（对吸收其他人的意见的更新也是一种交流的形式）。很明显，适应协商过程、有效刺激民众考虑其他人的意见的技术是一个非常重要的领域。但是，看来这种进步能促进大规模的、可靠而连续的协商（绝大部分人一直在协商）的情况是不太可能的，更有可能的是间歇性的、在危急的宪政时刻的协商，在费什金和拉斯莱特主编的《协商民主论争》。

② 参见阿克曼《我们人民》第一卷和第二卷。

（由随机抽样产生的）选定团体（由随机抽样产生）的原始民意。或是受到民意引导的经选举产生的代表就一个被原始民意导引的政策精英的范例。

第四象限，即全体公众的原始民意，是大众民主的实现。从长期发展轨迹及趋势来看，美国民主以及事实上世界上的大多数民主国家，都越来越倾向同民众的直接商议。这一过程已经将权力赋予人民——通过全民公决和其他公民投票，候选人的初选，取消一些官员的间接选举方式，增加直选官员的数目等方式。最终结果就是不可胜数的曾经在第二象限中通过选定团体或精英群体之间的审议协商做出的决策，现在都让位于大众的理性无知和"漂在头顶"的参与。在人们对应该行使什么权力还没有多少理性思考的情况下，我们却已经越来越将权力赋予人民。

在上述四种可能性中，第一象限的方案有特殊的价值。策略上它也属于民主的诸多可能性中的一种。在这个图表中，有理由向北移动以实现审议协商，也有理由向西移动实现大众同意。但是我们的倾向不是向北或向西移动，而向东北或是西南移动——更多的少数人审议协商或是更少的大多数人审议协商。当国父们建立选举团，参议院或全国制宪大会时，他们设想的决策方式在东北方，并且他们认为这是唯一的实现审议协商的方式。当民主改革者——从平民主义者和进步主义者时期到后麦戈文 - 弗雷泽现代初选制度改革派（post-McGovern-Fraser）——建立起更民主的商议时，他们使得我们的制度向西南方向移动，认为这是实现大众同意的唯一方法。随着改革和反改革浪潮的出现，表中的运动就在东北和西南两个方向之间摇摆。赋予那些并不是在初选中选上的超级代表在全国政党代表大会中发言权，可能是非常关键的，这是向东北方向移动的一步，使得决策免受初选中大众民主的影响。

由于缺乏可靠的方法实现第一象限的方案，我们可以考虑将第二象限中的一些形式作为第一象限中应该出现的意见的代表。这里有两个特别有影响且看似合理的备选方法。选定团体可通过某种（直接或间接）方式被选出，或是通过科学的随机抽样产生。前者就是我们所称的精英审议协商，它是制宪大会和参议院背后的基本理念。后者就是我们在协商民意测验和雅典式委员会中关注的小样本审议协商。无论通过麦迪逊的"过滤"还是密尔的议会意见，精英审议协商被认为是"提炼和扩大"民意的方

法，其将清晰表达的民意表达作为审议协商的原材料。但应当注意，规范
示范中还必须包括额外调整，即民众在良好环境下的想法。

　　还有一种主要的可行方案是优先考虑第四象限中的某些形式，即非协
商的或是原始形式的民意。事实上，这就是大众政治中首要关注的，其经
常是民意导向的，也是我们所说的竞争式民主和参与式民主所倡导的。这
种方法体现的是民众的实际意愿，不管民众对议题是否进行了思考，也不
管他们的观点是否被人所操纵。由于存在出于竞争考虑而误导民众和为民
众提供错误信息，其结果就会与民众在良好情境下的想法存在很大差别。
然而这种立场避免了针对审议协商民主中精英主义倾向的指责，因为协商
民主被认为会擅自将公众潜在的深思熟虑的判断预设在其实际观点
之上。[1]

　　在这种被迫的选择中，我忽略了第三象限，即精英式原始民意。如果
要为象限找到一个现实的例子，那就是受民意导向的精英。精英为什么不
依据审议协商的意见行事而要遵循公众的原始民意呢？因为他们发现这样
做能获得选举上的优势。这一象限还包括以下的做法：精英为了获得选举
优势而操纵或重塑民意，而所得到民意也是非审议协商性民意。[2]通过对
原始民意的尊重，第三象限实际是第四象限的衍生物。

　　另一值得思考的问题是社会科学使得第三象限有可能能代表第四象
限，就像第二象限能够代表第一象限一样。换句话说，如果选择方法是随
机抽样，那么协商民意测验或是其他形式审议协商小样本组织（在第二
象限）就可以声称它们能表达在每个人都参加审议协商时人民所做出的
选择（第一象限），正如属于第三象限的传统的民意测验宣称能代表每个
人的实际选择（第四象限）。一旦人们看到第二象限的方案实施得当就可
以成为第一象限的代表，第三象限实施得当可以成为第四象限的代表，那
么实际选择就是在下半部分（三或四）和上半部分（一或二）之间做出。

---

　　[1]　波斯纳以精英主义立场来指责协商民主，他支持以选择的少数人的观点来代表民众的意
见。其观点在如何产生代表方面值得考虑，不管它是否是精英主义的。一个随机的代表性的民众
的样本相比参议院的成员，更容易反驳精英主义的指责。参见理查德·波斯纳《法律、实用主义
与民主》的"民主与屈尊俯就"部分，第155—158页。
　　[2]　参见乔布斯和夏皮罗《不迎合的政客》中关于政治行动者如何为了预先决定好的政策目
标而迎合民意，基本理由见第45—56页。

若是如此，那么规范性的不得不做的选择最终就是在思考与不思考之间，在协商偏好与非协商偏好之间进行的。

但是这种做法忽视了图 1 中右侧的代表性部分。左侧的象限包含那些真实的公众意见。因为第一象限按照这里的分析通常并不可行，我们必须认识到与第一象限相比，第二象限就是次优选择。那么，与第四象限相比——非协商的民意，给予第二象限以特殊关注是否合适？毕竟，第四象限是人民实际所思考的，即使他们没有花费太多心思。

我们实际的选择是在第二、第四象限之间。第三象限是第四象限的一种代表，而第一象限在正常环境下不可能实现。我们面对的是小规模且有代表性的审议协商与大规模的非审议协商之间的两难处境。与上一部分（聚合的 vs 协商的）的伪选择不一样，这种选择是经常发生的，给制度设计提出了一个很实际的问题。

如果我们认可小样本协商的可能性，我们必须非常小心地去建立选定团体（无论是选举产生的精英还是随机抽样选出的公民）和宣称的公众主张间之间的代表性联系。在精英由选举产生的情形下，这种联系是基于代表们为了公共利益而进行审议协商的责任感。但是我们看到，国父们最初的这种期望逐步陷入了政党和选举计算的困境之中。代表们期望实现第二象限的可能，但是他们经常会受选票的刺激而转变为第三象限的方案。即使麦迪逊自己也参与创建一个政党。① 如我们所见，"只要选民了解代表的所作所为，那么选举产生的代表被认为能够代表选民所想"——这种思想有时会被提及，它表达了一种责任感，即代表们会同时考量议题的本身价值以及民意对此的态度。然而，由于代表们受制于保持其位子的选举因素，这种想法仍然是带有理想主义色彩的。

我们关于如何实现第二象限的另一种想法，即小样本审议协商，是一个历史很悠久的实践，但只到最近才得到重新实践。如果想获得认可和接受，它还需要通过系统性的研究来进行支撑。社会科学能被用来为这种主张获取认可，一种体现协商民主——结合了政治平等和协商——的特殊的制度设计已经成功实现。目前还需要通过系统研究有说服力地揭示出在什么条件下，由普通公民构成的有代表性的小样本机构能够进行有效的审议

---

① 麦迪逊与杰弗森共同组建的民主—共和党是现代民主党的前身。

协商。这种联系越紧密，这种实践的优点就越显而易见；有越多的证据能证明这一实践中不存在失真问题，那也就能更有力地声称我们能够以以下目标，即实现代表民众"应当"的想法（第二象限），而非在没有做什么思考的情况下的"实际的"的想法（第四象限）。第四章，我们将介绍在这一方向上做一些初步尝试。

第四章

实践协商民主

公共领域的复兴：四个问题

我们在本书最开始的时候提出民主设计所面临的问题在于是否能兼具包容性与审慎性。用政治学原理的术语表述就是：是否能够将政治平等与审慎协商相结合。我们需要考虑如下四个中心问题。第一，如果这一结合能够达成，其包容性如何？它以什么方式才能代表全体人民所有相关的声音或观点？第二，如果这一结合能够达成，其审慎性如何？我们需要去寻找能反映出审议协商的质量的具体指标去评估这一过程，以确保结果确实是出于对相与针锋的论点的本身价值的考虑，而不至于被某些形式的控制力量或群体性心理所扭曲。第三，如果这一结合能够达成，它会产生什么效果？它对于参与者乃至更为广泛的公共对话会有什么影响？而最重要的在于，它是否能以这样一种影响政策的方式存在于政策过程或公共对话中？第四，这种结合在何种社会和政治条件下能够达成？虽然对于在现代社会的普通市民中复兴协商民主（一种对早在古代雅典曾一度颇具影响力的协商民主过程的复兴），我们只有非常有限的经验，但我们迄今为止的现代经验是否对于它能在何种条件下实施提供一些依据？在只具备有限的案例情况下，对于这一理念面对困难环境的挑战时能否实现，我们是否做出一些判断？换言之，在什么条件下我们对刚才所提到的前三个问题会得到令人鼓舞（或气馁）的答案？办法就是通过对协商民主进行"试验"，以此去发现何种形式的制度设计能经受住异议，去探寻这一经过适当改进的古老政治生活形式寻找到其现代角色的切入点。

　　受惠于各种不同的资助，在世界各地针对不同议题开展的相关项目，为我们提供了基础，得出了一些初步结论。图 2 总结了这些项目的一个时间表，涵盖了从 1994 年在英国进行的第一次协商民意测验直至 2008 年写作本书之时的项目。[①]

第一次协商民意测验以电视广播为基础，通过英国第四频道和美国公共广播公司进行。基于大众传媒的各种项目，尤其是通过公共广播公司，已经在全国和地方两个层面持续进行。但其他一些背景下的试验也开始出现了。在得克萨斯州，由受监管的公用电力公司和得州公共事业委员会共同主持下的一系列协商民意测验，导致形成了一系列有关投资于风力发电及环境保护的决策。[②] 尽管在这些项目里仍带有一定的媒体因素（都拥有地方性电视广播），但最主要的动力还是来自为了使公众意见进入政策过程与公众协商的过程。同样的情形也发生在其他项目里，例如在罗马的协商民意测验是为帮助解决拉齐奥大区的预算问题；以及在泰国关于医疗保险系统的协商民意测验项目。在希腊，正如我们之前看到的，相关项目是由政党资助的；在丹麦和澳大利亚，在全国性的公民公投之前，相关项目是一个由利益相关方所组成的、广泛的全国性联盟所主导的（同时在其过程和结果中都伴随着全国性的电视广播）。讨论议题、主办者以及背景的多样性使得难以做出一个普遍化的结论。但是我们提出的四个问题厘清了主要的挑战。

如何实现包容？

接下来逐一考虑下我们所提出的四个问题。首先是包容性。在协商过

---

① 这一时间线索有助于我们了解各种可能的运用。关于更多的项目细节可以在协商民主中心的网页获得〈http：//cdd. Stanford. edu〉。对此我感谢 Nuri Kim 为这一时间线索所做的工作。这一时间线索并不包括由其他两个实体进行的协商民意测验：由卡内基梅隆大学的 Robert Cavalier 领导的在西南宾夕法尼亚州的协商民意测验项目和 Pam Pyan 领导的非政府组织"协商澳洲"（Issues Deliberation Australia）在地区和基层层面以及国家层面进行的协商民意测验。在时间线索中提到的 ASSCU 项目是我们为"美国民主项目"所进行为期两年的培训的一部分。这些培训导致了全国各地校园中进行的大量协商民意测验（关于美国民主的细节请看看协商民意中心的网页）。尽管这一时间线索还远未结束，它反映了迄今为止我们直接参与的协商民意测验。

② 参见本书第五章中"政策的变化"一节。

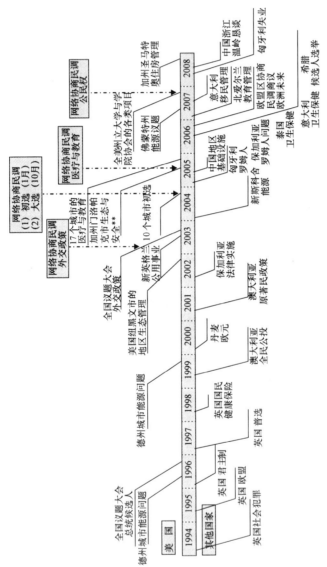

图2　协商民意技术的部分应用调查（1994—2008年）

说明：*1996—1999年在德克萨斯州实施了其八次关于城市能源问题的协商民意调查。这些城市包括（按时间顺序排列）：Corpus Christi, Abilene, Shreveport (LA), EI Paso, Houston, Beaumont, Amarillo, and Dallas。

**在加州门洛帕克市开展的协商民意调查以当地高中生为样本群体。

程中，我们主要将随机抽样作为保证包容性的工具。① 随机抽样具备不囿
于社会规模的额外优势。不管这个相同大小的样本规模是代表一个镇、一
个城市、一个小国家还是整个欧盟，它都不会产生显著的统计误差。随机
样本代表总体的估计精确性在本质上是相同的。因此，如果有人对将协商
民主应用于大范围感兴趣，那么通过随机抽样所选择的小样本群体具有很
大的实用性优势。与每个人都实际参与协商的包容模式相比，随机抽样的
主要劣势在于，抽样代表与其他所有人之间的联系是代表性的联系。在更
为广大的人群中，没有参与协商的市民实际上可能会有不同的观点（或
者根本没有观点），就如同他们与自己所选举的代表之间有着不同观点
一样。

　　小样本代表的审议协商民意与广大人群的原始民意之间的鸿沟，提出
了一个正当性的问题：协商民意基于何种理由能对政策制定者和广大公众
具有参考价值？这取决于以下推论的可信度，即公众在有良好条件情况下
考虑该问题时会支持这些审慎的判断。因此，需要有社会科学研究项目评
估各种能够实现审议协商民主的制度设计的价值及其局限性。社会科学必
须形成一个基础，以证明以下推论：某项制度设计是通过适度规范的审议
协商来形成它的结论（内部效度的问题），并且它原则上可以推广到对更
广泛的总体（外部效度的问题）。这种普遍性是关于公众在条件相对较好
情况下会思考什么的推断——它承认在一个竞选活动与利益集团对控制和
操纵更感兴趣，而非使公众协商的信息更为完备的世界中，公众很少面临
条件相对较好的情况。然而，如果我们能为小样本代表创造出这些条件，
并且证明他们的观点可以普遍化代表于公众在条件相对较好情况下的思考
内容，那么我们就证明了运用小样本审议协商的基本原理。

　　正如我们已经看到的，试图通过使每个人都实际参与来扩展包容性的
替代性策略，会造成与全民投票式民主类似的环境，引发理性的无知、隔
离，以及对（通常情况下）冷漠公众的操控政治。或许通过彻底的投入，
构建一套通过许多分散的小团体进行审议协商的基础条件可以克服这个问

---

　　① 需要注意的是，选择代表过程中的包容性并不能必然导致各个方面的包容性。在随机抽
样中被选择的个人可能在讨论中被系统性的忽略。关于对话和代表选择中包容性的问题将在本章
的"避免扭曲：支配的问题"一节和第五章的"支配性？"一节中进一步讨论。

题，就像我们关于协商日的方案，但是我们在此关注的依然是受限条件下小样本代表审议协商的替代方案。我们注意到，大致看来，小样本代表审议能代表人参与审议协商时的民意，因此理想情况下，也能代表诸如协商日一类的方案能得到充分实施时所得到的结果。[1]

理论上开放给每个人参与的公共论坛是替代随机抽样和小样本代表审议协商的另一个方案。但是这种方式既不能达到真正意义上的包容性，并且很容易不可避免地被实际到场的有组织的利益集团以及（那些对议题感兴趣的）议题公众（issue publics）所支配。[2]由于缺乏代表性，这种失真的参与必然也会扭曲审议协商的结果。因此我们还是要回到小样本代表审议协商的策略。

如何实现审慎思考?

协商民主的基本理念在于让一个有代表性的样本人群去参与高质量的审议协商。制度设计中最关键的问题在于：人们在条件良好的情况下考虑这个议题时会想到什么？因此，全部的努力都依赖于对有助于思考议题的"良好条件"的明确解释的可信程度。

这种检验并不现实。在自然情况下，正如我们已经看到的，普通公民通常不会被有效地动员起来并置于良好条件中思考公共议题。事实上，大量的努力和金钱常常被例行公事般地花在确保他们不会处在良好条件中进行思考——为了选举结果、政策意见、消费者选择能够符合预期而转移甚至于操控公众意见。在没有对小样本代表进行人为地封锁或全然改变的情况下，是否存在某种方式可以使普通市民将他们现有的价值观和切实关注带到审议协商过程中来——如通过回答公众问题和参与积极的讨论等，以使公众意见更为精练？这一方式的困难之处是在有效召集公众的同时还要在没有预设结果的状态下推进它。

---

① 一种不同是由人口分布导致的。如果人民集中于他们的社区进行协商，那么从全国的标准而言，他们的讨论以全国标准而言缺乏人口分布的多样性。在协商日我们甚至设想使用基于网络的协商来克服这些缺点，这使得可能的方案更加具有野心。但请参见 Luskin、费什金、Lyengar《对于美国外交政策的深思意见》一文中对于基于网络和"面对面"审议的比较。

② 参见 Fiorina《极端声音：公众参与的黑暗面》。

在评估小样本代表讨论审慎思考的程度时，我们必须时刻谨记前面提到的审议协商的质量标准。这些标准关注于信息、实质性平衡、尽职尽责（而非策略性）地参与、代表观点的多样性，以及在讨论中这些观点是否都能根据其价值被平等地予以考虑，而不论提出这些观点的公民的地位如何。这些都是雄心勃勃的规范性指标，但是仅有其中的一些具备清晰的评价依据，其余的都不尽如人意。因此，我们尝试设计一个研究项目，但尚处在对普通公民参与审议协商民主的经验研究的早期阶段，其中只有一些条件得到了满足。

避免扭曲：支配的问题

协商民主的批评者们担心，表面上对每个人的意见会依据其价值进行平等考虑的承诺，实际上会掩盖其过程被特权者所支配的现实。其中的问题在于，现代发达社会中任何小样本代表协商都发生在一个在广泛的社会日常生活行为存在明显的社会和经济不平等的环境之中。现实中，很难或者说不可能把这些不平等都"囊括"在一起，让参与者表现出它们"似乎"根本不存在一样。① 事实上，这个问题是可以提得更深层一点。这么做的可能性是挑战"政治自主性"，也即在一个经济和社会关系中充斥着不平等规则的世界中唯独在政治领域上坚持平等，这是否可能呢？"自由民主"体制的生命力和合法性会对此给出答案。

协商过程表面上的平等是如何掩盖其特权者所控制的事实呢？艾利斯·马里恩·扬（Iris Marion Young）区分了排斥的"外部"形式和"内部"形式。外部形式是那些最显而易见的排斥：或是由于参与是被禁止的，或是由于未被有效吸纳进入，而不让某些人成为参与群体的一部分，这在近几十年来一直是选举/政治改革的焦点。即使在调查工作中，为了找到那些日程难于安排的人群，以及那些没有电话、互联网或者甚至固定

---

① 参见 Nancy Fiorina《重新思考公共空间：一种对于现存民主体制的批评》；布鲁斯·罗宾斯编著《虚幻的公共空间》，明尼苏达州大学出版社 1993 年版，第1—32页，特别是第10—11页。

地址的人群而做出的努力，也足可以证明①这么做所需要花费的巨量时间和精力。

但是，艾利斯·扬更主要的观点还在于，他认为存在着更为微妙的排除形式，其表现在阐述和聆听的态度上。有一部分人，虽是正式地参与了讨论，但他们的意见虽然提出来了，却得不到认真地对待。他们可能会暗示自己所知不多或者不值得被倾听。那些在日常生活中已经习惯于处处占优的人可能会更加武断地将自己的观点强加于别人；而不太愿意去倾听那些缺乏类似优势的人的意见。② 同时，他们也更习惯于用论理式的辩论这一有秩序的形式去说服其他参与者。辩论大体就这样进行下去。

我们研究项目中的一个实证问题是，那些在实际生活中处于优势地位的人是否会利用参与协商的机会以支配整个过程。如果全部或大多数的意见朝着优势群体的观点一边急剧靠拢，那么这或许就是优势群体处于支配地位的一个表现。这个问题其实是比较复杂的，因为优势群体可能掌握着更多信息——至少在某些问题上，如果审议协商认为参与者会向信息更为全面的观点的方向靠近，那么他们可能是因为受到了信息效应的影响，而不是受到了与议题本身价值无关的外在因素——某些参与者的社会地位——的扭曲。

女权主义者对这一讨论的关注视角更多的是在于男性支配。关注社会经济不平等者着重关心的是来自富有阶层和受到更好教育的人的支配。评价这种主张的标准能揭示出政策态度是在向假想支配群体靠拢还是远离，同时揭示出发言时间在不同参与者之间的分配。

避免扭曲:两极分化和群体思维

除了社会经济地位和性别的不平等之外，长久以来，人们对群体讨论过程本身所带来的扭曲也有所顾虑。凯斯·桑斯坦在其早期对所谓风险转移的研究基础上，提出了一条不可避免的"团体极化法则"。如果存在着

---

① 参见 John Brehm《对于不回应对于调查可靠性产生威胁的讨论》。伴随着手机的推广，地面运输的消失以及剧降的回应率，这一问题在他提出后变得更加严重；John Brehm《虚幻的回话者：意见调查和政治代表》，密歇根安娜堡，密歇根大学出版社 1993 年版。

② Iris Marion Young：《包容性和民主》，第 52—57 页。

一个带有中点的维度，且一个小团体的平均意见开始时坐落在中间点的一侧，他假设这个小团体的意见会沿着这个方向越来越远离中点。如果它开始时位于右边，它会向右边走得更远。如果它开始时位于左边，它会向左边走得更远。这一过程并不取决于对左派和右派的自由或保守倾向的判断，而只需要存在一个带有中间点的维度。这意味着，这一效应适用于话题讨论中的任何问题维度。我们的讨论主题就是将这一效应广泛应用于任何问题维度。

推动这种扭曲发生的主要动力有两个。第一，如果这个团体意见一开始就位于中间点的一侧，那么在意见集中将会产生偏向这一侧的不平衡现象。越来越多的观点积累起来，又会推动朝着这一侧走得更远。第二个动力是社会对比效应。人们会将自己的立场与同一小团体中的其他人的立场作比较，由此会感到社会压力，而从众于新共识的方向。这个观点对协商民主的合法性是一个挑战，因为如果存在有一个能预测意见发展方向的可靠的群体心理学模式，那么认为"群体意见变化是依据各种意见本身的价值"这一观点就很难站住脚。不管在某个情况下意见本身的价值如何，团体意见一般都将沿着一定方向变化。这是一个实证问题，会随着对协商过程进行的精确的制度设计而大有改变。尽管如此，桑斯坦仍坚持认为这一法则广泛适用于群体讨论过程。[1]

第二，相关的扭曲因欧文·贾尼斯《群体思维的受害者》一书而著名。[2] 其观点是，要求取得一致的社会压力会导致在不同条件下对各种观点本身的价值缺乏充分考虑。而其后果就是共识将会被过早地达成。当然，有时团体极化可能会由于围绕着一个新的，更为极端的观点而导致分歧的减少。但是群体思维只是为达成一致注入推力，而不管其是否更加极端。

两极化理论和群体思维理论都可以进行实证研究。当审议协商之前和之后都对个人层次的数据进行了收集，那么我们可以研究是否存在有导致

---

① 参见科斯·R. 桑斯坦《群体极化的法律》；詹姆斯·S. 费什金、皮特·蓝蒂编《辩论协商民主》牛津，布莱克威尔出版公司 2003 年版，第 80—101 页。桑斯坦曾认为协商民意测验是例外，但他似乎已经收回了此评论。参见本节以下的讨论以及本书第五章《走向极端的运动》第一节。

② Irving L. Janis：《集体思考的受害者》，麻省波士顿，Houghton Miflin 出版公司 1972 年版。

平均意见偏离中间点的群体讨论模式,或者是否存在有协商之后意见分歧减少的模式。我们之后还会再讨论这些问题。

实现何种效用?

协商民主在这里被视为政治平等的主体之间的某种交谈。但是它究竟有什么作用? 它仅仅就是交谈吗?

我们应当将其对于参与者和对于外部世界的作用区分开来。依据从前者到后者的顺序依次列举出一些潜在效用,将是一个有意义的做法。以下就是一些明显的潜在效应:

a. 政策态度的转变。在协商性公共咨询中的最终问题是"需要做什么"。因此核心在于政策态度是支持(或反对)两个政策中的一个或另一个。这与那些传统的、通常是"飘在头顶"的民意测验是一致的还是不同的呢?①

b. 投票意图的转变。有的协商咨询是在选举或全民公决的情况下进行的。"要做什么"的问题就实质上会在个人投票中体现出来。

c. 公民能力的转变。这里我指的是个人特征的改变可以有助于公共问题的解决。其包括有信息、效能、公共精神、政治参与。

首先是信息,我们关于协商质量其中一个指标就是参与者能够掌握更充分的信息。但这不是让人们自己报告是否具有充分的信息。不同于上述经验前提,我们所提出的问题都是存在无异议的正确答案的问题。

其次考虑效能。在信息完备和潜在的充权的条件下一起对公共问题进行讨论,会提高参与者的政治效感吗? 就内部效能而言,这会使他们认为

---

① 协商民意测验的要点在于改变政策观点。为了某些目的,需要区分其他关于意见的项目。首先是价值。但我们并不期待协商会影响根本的价值。因此在上述列表中我并未区分他们。但是价值问题在解释观点的变化,并且大部分协商民意测验包括了它们。此外,还有其他的有关观点的项目也具有解释性的作用。特别是有一系列我们称之为实证前提。在公众意见中存在很多彼此竞争的因果关系为个人的信念和价值观同其政策观点之间的关系提供了理由(尤其是这些联系取决于思考时)。是否要因为长期政府收入的某些降低或升高而降低税率? 是否要提高监禁率以减少犯罪? 何种成本是可以接受的? 要解释和进一步理解政策的变化,了解这些变化是否和实证前提相关是很重要的。我在以上的列表中并没有考虑他们因为是说明变量而非因变量。而对于根本性价值,我们将他们主要用于解释政策态度或者投票倾向的改变。

通过自身努力能够影响政治或政策过程吗？或者就外部效能而言，这会使他们认为政府将会对他们的关注做出回应吗？这些问题可以通过在协商前后进行问卷调查而得以探究，同时在可能的情况下也可以通过向控制组进行问卷调查。

就公共精神而言，在托克维尔关于美国的著作中，以及在密尔对这些文章的部分回应中，可以推出了一个存在已久的假设：即当公民在一起讨论公共问题时，他们会更看重更为广泛的社区利益。这个假设有两种版本——扩展了他们所珍视的社区利益的范围或者加深了他们珍视社区利益的程度。简而言之，我们可以说二者中任何一个都是对"公共精神"的增值。

就政治参与而言，市民一旦积极参与政治或政策的讨论，特别是在他们感到自己的意见和声音被重视的环境中，他们会持续参与。此时其他一些受到协商、效能以及信息的潜在影响的因素，可能也会有助于他们的进一步参与。

d. 集体一致性的转变。关于公共选择的研究，从 18 世纪的孔多塞侯爵，经过威廉·H. 赖克、肯尼思·阿罗，再到现代的实践者都面临着民主会导致形成偏好循环的问题。在两两对比研究中，多数票会从偏好 A 到偏好 B，偏好 B 到偏好 C，然后又回到偏好 A。当这种情况发生时，操纵议程就可以随意地决定结果。任何认为存在理性的公意形成的主张都会受到损害。尽管如此，当偏好选择服从于一个潜在维度时，例如左—右之分，那么这些偏好就形成了"单峰"，偏好循环就不可能发生了。有相当多的推测认为，当参与者在一起协商，那些拥有相同单峰维度的参与者的百分比增加时，会使偏好循环发生的可能性减少或实际上变得不可能。[①]这一观点认为当人们不能就何种可选方案为最优方案达成一致时，他们会通过讨论，就问题的实质以及分歧之下的具体共享维度等达成大体上的一致。如果是这样，那么其将会显示出审议协商帮助了民主达成了集体一致或共识，而这是"飘在头顶"的意见民主可能所缺乏的。我们之所以称其为"集体一致性"，是因为从个人选择偏好推论出来的单峰性是一项集体财富，是指进行投票的特定群体或人群的偏好结构。

---

① 这个术语来自 Duncan Black《委员会和选举理论》，剑桥，剑桥大学出版社 1963 年版。

e. 公共对话的转变。许多协商民主的实践活动都受到了媒体的热切关注。当媒体报道嵌入到公众的协商过程中时,它们与赛马活动报道或者在有线电视新闻及广播谈话节目上经过党派筛选的政策报道会有不同吗?它们的贡献存在差别吗?

f. 公共政策的转变。正如我们所强调的,小样本代表协商成功的关键在于参与者们认为自己的意见能以某种方式产生影响。它们形成了消除冷漠和隔离的条件,这些条件中蕴含的特定结构正好也克服了任何基于"理性的无知"的计算行为。在一个由 15 人构成的小组中,他们每一个人都有自己的声音(如同当多达数百份问卷聚集在一起时其中的一份)。他们所说所想都事关其在一个面对面的小组中的自我表达。除此之外,由于得到了媒体报道,看起来就会更有成就感。但是,他们最终还是希望或相信这会对政策形成一定影响。在何种程度上后一种期望会得以实现?小样本代表审议协商有时候真的会对政策有影响吗?如果是这样,我们能从迄今为止取得效果的案例中学到什么?

在何种条件下?

为了能够在一起审议协商,人们必须有哪些共同点呢?他们的基本原则必须一致吗?他们必须来自同一个国家或民族吗?他们必须语言相通吗?他们必须具备一定程度的相互信任和尊重吗?协商民主必须嵌入现有的具有全面完备的政党竞争、个人权利以及个人自由等特质的民主制度中吗?抑或协商民主中这些可信度很高的试验是为了扩展这些边界?当这些原则不尽一致,但在具体对话中已经成为一部分事实时,协商民主还会发生吗?当信任不够时,他们是否仍能深入人心并有助于相互信任和尊重吗?最后,它们能在缺乏成熟民主制度的情况下产生吗?当他们这样做时,会为专制统治提供合法性基础,还是会有助于民主化呢?显然,回答这些问题,要考虑更多不同情境中的因素。但是我们需要去探究这些问题:协商民主在不断变化的条件中如何生存甚至繁荣,以及这些条件会对我们回答关于协商过程质量(包容性如何,审慎性如何,取得何种效果)的问题产生怎样的影响。即使只具备适合于部分范畴的有限案例,但这些问题也因其重要性而必须被纳入我们的研究计划中。

第五章

如何使协商产生重要影响

一个来自中国的案例

我们提出的四个问题为研究和实验带来艰巨的挑战：应该包括谁？协商过程中，参与者是否深思过各种观点呢？协商会产生什么影响？在什么条件下才会产生影响？

为了集中讨论，我们把这些问题放在一个不太可能发生协商的地方——中国一个乡镇的地方决策过程中来考察。乍看之下，这计划似乎不太可行。人们通常认为，当民主发展到极致时，协商民主才会出现，而中国却连熊彼特①提出的"精英竞争式民主理论"的政党组织都没有。此外，经济发展水平很不平衡。贫穷、不平等与大量城乡迁移的人口纠结着。类似的转型在英国工业革命时期用了半个多世纪才完成，而现在中国正在快速地、大规模地进行着。人们也许会质疑，在如此喧嚣的转变中是否会有足够的公共信任来实现协商民主。而且，由于缺乏由政党竞争而实现的问责机制，个人权利也只是部分地得到保护，公共咨询应该在哪个切入点进行协商，依然不清楚。

我们与中国地方民主研究的著名专家何包钢教授合作，帮助温岭市泽国镇（地处上海以南约 300 千米）镇政府使用协商式民意测验的方式，对建设何种基础设施作了关键性的决策。当地领导层确定了 30 个可能的基础设施建设项目，可是来年的预算仅能支持其中的 10 个专案。因此，

---

① 约瑟夫·熊彼特（Joseph Schumpeter，或译为熊彼德，1883 年 2 月 8 日—1950 年 1 月 8 日）是一位有深远影响的政治经济学家。

他们面临的问题是,在各种性质不同、支出不同的项目中做出选择:修建地方公路、高速公路、一个新的镇广场、污水处理站、不同的公园、综合环境规划等。①

泽国镇的政府官员长期以来一直都很有兴趣对这类事务进行公共咨商。当地以前就有进行"恳谈"的地方传统,即召集交心讨论会来了解公众的偏好。然而,这些会议很像西方的"市镇会议",也有一些明显的局限。第一,由于参与者是毛遂自荐的,那些对议题很感兴趣或者受其影响很大的人,很明显会在会议中发表较多的意见,过分表达他们的立场。第二,与会者的参与会被镇上扮演主要角色的市民所左右,那些更富有、受过更多教育、更自信的人。第三,参与者在讨论了一篮子问题,却在过程中达不到结果,不能作出明确抉择。这种会议增强了透明度和公众关注度,但却无助于制定政策的工作。

当地的政策制定者们对协商民意测验感兴趣,因为协商式民调能正面响应以下的忧虑:首先,它能向一个有代表性的样本群体进行咨询,而不只是自荐者;其次,它提供了一种更具平等性的参与方法,而不是由地方显贵们主导;最后,它能明确比较审议协商之前与之后的统计结果。原则上,以上可以为一项政策提供清晰的路线图。

当地的咨询委员会编辑了简报资料,其中包含了对30个项目的支持与反对的意见主张。还专门挑选了一些能在全体会议中回答相关问题的专家。每一个项目在这些专家中都有支持者。当地制作了一份包含了常规问题的调查问卷——对这30个项目的政策态度、信息问题、价值、经验性命题,在最后的调查问卷中还加上了对事件的评价性问题。当地教师经过培训之后来主持小组讨论,但绝对不能透露丝毫自己的看法。泽国镇选择当地的一所高中学校作为会议地点,在一个周末的时间举行审议协商会议。所有费用都由镇政府承担,镇政府打算在进行决策时使用协商民意测验。

现在看一下我们提出的四个基本问题。首先,应该包括谁在内?从当

---

① 詹姆斯·费什金、萧莹敏、何包钢:"Public Consultation Through Deliberation in China: The First Chinese Deliberative Poll",载伊森·里布、何包钢等编《中国协商民主研究》,麦克米伦出版社2006年版,第229—244页。

地的户籍登记表中用简单随机抽样方法抽取了一个包含 275 名居民的样本。其中，269 人完成了初始调查，235 人在会议当天出席了一整天的审议协商，并且完成了最后问卷。虽然在最初的样本中，男性居民被过度代表，[①] 但是参与者样本分布整体上与总体样本分布几乎是一样的，而且参与者与非参与者之间没有显著的差异。在态度分布和人口学分布方面，这 235 人是这个 12 万人小区的缩影。

其次，我们如何评价这一协商过程是否经过深思熟虑呢？民意在过程中有着明显一致的变化。总的来说，参与者对修建污水处理站和修一条联通该镇各部分的主路的支持程度大大增加。对修建大多数其他公路的支持率减少了。对修建一个豪华镇广场的支持率也降低了，而对修建一个休闲用的人民公园和实施综合性的环境规划的支持率增加了。这 30 个项目中有 12 个项目的支持率出现显著的变化。

而且，参与者也获得了更多的信息。即使从信息问题（只有 4 个问题）的相对简略的指数来看，在统计上所获的信息平均增加了 11 个百分点。

此外，民众获取信息从而推动民意发生变化这一模式开始形成。[②] 在普遍存在于其他协商式民意测验的典型模式中，正是那些获得了相关信息的参与者改变了他们的政策态度。因此，调查的结果更具代表性，因为参与者能代表大众在清楚了解议题后的取向。

还有其他两个我们曾关注过的关键性的因素。样本可能是具有代表性的，其成员也可能获得了相关的信息，但是讨论过程本身会导致歪曲的结果，有可能是有影响力的人掌控（dominate）了民意，也有可能是小组意见两极化。在中国的这次实践中，这两种情况都没有出现。避免了评论家提出两种主要造成民意歪曲的情形，即特权者掌控民意和民意的极化，使协商受破坏。

在特权阶层掌控民意的情形中，如果我们了解到特权阶层在时点 1 时

① 参见詹姆斯·费什金、何包钢、Robert C. Luskin 、萧莹敏 "Deliberative Democracy in an Unlikely Place"，*British Journal of Political Science*，http：//cdd. stanford. edu/research/papers/2006/china-unlikely. pdf。

② 参见詹姆斯·费什金、Luskin 、Jowell "Considered opinions" 中的数据推动模式（information-driven model），*Deliberative Democracy in an Unlikely Place* 中，中国应用的篇幅。

的意见,那么协商者会在一半的问题上偏离受过更多教育者时点 1 的立场,在五分之三的问题上偏离男性时点 1 的立场,在五分之四的问题上偏离经济富有者时点 1 的立场。[①] 为了有可能掌控协商过程,优势阶层必须争取其他人向他们的立场靠拢。但是,泽国镇的案例中,民意变化恰恰是朝优势阶层意见相反的方向变化。

关于民意的分化,我们要考虑的是协商过程是否会被所谓的必然规律——人们在讨论之后意见分歧会更极端——所歪曲。这一"群体分化规律"认为,如果一个群体从中点的一侧出发,他们会沿着这一方向向着离中点越来越远的位置移动。如果从中点的另一侧出发,也同样沿着另一方向越走越远。在此案例中,我们发现只有大约一半的时间,不同群体的意见向背离中点的方向变化;在另一半时间里,他们的意见是向中点集中的。因此,就整个过程而言,并出现没有意见分化的趋势。小组讨论并没有使各种的分歧走向极端。

协商民主所期望实现的另一想法是,当人们在一起协商时,他们会变得更加具有群体精神。他们会对更为广泛的小区利益更加敏感。在这一案例中,我们以所带来利益惠及面的广泛程度对项目进行了分类,例如,要修建的道路是只有益于一个村庄,还是能够使全镇获益。协商之后,这 30 个项目的优先排序发生了显著的变化,那些有利于全镇的项目获得了更高的优先权。[②]

我们的第四个问题是,这次协商民主是否产生了实际成果。事实上,当地官员兑现了实现协商结果所表达的公共意愿的承诺。尽管当地的官员对公众的优先顺序排序表示惊讶,但他们动工修建了被公众排在最前面的 12 个项目,包括三个污水处理站、供休闲用的人民公园以及一条联通全镇各处的主路。[③]

---

① 参见 "Deliberative Democracy in an Unlikely Place"。这部分说明了对政策转变了立场的人,所占的比例。在就业职位中填上企业家的,是参与者当中较富裕的一群,因为问卷并没有直接问收入。

② 详情见 "Deliberative Democracy in an Unlikely Place"。

③ 因为某些项目的真实费用较原先预计的少,因此最后可以完成十二个项目,较原先预计的十个项目多。

在北京召开的一次有关公众听证制度改革的会议上对这一协商民主实践做了专题讨论。① 作为实施这次协商式民意测验的主要决策者，泽国镇党委书记蒋招华被问及协商式民意测验的过程，特别是他为什么要大费周章地选取这样一个科学样本，而不是直接听取当地人民代表大会的意见。他回答说，当地的人民代表大会有点像一个"橡皮图章"，通过咨询人民代表大会他将无法真正了解人们的想法。接着，北京一位研究听证制度的专家提出，在中国决策都要符合三个标准，必须是"科学的、民主的、合法的"。那么协商民意测验是否符合这三个标准呢？回答是：它的方法明显是科学的。因为它反映的是人民的心声，所以是民主的。但它是否是合法的呢？蒋招华回答说，他将协商式民意测验的结果提交了当地的人民代表大会并得到了认可和批准。

这计划提供了一个公众咨询的方法，这一方法有两个潜在的好处。第一，它能够增加合法性。蒋招华说："我放弃了一些权力，但我发现因此获得了更多。"《纽约时报》的一篇文章把两个镇作了鲜明的对比：泽国镇向民众征询政策意见，使当地的领导层看上去具有了合法性；而它附近的一个镇没有向公众征询意见，不断有群体性事件发生。② 第二，通过第四个步骤，协商民意测验将精英代表机构，即当地的人民代表大会和公众意愿形成机制，使二者更为有效地连接起来。尽管这一制度安排缺乏政党竞争，但是它确实使经过深思熟虑、具代表性的公众意见进入了政策制定过程。

那么这又是在怎样的条件下实现的呢？首先，中国的地方政府有很大的自治权。在村、镇甚至是市级的决策中都有很大的空间作实验。其次，虽然各地的政治文化有很多不同，但是"恳谈"的传统为科学地征询民意奠定了基础。这一民主实践有时被当地人称为"科学的、诚恳的讨论会"。最后，这计划并没有威胁到一党专政，因为它只涉及污水处理和其他的基础设施建设，而不是政治或选举。尽管有上述的局限，这计划显然增加了政权的合法性，响应大众要求，让他们在某程度上享有发言权。随

---

① 参见 Joel McCormick："It's Their Call"，*Stanford Magazine*，2006 年 1 、 2 月刊。见 http://cdd. stanford. edu/press/2006/stanfordmag-call. pdf。

② 参见傅好文"China's New Frontiers：Tests of Democracy and Dissent"中的数据推动模式（information-driven model），*The New York Times*，6 月 19 日。

着经济快速发展，居民的购买力越来越高；他们自然会逐渐要求对公共决策有更大的影响。

协商民调在中国地方的推广是不是只为地方政府提供了支持，而不能有助于民主发展呢？由于实践的次数不多，我们还不能做出定论。然而，值得注意的是，民调的结果与地方官员原先预计的结果大相径庭，使当地官员大为惊讶。而且，当地官员还发现，协商民意测验有利于贯彻实施其结果。通过提高公众回应性，使他们能影响有关该镇全部预算的决策，该镇的全部预算都增加了透明度，而且这可能是第一次实现了民众广泛参与的、具有科学代表性的参与式预算①。

泽国镇对地方协商式民意测验的应用为我们的四个问题给出了独特的、正面的答案。这一实践过程显然是具有代表性的。这一过程是在使公众获取信息的推动下完成的，并且避免了不公平和意见极化造成的歪曲，它显示了公共精神的增强。其结果确实得到贯彻实施，因此它显然是有效果的。最后，民调发生在一个令人意想不到的环境中，那里甚至还没有政党政治的竞争。

当然，提倡协商民主是可行的，不能仅仅依靠一个成功的案例。尽管如此，它显示了在富有挑战性的环境中能够取得怎样的成果。现在我们应该从更为普遍的角度来思考那四个问题。

代表性

代表小组协商的主张是总体中的每一位成员实际上都有同等的概率被选中，而且一旦被选中，他或她的意见都会有机会在审议协商之前、之中和之后，与其他人的意见一起平等地得到考虑。对于很多试图实现这一理念的人来说，首先遇到的困难是，人们通常没有收集数据去比较参与协商者与非参与者在态度上的异同。代表性通常只是通过一些简单的人口统计学上的分类来进行衡量。但是，如果我们无法知道在进入协商之始的民意是否具有代表性，那么在协商结束之时代表小组又怎能声称其结论能代表

---

① "参与式预算"源自巴西阿雷格里港，但实行时却没有科学样本。在此处，该计划因为在2009年，尚未实行的时候就先进行民调，使最终得以顺利推行。

公众经过深思熟虑的判断呢？

当然，这与人口统计学是有关系的。然而，这不是指在一个样本中有太多的黑人或者是西班牙裔人，或者是有太多某一年龄段的女性或男性，而是指在这些人口统计学上的分类中，哪些成员带着何种观点参与。如果因为在样本中实际上只有一小部分人愿意参与讨论，一个论坛的大部分参与者都是毛遂自荐而来的，那么将所抽取的样本中参加讨论的人与样本中那些没有来参加的人进行对比，就显得尤为重要了。当然，这种对比假定初始调查是具有适当的代表性的。确保协商结果的一个最好的策略，就是想方设法获得较高的回答率，并进行大规模的回访（因为那些容易找到的人有可能与那些不容易找到的人有很大的不同）。

很多协商咨询没有采用随机抽样的办法。从一些理论家的观点来看，并没有什么问题。例如，古特曼（Gutmann）和汤普森（Thompson）在两本书中都以20世纪90年代初期俄勒冈州有关医疗保健咨询作为实践协商民主的范例①。但是由俄勒冈州卫生决策组织（Oregon Health Decisions）组织的小区会议完全是自荐参加的，而且卫生领域的专业人士在很大程度上掌控了会议。当古特曼和汤普森说这是"一次组织良好的协商论坛"时，他们并没有确切地说明是什么使一个论坛"组织良好"②。更确切地说，他们承认对关键问题，即谁参加协商以及他们如何被召集，一无所知。同时，他们坚持认为，因为要符合协商，这个过程必须是"捆绑"

①　参见古特曼、汤普森, *Democracy and Disagreement*, Cambridge, MA: Harvard University Press, 1996, pp. 143－144。参见古特曼、汤普森, *Why Deliberative Democracy?* Princeton, N. J.: Princeton University Press, 2004, pp. 17—19。沙博理批评以上的情况都是基于自荐的原则下发生，受影响的关键人物都被忽略，过程缺乏代表性。再者，"在最终排名和慎思民调中找出相应的关系，是很困难的事情"。由于过程是否具捆绑式的特性，是他们提出决定慎思民主的其中一个准则，所以这是个严重的指控。伊安·夏皮罗: "Enough of Deliberation", 载斯蒂芬·马塞多 *Deliberative Politics: Essays on Democracy and Disagreement*, 牛津大学出版社1999年版，第28—38页。

②　参见古特曼、汤普森, *Why Deliberative Democracy?*, Princeton, N. J.: Princeton University Press, 2004, p. 11。

（binding）的①。不管捆绑式权威是怎样形成，它的作用就是为了提供一个诱因，吸引民众参与，鼓励他们发表意见。至少在一定程度上，论坛能透过捆绑式民意获得权威，因为论坛的结果除了取决于讨论内容外，也取决于谁参加（或不参加）讨论。

进行随机抽样的好处是，可以提供一个基础，以建立一个能代表整个小区的样本。但一切都取决于做事的方法。例如，有一个称为"美国之声"（America Speaks）的组织，它在实践中看似采用了随机抽样的方法，但实际上无法为随机抽样评估提供有可靠的支持。"美国之声"尝试着用"随机抽样"的方法取代其通常纯粹毛遂自荐的招募程序（通过一个人口统计学筛选指针系统只选出自荐者中的一部分人）。在它实施的缅因州医疗保健项目中，美国之声为了召集一个几百人参加的论坛，向随机选择的居民邮寄了75000份明信片。收到的人被请求通过寄回回执卡，并填写其人口统计学特征，表明其是否有兴趣参加一个有关医疗保健的协商论坛。只有2700人寄回了回执，对这些人根据人口统计指标的筛选后，最后300人参加了当天的论坛。这一"样本"中年轻人和少数民族的人数过少，但组织机构招募了其他人弥补了样本的不足。暂且不考虑这一事实，这设计方案使任何对代表性的声明都不具备可信度。因为没有资料可将这2700个自愿参加者和全部的75000人的态度进行比较，也没有数目可将300个参加者与那2700人或75000人的态度进行比较。还有一点很重要值得注意，那就是与协商式民意测验不同，"美国之声"的参与者所花费的时间和精力都是无偿的。参加者只是因为对讨论议题感兴趣而被充分调动起来，并愿意花一整天的时间参与讨论。因为大多数人没有被调动起来，去用如此多的时间和精力考虑政策问题，很明显，这300名左右的自

---

① 参见古特曼、汤普森，*Why Deliberative Democracy?*，Princeton，N. J. ：Princeton University Press，2004，p. 5。"慎思民主的其中一个特性就是，在共实行的过程中建立一个能维持一段时间、*捆绑式的决定*"（原文为斜体）。在同一节中，他们解释如何可能在未来修改决定和讨论一定要（在现在或将来，在不直接做决定的情况下）以影响决定为目标。

愿参加者虽来自初始名单上 75000 人，但并不能忠实地反映全体公众的意见①。

这一事例教会我们仅仅追求"随机抽样"，不足以确保代表性。任何事情的成败都取决于如何操作，即在哪些方面收集怎样的数据、使用什么方法来激励和动员人们，鼓励并使最初被随机抽中的人来参加讨论。当人们对此事反应寥寥，而且没有什么可以用来激励的时候，起初进行随机抽样的努力很容易变成实质上纯粹的自愿参加。

当前非常著名的不列颠哥伦比亚（British Columbia）的公民大会（Citizen Assembly）是一个可信度更高的尝试，但是它仍然遇到了缺少资料的障碍，无法评估各种关于所讨论议题的态度在其中的代表性。不列颠哥伦比亚政府组织了一个公民小组，该小组围绕选举改革进行了为期 11 个月的审慎协商。他们的职责中独特的方面在于他们的提议将直接写在选民对改革方案进行公投的选票之上。对宪法的修改需要达到 60% 的绝对多数的支持。实际结果是，改革建议获得了多数支持但没有达到 60% 的要求。后面我们将回头来看这一将代表小组协商与公投民主相结合的具有创新性的尝试。但是，现在我们先看看这一代表小组是如何形成的。

首先通过分层随机抽样得到了一个 23034 人的样本，并给样本中每个人都发了邀请信，有 1715 人回复说对此感兴趣。在应用人口统计学方面的标准对这些人进行筛选后，其中 1441 人被邀请参加"选择会议"（selection meetings），964 人来参加了会议，其中有 158 人是随机选择的。问题是我们还是没有办法评估这自愿参加的 1715 人是否与 23034 人的初始

---

① 同一个方法同时应用在加州一个更大型的医疗咨询会上，名叫"加州之声"，征集十二万人。最终有 3.5 万人参与，当中只有六成是用此方法征集，其余四成人是"间接招募"（有 21% 是参与者的家人或朋友，19% 是利益集团或基层组织招募得来）。阿尔休·冯、李塔库："The Difference Deliberation Makes: A Report on the CaliforniaSpeaks Statewide Conversations on Healthcare Reform"。冯、李二人发现加州公共政策研究院（Public Policy Institute of California, PPIC）所进行的调查的参与者与当地的政治特征有所不同（只有 18% 的参与者自认是保守人士，与加州普遍大众的 37% 的比例不同）；人口特征亦有所不同（只有 13% 的参与者是拉丁裔，而拉丁裔人口占加州整体人口 36%）；参与者亦较一般大众更关心政治（61% 表示对政治有兴趣，而加州整体人口中，只有 21%）。

样本相匹配①。他们是不是对政治和公共事务有更多的兴趣和了解，他们是不是更倾向于这种或那种政治观点？同样，我们无法知晓挑选的其他阶段对这一代表小组的代表性产生了多大影响。志愿者要将生命中近一年的时间贡献出来，这可以说是一个相当苛求的任务。自愿参加者与那些不愿参加者相比较有何异同？或者换句话说，自愿参加者与其所代表的总体样本中的其他人相比有何异同？

加拿大退休政治家戈登·吉布森（Gordon Gibson）以我们协商民意调查研究作蓝本，设计了最初的方案，并在公民大会中实行了协商民调的部分元素：以"随机抽样"进行小组讨论；在全体大会上向不同观点的专家们提出问题；以无记名投票决定集体意愿，而不用承受做出共同决策所面对的社会压力。而且参加者的热诚也是格外令人感动和鼓舞，他们愿意用将近一年的时间来参与整个过程。然而，在一开始就因为缺少的相关资料而使一个问题始终存在，即参与者们代表的是什么（或者是谁）②。

协商式民意测验民意测验虽然持续时间要短很多，但提供了一个方案，尝试解决参与协商的代表小组的代表性问题。先看一下协商式民意测验的样本是如何招募的。与"美国之声"以及自愿参加的开放式会议不同，协商式民意测验会采用激励机制鼓励初始样本中的人参与，保证代表性，而且让那些不是很感兴趣或是不那么幸运的人也有了参与的可能。与公民大会不同，协商式民意测验在发出邀请之前，就要收集有关态度的以及其他方面的资料，这就为评估态度和人口统计学上的代表性提供了依据。

为了全面说明，我们接下来考察协商式民意测验实践中给付激励的情况。在英国就犯罪问题进行的协商式民意测验第一次在为每位参与者提供了车（火车或汽车）费、住宿费和餐费之外，还适量地给予了50英镑的经济激励。国家议题大会（The National Issues Convention），给每位参与

---

① 参见技术报告（Technical Report），第 35 页。参见 http：//www. citizensassembly. bc. ca/resources/TechReport（full）. pdf。

② 其他正面、富理论的例子，参见马克·沃伦、希拉莉·皮尔斯：*Designing Deliberative Democracy：The British Columbia Citizens Assembly*，剑桥大学出版社 2008 年版。除了给予个别团体讨论名额外（例如原住民），其他的投入就和其他"随机抽样"方法一样，没有解决态度代表性的问题。

者 300 美元以示感谢，同时还支付机票费、住宿费和餐费。而且，像大多数协商式民意测验一样，这些活动都要在电视上播放。毫无疑问，一些参与者就是因为能参与全国性的公开对话的想法而被吸引的。但是也有人是由于经济激励或者是免费去一个有意思的地方旅游的想法而被吸引。对那些有特殊情况的人要给予特殊的帮助，使其能够顺利地参与进来。我们号召雇主允许参与者为此请假。一位妇女有一个小农场，除她以外，没有人能帮她挤牛奶。所以我们做了一些安排，在她离开的时候会有人帮她挤牛奶。在其他情况下，也包括支付儿童看护费或帮助照顾生病的亲戚。在得克萨斯的一些项目中，会给说西班牙语的参与者提供同声传译耳机。在欧盟的项目中，需要提供 21 种语言的同声传译①。几乎在所有的案例中，都会给予激励，有的是媒体关注（通常是通过专门的媒体合作伙伴以及能够跟踪全程的报纸来报道的），有的是会为有特殊情况者提供特殊的说明（照看小孩或者照顾生病的亲戚，对残疾人给予特别的帮助，等等）。其理念就是使初始样本中每个人都对此感兴趣并且有可能来参与。

　　如果参与者太少，将无法评估其代表性。协商民主的试金石就是将政治平等和审慎协商结合起来——对于每个人在良好条件下对议题进行思考后会有什么想法，即使它反映的不完全是现实的情况，它至少提供了一个具有代表性的答案。如果一个公民陪审团（Citizens Jury）或者一次共识会议（Consensus Conference）只有 12 人或 18 人参加，那么因为人数太少而无法评估其所具有的代表性。由于常常没有收集有关初始态度的数据，那么对过程也无法做出评估。有观点认为如此小规模的小组根本不应该被看作是微缩的或代表小组的协商，这也是有道理的。另外，它们得出的结论又确实具有提示性，就像焦点小组（focus group）一样，揭示了一些有用的定性数据，之后可以用来进行一些更为系统的研究。在克林顿时期，一个有关医疗保健改革的公民陪审团提出的改革建议书，显示出更支持加拿大的单一支付（single-payer）方法。但是由于陪审团样本人数如此之少，因此无法对结论进行普遍化推广，此项目的结论只是具有提示性。谁也不知道如果换其他人来参加这样的小组以不同的政策态度开始讨论医疗保健政策，是否会得出同样的结论呢？相对而言，如果参与的人数足够

---

　　①　参见本书第六章把欧洲置在同一室内（Putting Europe in One Room）。

多，能够做出有统计学意义的评估；如果在一开始，即参与者还没有经过讨论改变想法之前，就对参与者与非参与者的意见作了比较，那我们也会更有信心将小组实践的结论加以推广。在这些方面，12 人或 18 人参与的公民陪审团与 150 人或 300 人参加的协商式民意测验之间的差别是性质上的不同而不只是程度上的不同。令人惊讶的是，能够满足这些简单规定的协商民调竟然如此少。

协商式民意测验民意测验像其他那些机制（公民陪审团、共识会议）一样，会对参加者给以激励。值得追问的是，这一旨在促进代表性的措施是否会带来"需求特性"（demand characteristics）——参与者也许会因为感谢组织者给予的激励而改变他们的观点来取悦组织者呢？这种想法有时会与对协商过程中"霍桑效应"（Hawthrone effects）的关注联系在一起。"霍桑效应"是指当威斯汀豪斯工厂的工人被观察时，他们的工作会更有效率，在这一意义上，他们就不能够代表其他那些没有受到观察的工人的工作状态。对于协商式民意测验等协商性论坛协商式民意测验而言，其目的是考察如果参与者认为他们的意见是有影响力的，而且能够在良好的条件下决定他们自己的看法，那么他们将会有什么想法。就好像霍桑效应中的工人变成了更高效的工人那样，我们的参与者也变成了更好的公民。

我们实验处理的目的是要研究普通公民在有利的条件下思考问题，他们的意见会有什么变化。有利的条件包括使对话有可能展开的相互尊重的氛围，平衡的简报材料，向持不同意见的专家或政策制定者们提问的机会，温和的小组讨论——以及能够调动参与者去参与实验所有环节的有效动员。无须否认，大部分公民在大部分时间里是不会遇到这些最为有利的条件的。大部分公民都相信他们的意见并没有什么影响力，而且在任何事情上，他们都受到了持续的影响——这些影响意图转移他们的注意力、操纵他们，并消减他们的积极性。

关于需求特性，首先需要注意的是，即使参与者想要通过改变自己的观点来取悦组织者，他们也不知道往哪个方向转变才能做到这一点。这样显然就会存在一个含蓄的转变议程或隐秘的变化途径。但由于咨询小组通常会准备平衡的简报材料以及专家和政治家或政策制定者参加的主题会议，因此过程的透明性和平衡性使上述情况不可能出现。其次，至少是在协商式民意测验民意测验中，我们强调的是与参与者的讨论，而不是关心他们是否改变了观点。我们关注的只是他们告诉我们在他们填写调查问卷的时候所想的是什么。这时的观点与任何其他时间他们所填写的是相同或者不同，那都没有关系。

还有值得注意的是，很多协商式民意测验得出的结果完全不同于组织者事先的期望。例如，发起中国第一次协商式民意测验的地方政府，坚定地认为公众会增加对显示该镇发展的"形象工程"的支持。然而，百姓们大力支持的是环境项目、污水处理站、环保规划和供以休闲的人民公园。在欧盟项目中，发起人中至少有一些人期望对于扩大欧盟的支持能有所增加。然而，所有的材料和议程都经过小心谨慎的权衡。其结果是，对于扩大欧盟的支持急剧下降，在那些来自新成员国的参与者中情况尤其如此。在佛蒙特州关于能源选择的专案中，一些人希望，当参与者们认识到风能的局限性，而且听说了风力发电场对于环境美观的影响，那么对风能的支持就会下降。然而，对风力发电场影响佛蒙特州景观的关注大大减少，与此同时，人们对风能始终保持了强力的支持。

当然，有时组织者和利益相关者的期望，如果他们有的话，实际上是会实现的。有人可能会宣称参与者能够一定程度上发现隐含的议程，从而知道事情被期望发生怎样的变化，然后他们会非常愿意地遵循暗示而行动。但是那些期望没有实现的生动案例会给任何一个想要提出这种观点的人一个提醒。我们相信，实际的情况是参与者确实被赋权以一种平衡的方式去处理实质性议题，而且不太可能会按照任何人的指示行事。相反，他们的兴趣是去行使一种非常类似于哈贝马斯所提出的著名的"更好论据之非强迫力量"（forceless force of the better argument）。

我们之前一直都假定在这里被代表的是普罗大众。我们需要确定总体样本的范围，然后才从总体中随机抽取一个样本。当然，在实际中，没有完美的随机样本。无回答的原因有很多。相对于固定电话来说，手机的广泛使用使通过电话民调变得更加复杂了。除了在一些乡村地区，面对面地招募参与者的成本通常多了许多。而尝试使用互联网进行民意测验的情况也很复杂，首先是有数字鸿沟（digital divide），其次是缺少适当的抽样框以供随机抽样。这些问题是所有民意研究都要面临的，而并不仅仅是像协商式民意测验这样的实践才面临的。协商式民意测验尝试从传统民意调查入手，然后进行有层次地协商讨论追踪民意调查（参见第六章"虚拟民主"节的内容)。协商式民意测验试图以成熟的科学民意研究作为基础。如果这一基础存在缺陷,那么协商式民意测验也会存在这样的不足。

在任何一个特定的案例中,都必须决定在什么样的总体样本中进行抽样。通常,总体样本会是在特定区域内的所有居民或所有公民或所有选民。总体样本也有可能是在登记选民或符合条件的选民。对于像电力监管或经济适用房这类事务,合理的做法是将所有的居民考虑在内,而不论其是否具有公民资格。他们都需要用电和住房。即使当协商民主的总体样本是将所有的居民涵盖在内,也总有一些选择,致使与此对话相关的团体未能在总体中获得充分的代表。在一次有关圣马特奥县经济适用房的地方性协商式民意测验中,很明显,我们面临的问题是许多选民负担不起在本县居住。这还只是协商中提出的问题的一部分。护士和教师的收入都不足以负担在这一地区居住。然而,在这次的协商式民意测验中,我们坚持使用了在该县全体居民中随机抽样的方法,并且努力确保这些群体的利益能够在小组全体会议上获得代表。

也有些审慎协商的方法关注的不是能代表全体样本的协商讨论,而只是限制在积极参与凯斯·桑斯坦所谓的"飞地协商"的活跃分子之间的协商。毫无疑问,对于那些想要改变社会的团体(如民权运动、环境保护运动、妇女运动),他们内部的协商也是很有价值的。各种子群体对协商性倡导所作的贡献,能够丰富和拓宽整个社会中更广范围的协商议题。然而,它们本身并不是本书所界定的协商民主的表现形式。本书所界定的协商民主的关键之处在于将(依据政治平等原则实现)总体样本的代表性与审慎协商相联系。它是对公众想法的反映。如果能清晰地界定倡导者群体的总体样本,活跃分子群体之间的协商原则上也可以作为研究对象,或者提供咨询。因此,在倡议团体中的成员中也可以进行随机抽样,然后在抽取的样本中进行协商。但是,得出的结果只能代表那一特定人群的想法。大多数对活跃分子之间的协商的研究并不会为随机抽样这一环节而烦恼,而主要研究的是这些自己聚集在一起的人们之间交流模式①。这些研

---

① 例如,鲁赫特,"Deliberative Democracy in Global Justice Movements"。这篇论文在柏林举行的国际会议工作坊:民主创新—理论与实践的挑战与评估中发表。鲁赫特分享了一个有趣的个案:因为与会人士想讨论的规矩和议程都已经在社会上有足够的讨论,因为他分析那次讨论是失败的。

究能够揭示活跃分子团体在内部运作中协商或非协商的特征，就此而言，它们是很有价值的。然而，它们没有提供在全社会范围应用协商民主的案例。即使对于有组织团体的协商民主问题，如果我们对其普通成员的想法感兴趣，随机抽样的方法还是有可能有用的。

现在我们回头看看在全体人口中进行的随机抽样。让普通老百姓舟车劳顿，又要花费一个周末进行审议协商，这样做究竟会取得什么成果？别忘了，在标准调查中，我们只需通过电话或者面对面地访谈，了解意见回馈，被调查者耗费的时间短，且有不出家门的便利。在路途上花费几天时间去参与协商，这是完全不同的事情。对每一个项目来说，都有必要把参与者与非参与者进行比较，以此做出评估。我们来看一个例子。1994 年在英国进行了首次协商式民意测验，其议题是刑事司法政策。它树立了一个很高的标准，告诉我们什么是可能的。在初始调查问卷中有102 个问题，包括了人口统计和个人态度方面的问题，其中参与者与非参与者只在 14 个问题上显示出统计显著的差异。而且，即使从统计上看差异是显著的，实际上大多都是很小的差异。虽然与非参与者相比，参与者稍显得更有知识一些（有 7%—11% 的人更有可能知道一系列知识性问题的正确答案），我们确实可以说我们把全部英国人都集中在一个房间里了[1]。

美国的第一次协商式民意测验是 1996 年公共广播公司（PBS）转播的在得克萨斯州奥斯汀市举行的国家事务大会（The National Issues Convention），这次实践也同样把具有高度代表性的全国性样本聚集在了一个地方。虽然从统计上来看，参与者与非参与者之间存在更多统计显著的差异（在 114 项中有 42 项不同），实际上大多差别都很小[2]。总结全世界许

---

[1]　参见詹姆斯·费什金、Luskin 、Jowell，"Considered opinions"。

[2]　Luskin 和詹姆斯·费什金在全国议题会议（National Issues Convention）中发表一份论文，提及"虽然数字上有差异，但大部分的差距都很少。差距最大的是年龄。参与者的年龄比非参与者平均少 6.5 岁。而且在并非巧合的情况下，以 8 分为最高程度教育，参与者的教育程度较非参与者高约三分之二至一分。而且，差距大小根据以下排列：若以四分为之对政治、讨论和竞选活动很有兴趣，参与者得分高六分一至半分；四分之一点更多人同意政治太复杂，难以理解；以七点是为最自由，参与者比非参与者多四分之一点认为自己更自由（虽然是在保守派的中点）。"参见 Robert C. Luskin、詹姆斯·费什金，*Deliberative Polling*，*Public Opinion and Democracy*，见 http：//cdd. stanford. edu。

多国家已实施的专案，我们可以公平地说，把有代表性的随机样本集合在一个地方进行面对面的审议协商，这种可能性始终都是存在的。并不是所有的样本都是完美的。通常的情况是，他们比一般公众稍微多受了一些教育，或者对政治和政策稍微多了一些兴趣。当出现这些问题的时候，这些差异虽然是统计显著的，但实际上通常是很小的。最重要的是，通常对态度的代表性是很强的。在这一意义上，这些项目提供了一个总体样本中各种主张和关注点的"缩影"，这一"缩影"让人回想起了密尔的民意大会，在那儿，全社会所有共同的主张都会在其"缩影"中以相差无几的程度表现出来，而且参与者被调动起来，并按事情本身的价值来考虑这些主张。

对面对面的民意测验的评价：深思熟虑性

一些协商民主批评者认为，公众或者无能力进行协商，或者在面对政治和政策问题时过于退缩，不愿意投入其中，以至于不太可能把他们调动起来进行协商。波斯纳就是以公众无能力协商为依据，认为竞争性民主比协商民主好。因为任何代表公众意愿的主张在他看来都是虚幻的，因此为获得人民的选票而展开竞争——不论用什么手段——就是我们所能期望的民主。倡导隐形民主（stealth democracy）的人们又加了一条，认为公众难以被调动的。我们都还有更好的事要做，而不是把时间和精力花费到解决公共议题上[①]。期望公众获取更多的信息，了解更多的情况，或投身于解决公共议题是不切实际的。

有些批评是"理性的无知"论调的变种。"理性的无知"这一观点被我们用来援引解释一个广泛接受的事实——实际上，大多数国家的绝大多数民众在大多数时间都没有掌握充分的信息，也没有为公共事务投入较多的时间和精力。但是，这一主张与认为公众无能力的观点是不同的。

从协商式民意测验和其他审慎协商形式的实践情况来看，一旦公众相信他们的意见会产生影响，相信其在公共讨论上花费时间和精力是合理

---

① 约翰·塞尔、Elizabeth Thiess-Morse, *Stealth Democracy: Americans' Beliefs about How Government Should Work*，剑桥大学出版社 2002 年版。

的，公众实际上是有能力应对复杂议题，也能够听取不同的意见。当我们说到"复杂事务"时，我们需要区分有关集体政治意愿的问题和单纯的专业或技术问题。对于"应该做什么"这一问题，我们应该征询公众的意见，了解他们的优先选择。当一项政策和它的替代方案放在一起比较时，公众要面对各种相互竞争的支持和反对的理由，以及要了解关于政策实施会带来收益和负担的各种观点，因此他们做出的优先顺序选择更有意义。当然会出现一个复杂的情况，即对于将会有怎样的收益和负担，有各种相互竞争的论说。因为这个原因，协商式民意测验的设计，允许对相互竞争的专家组成的小组提问，让他们解释为什么他们相信这个而不是那个说法。以一种均衡的方式利用专家的意见，对于公众商议来说，是一个更具有难度和挑战性的设计。通过协商式民意测验中插入的实验，我们发现政策态度的变化大多数出现在均衡的、现场的协商中，而不是出现在协商开始之前的（可能是不均衡的）事先学习过程中[1]。这一结果也与那些在事后调查问卷中认为小组讨论是他们经历中最有价值的部分的参与者的自我报告是相符的。

　　观察给我们留下的印象是，当参与者知道了专家持否定意见时，他们会更加自由地从自己立场出发去重新检视议题。但是有一点很值得注意，我们并不要求参与者做出专业的判断，而只是想要了解集体的政治意愿或者公众判断。在这方面，专家无法合理地替代公众或者其代理人。

　　我们曾帮助泰国卫生部在 2008 年做的一系列协商式民意测验。这些民意测验针对的问题是，是否把肾病治疗保障扩展惠及所有人，如果这样做的话，如何支付这笔费用。相对的选择时，如果不将其扩展及所有人，那么我们要考虑的问题是，以什么标准来决定支付的比例。泰国的卫生专业人士以其崇高的专业奉献精神著称，曾为泰国建立了最初被称为"30泰铢治百病"的普惠健保制度。他们认为不论是以上哪种情况，对于是

---

　　① 这结论把某些议题排除在外，例如在进行慎思民调期间引起大规模公众讨论的议题。对这类突出的议题来说，准备的时候亦鹿引起重要的态度转变。其中一个包含了慎思的实验，参见 Cynthia Farrar、詹姆斯·费什金、Don Green、Christian List、Robert C. Luskin and Elizabeth Levy Paluck，"*Disaggregating Deliberations' Effects: An Experiment Within a Deliberative Poll*"，《英国政治学》，参见 http://cdd.stanford.edu/research/papers/2006/nhdisaggregating.pdf。

否扩大肾病治疗相关规定的受众面，尤其是，将哪些人囊括在这一范围内，这些问题都主要不是靠专家的意见能够解决的。这一决策中牵涉的价值权衡是公众愿意参与做出选择的。这涉及公众的价值观，而不是专家所能决定的。技术官僚可以给公众提供相关信息，使其了解这项投资是否是物有所值，因为其他形式的医疗救助也许能够有更好的效果。他们还可以告诉公众，因为对公务员和政治家们实施的其他健保方案已经包含了对肾病治疗，所以，有人主张扩大受众面以实现平等的待遇。他们还可以告诉公众，以增加征收罪孽税（sin taxes），例如增加对酒类和烟草的征税，作为解决扩大受众面所需要费用的一种办法，可能会有什么样的影响。但是最后，公众则要权衡一个是否扩大受众面的决定，在多大程度上契合了他们经过适时的考虑而形成的价值判断和优先选择。

即使卫生专业人士可能不想提供价值判断和目标以作决策，我们也可以想象哲学家们会很愿意这么做。应用哲学是一个充满学术论辩的富有生气的领域。但这并不意味着一群政治哲学家或伦理学家能够很轻易地以他们的价值判断来代替公众的判断，或者能轻易地代替对什么是深思熟虑后人们所想要的东西的判断。

如果让公众来做决定，或者至少在做决定前提供其意见，那么什么样的指标能够说明他们确实对问题进行了审慎协商，而不是屈从于社会的压力或是听从了专家的说法便不经考虑就给出了答复？

第一项指标就是民意的改变。在协商式民意测验中，在超过三分之二的有关态度的问题上，其结果都发生了统计显著的净变化①。从这一意义来看，在审慎商议之后民意反映的要求与之前反映的是不同的。值得注意的是，作为民主决策的信息输入，即使是没有发生变化的意见也是有价值的，因为这些意见在协商过程中将经过了替代性的主张的检验。知道公众权衡比较了一系列的不同主张之后想法是"X"，与知道没有对议题进行认真考虑或者没有充分知情的公众的想法是"X"，具有不同的意义。

第二项指标是参与者通常会明显地知道得更多。正如在英国进行的第

---

① 参见 See Robert C. Luskin、詹姆斯·费什金、Kyu Hahn，"Deliberation and Net Attitude Change"。论文在 2004 年 9 月 6—8 日，意大利比萨举行的欧洲政治研究联盟会议上发表，参见 http：//cdd. stanford. edu/research/papers/2007/deliberation-net-change. pdf。

一次协商式民意测验、美国的国家事务大会和几乎所有其他类似的协商活动中，我们一直采用了相关的信息问题，在统计上显示出对信息掌握有显著的增加[1]。有时变化还很大。以在北爱尔兰进行的有关教育政策的协商式民意测验为例。尽管只是从父母中抽取样本（因为政府认为父母是教育政策直接的、合法的相关者），也显示出从参与者中获得了大量的信息。平均来看，关于北爱尔兰教育体制的问题，在协商之前，只有22%的信息性问题得到了正确的回答，而在协商之后，有50%的这类问题获得了正确的回答。例如，对于学校因为年龄较大的小学生而获得更多资助这一政策，知情的参与者比例从21%增加到79%；对于新的必选课要求规定的"每所学校都要为所有14岁的学生提供至少24种可选择的课程"，知情的参与者比例从21%增加到74%[2]。

除了获得信息，在面对面的讨论中，参与者也了解了各种与自己非常不同的人所持不同的视角和观点。在纽黑文（New Heaven），我们在协商式民意测验中第一次进行了一系列受控实验（controlled experiment）。在这些实验中，我们将面对面协商的效应与广义的协商式民意测验措施中的其他要素分隔开[3]。这些广义的措施不仅包括在人们来参加协商之前进行的预先学习，还包括小组讨论和现场进行的全体会议，甚至还包括参与者们在茶歇和就餐时进行的非正式交流。为了将现场产生的效果分离出来，我们针对两个议题——地方性税收分享的可能性和机场的未来发展，与纽黑文都市区15个镇一起在耶鲁大学开展了一个专案。参与者被分为16个小组，8个小组先讨论税收分享问题，8个小组先讨论机场问题。当第一个问题讨论完，发给所有人第二份调查问卷（第一份调查问卷是第一次接触时参与者在家填写的），然后之前讨论税收问题的小组转换到讨论机场问题，讨论机场的小组转换到讨论税收问题。从这个意义上来说，"对

---

① Considered Opinions，第475页。

② 这些问题从七个指数问题中抽取出来。参见詹姆斯·费什金，Tony Gallagher, Robert Luskin, Jennifer McGrady, Ian O'Flynn, and David Russell, "A Deliberative Poll on Education: What Provision Do Informed Parents in Northern Ireland Want?" 2007年，最后报告。参见 http://cdd.stanford.edu/polls/nireland/2007/omagh-report.pdf.

③ 我们在美国内布拉斯加州"与亚伦·汤肯"（Alan Tomkins）、意大利都灵"与伊塞尼亚"（Pierangelo Isernia）、保加利亚"与自由策略中心"（The Centre for Liberal Strategies）一起进行过慎思民调。研究结果将分别在稍后的论文中公布。

半分开"的两方中的任一方都是另一方的控制组。在税收分享问题上参与者态度变化最大,而且大多数变化都是因为参与了现场讨论。总的来说,民意在这两个问题上都发生了显著的变化,但是在具有较低显要性(salience)的问题(地区性税收分享)上,发生的变化更明显①。

接下来考虑一下我们进行讨论的出发点——原始民意的四个缺陷:理性的无知、虚构意见、信息来源的选择性和易受操控性。协商式民意测验中的"微缩式"的代表小组协商提供了解决上述四个问题的基础。

首先,参与者得到激励去掌握更为充分的信息。在如300人的群体中每个人都可以发出自己的"声音",而在大约15人参与的面对面的小组讨论中,每个人也都有自己的一个声音②。在协商讨论前后进行的问卷调查中,对信息类问题的回答显示出实质性的变化。这就是上文所提到的参加者掌握的信息增加,因为参与者相信他们的意见是重要的,所以他们被有效地调动起来,积极获取信息。这一过程的设计也是要让他们在安全的公共空间中,很容易就能接触到充分的优质信息和相互竞争的论调。

一位女士让我明确看到了参与者受到激励去获取更多信息的这一变化。在1994年英国针对犯罪问题进行的第一次协商式民意测验中,一位女士告诉我她和她的丈夫生活在一起,她希望对我表达谢意。结婚30年来,她丈夫之前从不看报纸。自从被邀请来参加这次活动,他开始"每天都看所有的报纸",而且"他退休后与他生活在一起也将更有意思了"。我们给了她丈夫一个变得更知晓外部世界的理由。这样的活动,能为生活习惯带来终身的改变。当我们在约11个月后回访那一次协商式民意测验的样本人群,我们发现他们还与参与协商讨论的那个周末结束时一样,对相关信息相当了解。由此我们可以推测,在那举行协商民调的周末过后,当他们经历过密集而热烈的讨论后,他们的积极性被诱发出来,此后仍继

---

① 参见 Cynthia Farrar、詹姆斯·费什金、Donald P. Green、Christian List、Robert C. Luskin and Elizabeth Levy Paluck,"Disaggregating Deliberation's Effects",我们感谢 Don Green 提出分开一半的构思。

② 期待跟其他人一起参与讨论,可能是推动人们变得更知情的重要因素之一。参见史提芬·查菲 "The Interpersonal Context of Mass Communication" 中,"沟通应用"(communication utility)一概念,载 Philip J. Tichenor 编 Current Perspectives in Mass Communication Research,比华利山,第95—120页,Sage 出版社1992年版,第98页。

续读报,关注媒体上的信息。

本书开篇时提出的第二个局限是,有时传统民意调查所报告的民意是不存在的。这些民意要么是无态度,要么是虚幻的民意,因为被调查对象几乎从来都不愿意说不知道。这种现象最初是由密歇根大学的菲利普·康沃斯(Philip Converse)发现的。在全国选举研究(National Election Studies)中,从1956年到1960年,一组被跟踪研究的被调查对象都被问了同样的问题。这些问题包括一些不太受关注的事项,例如政府在供电中的作用。康沃斯注意到,在追踪研究过程中,一些被调查者所给出的答案看上去几乎是随意地改变着。他们并不关心这个问题,由此可以推断,他们甚至不记得前一年自己做了怎样的回答,从而也不可能努力地做到前后一致。康沃斯由此得出结论认为,各种途径所报告的民意很难是真实的,因为公众中的大部分人都是随意地做出回答。

在协商式民意测验中,普通公民被有效地调动起来去权衡各种竞争性的主张,他们的问题会得到答复,他们经过深思熟虑后再做出判断。即使在最初接触的时候,他们没有自己的看法,但是在协商过程结束前,很多人会形成自己的结论。1996年,我们与得克萨斯州的电力公司一起着手进行了协商式民意测验。这些公司面临一项新的要求,它们必须征询民意并以其作为"综合资源规划"的一部分,以解决它们将怎样在其服务区域内供应电力的问题。问题是,它们是使用煤、天然气、可再生能源(风能或太阳能)发电,还是实施用电按需管理(采取各种节约性政策以降低对更多电力的需求)?电力公司面对的问题是,如果它们使用民意调查,它们知道公众对此并不了解,或者甚至没有什么意见值得征询。虽然它们对康沃斯之前发现的"无态度"现象不是特别清楚,它们对此也有一个基本的认识。如果换一种做法,改为向焦点小组或小规模的讨论组征询意见,它们知道永远也无法向政府监管者证明这些小组是具有代表性的。如果它们召集向所有人开放的市镇会议,那么这个论坛会被游说家和有组织的利益相关者所掌控。它们不能真正地获得大众的意见。

因此,它们认为协商式民意测验提供了一个更加可行的解决方案。谈妥一些条件后,我们同意帮助它们。这些条件明确了要有一个能够代表所有主要成员的利益相关者组成的咨询委员会,审查监督简报材料、调查问卷以及周末协商讨论会的议程。咨询委员会要包括消费者团体、环保组织、替代性能源的倡导者、主张使用更多传统能源的人以及大客户的代表。此外,我们要求这一活动公开、透明,包括对周末的协商活动全程通过电视向这一服务区域内的其他地方进行报道,以及公共事业专员(Public Utility Commissioners)的参与,他要负责回答样本小组提出的问题①。

在得克萨斯州的不同地区以及附近的路易斯安那州进行的 8 次协商式民意测验中,公众倾向于将天然气、可再生能源以及节约性政策精明地结合起来的做法。这 8 次活动的平均情况是,愿意为可再生能源支付更多月度费用的人所占的比例从 52% 上升到 84%。愿意为实施节约性政策而支付更多费用的人从 43% 上升到 73%。最终的"综合资源规划"全都包括了对可再生资源的充分投资——这使得克萨斯变成了在风力使用方面位居全国第二的州,到 2007 年又超过了加利福尼亚州,上升到第一位②。毋庸置疑的是,许多最后表达的意见取代了"无态度"和虚幻民意。但关键的是,这些意见是具有代表性的"代表小组"在深思熟虑后做出的判断——也就是在良好的条件下以及在平衡性和透明性方面做出极大努力以保证那些良好条件得以实现之后的公众的想法。

协商式民意测验试图克服民意中的第三个缺陷是,即使公众讨论公共议题,他们大多只会与具有相似想法的人一起讨论。一般社会条件无助于他们认真对待反对意见。我们在丹麦关于使用欧元③的全国性协商民意调查中的经验显示,在人们家庭环境中进行的面对面讨论与之后在协商式民意调查中进行的面对面讨论中,二者存在差异。在是否使用欧元的问题上,丹麦整个国家大约平均地分裂为两派。我们的调查问卷中含有信息类问题,其中有一半问题是持肯定态度的一方可能会援引反对一方的信息,而另一半问题是持否定态度的一方援引赞成一方的信息。从参与者第一次被访问到周末审议协商开始之前的这段时间里,参与者在到达协商地点时

---

① 这些项目是合作的成果,合作伙伴包括前得州公共事业委员会(Texas Public Utility Commission)前主席丹尼斯·汤玛士、我在得州的同事罗伯特·拉斯金以及调查研究公司 The Guide Group 的创办人 Will Guide。

② 参见国家节能办公室的"安装风力装置",http://www.seco.cpa.state.tx.us/re_wind.htm。

③ 在丹麦的慎思民调在 2000 年 8 月举行,与以卡斯普尔·汉森和 Vibeke Normann Andersen 为首的丹麦政治科学家合作,并得到丹麦刊物 *Monday Morning* 和丹麦广播公司(Danish Broadcasting Corporation)的赞助。

还要填写一份额外的调查问卷。这一问卷的结果显示，在为协商进行准备的过程中，持肯定意见者倾向于了解与自己意见相近的信息，持否定意见者亦一样。但是在周末结束时填写的最终的调查问卷中，双方的差距弥合了。持肯定意见的人了解了"否定"的信息，而持否定意见的人知道了"肯定"的信息。被随机地划分为小组进行面对面的讨论后，人们从讨论中了解了他们之前在家所不知道的信息——即支持另一方观点的信息。尽管他们在这一问题上的根本分歧使丹麦出现了严重的分裂，协商式民意测验创造了一个安全的公共空间，人们在其中能够真正理性地讨论问题。

有时对另一方的观点的权衡既是理性的，却又情绪化的。1996 年，公共广播公司报道的"国家事务大会"的参与者包括总统竞选人和一个全国性的随机样本小组，其中的一个议题是福利改革与美国家庭的现状。一名 84 岁的白人男保守党人士恰巧与一位接受福利救济的非裔美国妇女在同一个小组。在讨论开始的时候，这位保守党人士对这位妇女说"你没有家庭"。他解释说一个家庭意味着父亲、母亲与孩子生活在一起。这种说法考验了讨论主持人使讨论继续下去的社交能力。到周末结束的时候，这位保守党人士问这位女士："英语中三个最重要的词是什么？它们是'我错了'（I was wrong）。"我把这一说法解释为，他开始站在这位女士的角度逐渐理解了她的处境。符合道义的讨论的一个特点就是，要学会从正在受到这一问题影响的他人的角度看待问题——这是一种思想上角色扮演。在这个案例中，通过与那位女士在整个周末同处一个讨论小组，那位保守党人士除了从自己的角度，也开始逐渐从那位女士的角度来看待这个世界。在通常的情况下，这两个人有可能永远都没有机会就家庭进行认真的讨论，而对接受福利救济的妇女的认识也只能停留在电视片段上。如果我们要理解各种不同的主张，我们就需要同各种各样的人交流，从他们的角度来理解他们所关心和看重的。将随机抽样产生的代表在一个安全的公共空间中随机分组进行讨论，就能达到这目的。

协商式民意测验试图克服民意中的第四个缺陷是易受操控性。原始民意很容易被操控是因为它是不稳定的，是基于很少的信息而做出的判断，易受错误信息、有意不完整的信息的干扰，是被灌输的。在协商代表小组的环境中，一个普通公民的科学样本是被慎重赋权的，而不是被操控。他们做出的是深思熟虑后的判断，相较于那些"飘在头顶"的意见，它更加稳定。毕竟参与者们花费了大量的时间和精力来讨论和思考争议中的议题。他们权衡了各种不同的主张，才得出结论。这种深思熟虑后做出的判断具有相当的持久性，即使人们回到了平时的生活环境中也不会轻易改变①。

　　低信息水平的人们不具备做出判断的基础，除非是走快捷方式或受他人的启发。如果人们对政策一无所知，就只能通过候选人的个性特征或受欢迎的程度（likeability）对候选人做出评价。我们发现当公民们参与审议协商时，他们不光考虑候选人的个性特征，还会考虑议题本身。②当他们获得更多的信息，他们就有了更多的知识背景以对候选人和政策提议做出评价。同时，通过参与协商过程，他们也不会那么容易受错误信息的干扰。协商式民意测验就是用来剔除了那些有可能成为讨论基础的错误印象和不正确的信息。经过代表各种不同观点的利益相关者广泛商议同意后简报材料，被认定为是平衡的和准确的。参与者们不能确定的问题会提交给全体会议，在会上由持有不同观点的专家对这些问题做出解答。整个过程的设计，是要对已经知道的情况以及专家们从不同角度出发正在争论的问题做出更好的说明，以取代错误信息留下的印象。

　　这一设计同样能够克服策略性地提供不完整信息的影响。如果一方倡导者提出的观点带有明显可反驳之处，那么另一方倡导者如果在讨论小组有代表，将会对此做出回应。在得克萨斯的能源项目中，倡导使用煤的人不可能过分宣传与天然气或可再生能源相比使用洁净煤的好处，因为他所在的讨论小组中也有那些能源的倡导者。他们有着平等的机会与互相对立

---

　　① 参见詹姆斯·费什金 *The Voice of the People*：*Public Opinion and Democracy*，New Haven and London：Yale University Press，1997，第二版，附录 E，第 221 页。亦见罗伯特·拉斯金、詹姆斯·费什金 "Deliberative Polling，Public Opinion，and Democracy：The Case of the National Issues Convention"，http：//cdd. stanford. edu/research/papers/2005/issues-convention. pdf。

　　② 参见 Shanto Iyengar、罗伯特·拉斯金、詹姆斯·费什金 "Deliberative Preferences in the Presidential Nomination Campaign：Evidence from an Online Deliberative Poll"，2004。这论文在芝加哥的美国政治科学学会议中发布，http：//cdd. stanford. edu/research/papers/2005/presidentialnomination. pdf。亦见罗伯特·拉斯金、Kyu S. Hahn、詹姆斯·费什金、Shanto Iyengar "The Deliberative Voter"。此论文在费城的美国政治科学学会议中发布，http：//cdd. stanford. edu/research/papers/2006/deliberative-voter. pdf。

的观点进行讨论。同样，这一设计也可以避免灌输。相互竞争的利益相关者至少有一次机会阐述为整个讨论设定的不同的框架。灌输可以节省"注意"这一稀缺资源。但是当人们有更多的时间去考虑各种竞争性的主张和观点时，想要推出关于某一议题只有一项解决方案的唯一主张，难度会更大。

之前，我们详细说明了衡量审慎协商的品质的五个指标：

信息：参与者能接触到他们认为与论题相关的比较准确的信息的程度。

实质性平衡：一方或者从一个视角提出的论点，被持不同视角的人考虑并响应的程度。

多样性：讨论的参与者能代表公众主要观点的程度。

尽职尽责：参与者权衡不同观点优劣的认真程度。

公平考虑：对所有参与者提出的观点，考虑时依据的是观点本身的价值，而不是提出者身份的程度。

正如我们所见的，信息问题证实了在协商过程中存在大量的知识学习。在这方面，我们的依据不是参与者自己的陈述，而是对信息类问题的正确回答率的提高，通过参与者足够多的选项，使其不能简单通过猜测就能做得很好（因此没有正误判断题）。

上文所引的丹麦的经验提供实质性平衡的指征。这一指征可以从协商前后对调查问卷的回答中推知。全民公投中每一方的支持者在小组讨论中都会了解到支持另一方观点的信息。达到实质性平衡的另一途径是去观察协商过程本身。萧莹敏通过研究会议记录文本并对小组讨论中提出的论证进行编码分析，打开了协商过程的"黑匣子"。以五次在美国进行的协商式民意测验（它们有完整的小组讨论的会议记录）为基础，萧莹敏对小组讨论中的陈述就以下变数做了编码：（a）参与者是说明了原因还是仅仅表明了立场（他们提供的是经证明的陈述，还是未经证明的陈述）；（b）参与者站在与议题相关的哪一种立场上。后一种编码分类使我们可以研究小组讨论中提出的各种主张的平衡或不平衡程度。

这里有两点结论能够帮助阐明协商品质。第一，比较而言，经证明的观点陈述更能推动意见的变化。换句话说，与仅仅表明立场的发言相比，提供了理由的陈述对意见变化有更大影响。第二，各种主张没有达到平衡，主要会对那些信息不充分的人产生影响。不平衡对于那些获取了信息充分的人几乎没有影响。因此我们可以知道，那些权衡各种相互平衡的主张并且更充分掌握信息的参与者，会成为协商中最为投入的人①。

参与者在信息充分条件下对相互平衡的各种主张的思考与我们所提出的衡量协商品质的前两个指标都有关。第三个指标是多样性，即讨论的参与者能代表公众主要观点的程度。根据设计，只有在公众完成了一份内容涉及很广的调查问卷后，协商式民意测验才开始招募参与者。因此，我们通常能够获得数据评估参与者的政策态度和价值观与那些总体样本相比有多大的差异。正如我们之前所注意到的，通常，我们得到的数据都不能显示出参与者与非参与者之间有统计上的显著差异。因此，对于操作得很好的专案，完全可以宣称代表小组中的各种观点能够代表全社会对议题的不同意见的多样性。

衡量协商品质的第四个指标是参与者是否认真地考虑各种主张本身的利与弊。由于这种民意测验需要参与者出现在讨论现场，使我们有机会收集到定量资料的同时还能收集到定性资料，因此我们对有关多个主题的各种协商做了广泛的观察。如果不相信参与者是在认真地考虑利弊得失，那么我们很难观察评价协商式民意测验中的小组讨论。参与者来的时候并没有确定的偏好，也没有准备为实现自己的想法采取战略性的行动。相反，有充分的证据表明，他们来的时候有着开放的思想，而偏好的改变程度，也证明他们能够听取各种相互竞争的主张。随机的公众样本不会像活跃分子那样有坚定的主张并为之行动。他们与活跃分子相比，考虑议题花费的时间要少得多。因此，在一个有着相互尊重氛围的安全的公共空间中，每个人都会给出一个深思熟虑的判断，在这样的情境中，不太可能出现为实现预先确定的想法而采取战略性的而不是真诚的行动的画面②。

第五个指标是对所有参与者提出的观点，考虑时依据的是观点本身的

①　萧莹敏: *Look Who's Talking*: *Examining Social Influence*, *Opinion Change and Argument Quality in Deliberation*, 博士论文, Department of Communication, Stanford University.

②　尽管已为政策精英提供策略性奖励，值得留意的是，他们确实在选举代表的层面中，提供了一些高素质的讨论。参见 Jürg Steiner, André Bächtiger, Markus Spörndli, Marco R. Steenbergen, *Deliberative Politics in Action*: *Analyzing Parliamentary Discourse*, 剑桥大学出版社 2005 年版。他们在这书中提及 "discourse quality index" 在四个国家的国会中应用的有趣例子。

价值，而不是提出者身份的程度。换一种表述就是，较弱势者的观点可能不被重视，而较强势者的观点可能会主导协商过程，这不是因为其主张本身的好坏，而是因为提出者的社会地位。我们在下文中要探讨协商中出现的扭曲，例如操控和极化的情况，还要涉及这一问题。

操控？

审慎协商的理念要求的是参与者在良好的信息环境中经过对各种竞争性的主张进行权衡之后，根据各种主张自身的利弊得出实质性的结论。对此通常有两种批评观点，认为这一理念在实施中会产生事与愿违的效果，首先是会导致强势者操控协商的局面，其次是会导致意见分歧两极化。这两种情况都意味着不论议题本身价值如何，群体讨论中某种可预期的模式都将会出现。在这个意义上，这两种情况都会破坏审慎协商的规范性价值。如果某种可以预见的群体心理模式决定着最后的结果，我们还怎么能认为人们是按照议题本身的价值来做决定的呢？

操控性的观点批评审慎协商，认为它不能满足依据主张本身价值予以平等考虑的要求，而不论是谁提出了该主张。其困难在于我们所倡导的协商过程中的平等性或平等考虑，发生在社会结构存在巨大不平等的社会环境中——包括收入、教育程度的不平等以及不同种族、性别以及少数群体的相对地位上的不平等。这些在广阔的社会环境中存在的不平等，很有可能扭曲在人为设计的论坛中进行审慎协商所需要的平等化背景。生命本身的不平等会损害审慎协商过程所要求的平等。

这种扭曲会以多种形式出现。首先，特权者将会把握机会说得更多，宣传他们的观点。其次，特权者将会处于强势地位，更有能力提出主张，更有自信去表达意见，也更有可能获得他人的尊重和顺从。这些不是因为他们所说的论点本身的价值，而是因为他们的社会地位高人一等而获得的。更进一步的影响是，他们成功地推销其主张，很可能是服务于他们自己的利益。在有关政治和政策的协商中，总会涉及利益的得失。那些由于地位而在争论中处于强势的人，很有可能利用我们所设想的平衡的、中立的过程为他们自己的利益服务。

由于杨（Iris Mardon Young）、桑德斯（Lynne Sanders）、弗雷泽

（Nancy Fraser）以及其他人都表达了对上述情况的关注，所以有一项很重要的工作就是，开展经验研究评估这些扭曲的情形发生的程度，以及研究什么样的设计可能导致扭曲的产生、什么样的设计又有可能避免其发生。与证明扭曲源自意见分歧极化的文献一样，大部分证明扭曲源自不平等的经验文献都来自对陪审团的研究。但是有一点很重要，就是要注意陪审团和协商式民意测验的不同。陪审团要做出一个意见一致的判决。这种形成一致意见的必要性产生了达成共识的社会压力。与之不同，协商式民意测验是通过保密的问卷汇集民意，并且努力避免共识压力，所以获得的民意可以从个体的层面加以研究。陪审团没有人组织讨论。陪审团主席是一个领导者，而不是讨论主持人。他实际上就是陪审团中的一员，没有责任鼓励陪审员在相对平等的情况下参与讨论。实际上，陪审员通常没有权利要求持有竞争性主张的专家或政策制定者来解答他们的问题。与之不同，在协商式民意测验中，与专家和政策制定者的交流仅仅是要解答由协商参与者首先提出来的问题。此外，在法庭上陪审团面对的陈述是在控辩双方的辩论中展开的。其讨论受到证据法规则的约束，陪审团的构成和规模也使其不具有统计意义上的代表性。而且，只在所有的证据都出示完毕，所有的辩论都结束后，陪审员才能在一起商讨。与之不同，协商式民意测验的参与者从一开始就进行协商，并且协商贯穿整个过程，以决定需要专家和政策制定者回答的问题。所以在陪审团中是先有精英的表达，然后才是公民的讨论。而在协商式民意测验中，公民先进行审议协商，然后与精英对话，由其来回答公众的问题。无论如何，关于决策过程发生扭曲的可能性，改变设计元素会导致非常不同的结论。

在一些协商式民意测验中，所有的小组讨论都会被记录下来，这使我们可以研究所使用词语的分布情况以及所提出的理由种类。萧莹敏对在美国进行的五次协商式民意测验做了研究，她考察了以上两个问题。关于话语的分布问题，她的结论是"没有哪一特定的性别、种族或其他人口统计学上某类人操控协商"。其中，在关于美国卫生保健和教育问题的那次协商式民意测验中，发言最多的（以使用词语的数量来衡量）是受教育程度较低的非白人女性，紧随其后的是受教育程度较高的非白人女性。说得最少的却是受教育程度较高的白人男性。在就2004年总统大选的初选单独进行的一次协商式民意测验中，话语的分布情况恰好相反。所有这些协商式民意测验都使用了对美国所有成年人具有代表性的样本①。

即使话语是平均分布的，其影响力也不一定是平均分布的。如果我们考察每一个讨论话题的议题指数（issue indices），并分析发生在小组层面上变动，这五次协商式民意测验共有 354 种小组议题的组合（用每次民意测验中议题指数的数量乘以每一次民意测验中小组的数量）。萧莹敏发现没有出现趋向于白人、男性、高收入的参与者或者教育程度较高者的初始立场的显著变化。在每一个案例中，趋向于强势群体的变动只出现在大约一半的时间里。换言之，大约有一半的时间，小组的立场是向着强势群体（教育程度更高者、白人、富人或男性）的初始立场靠拢的，但在大约一半的时间里，该小组的立场会转向了其他的方向。当我们考察的是这种意见变化的程度，而不是在每一方向上变化发生的次数时，如用占所有可能发生的变化的总范围的百分比来衡量，变化的量是很小的②。

虽然为了说明确切原因，还有必要进行进一步的经验研究，包括额外的实验性操控模拟，但已经明确的是，并不如审慎协商的批评者所设想的那样存在某种不平等扭曲协商过程的实质性模式。首先，不同案例一致地表明，对协商式民意测验中出现的变化，无法以任何标准的社会经济学因素——包括教育、种族、性别和收入——来预测。变化的程度也不与这些因素中的任何一个相关。然而，在理论上，人们还是有可能会设想强势者通过使讨论转向对他们有利的方向来操控协商，但是要做到这一点，就必须有效地使每个人以同样的方式、在同样的程度上发生转变。这样的假定很难得到认真地对待。然而，正如我们所见的，关于协商中发生的趋向于或偏离特权者初始立场的变化的分析，也反驳了对特权者操控协商的担忧。

---

① 参见萧莹敏 *Look Who's Talking*，第二章。

② 萧发现小组在 51% 的时间移向男参与者的最初意向、在 54% 的时间移向高教育程度的人的最初意向、在 52% 的时间移向高收入人士的意向、在 48% 的时间移向百人参与者的最初意向。罗伯特·拉斯金提出这个分析优势人士主导议题的策略。

走向极端？

凯斯·桑斯坦有力地提出了意见分歧极化的观点，这反映的是另一种扭曲的形式。桑斯坦认为群体讨论会导致人们走向极端，这是一个可以预期的模式。如果围绕一个存在中间立场的议题进行讨论，他的"群体极化法则"（law of group polarization）声称，如果一个群体的平均位置一开始就处在中间立场的一边，它将沿着这一侧向远离中间立场的方向变动。如果平均位置一开始处在中间立场的另一边，它同样会沿着另一侧向远离中点的方向变动①。

我们考察了在 15 次协商式民意测验中的极化程度。这 15 次民意测验共包括了 1848 种小组／议题组合（用某次协商式民意测验的议题指数的数量乘以本次民意测验中小组的数量，以此方式计算这 15 次民调的总和）。观察结果是小组意见向偏离中间立场变化的比例为 50%。换言之，在另一半的时间里，小组意见是趋向于中间立场变化的，所以根本没有桑斯坦所说的那种的极化趋势。这些协商式民意测验是在不同的国家进行的，包括美国（6 次）、英国（5 次）、保加利亚、中国、希腊和澳大利亚。所有的民调都采用了科学的随机样本和面对面的讨论②。

我们确实发现了一些证据，但不是证明极化的，而是有关于同化的。小组意见分歧减少的情况占小组／议题组合的 56%，从这个意义上看，小组意见有轻微的同化倾向。另外，这就意味着在 44% 的时间里，小组中的意见在审慎协商后分歧更大了。虽然在统计上是显著的，但是实际上有

---

① 当桑斯坦把慎思民调当作是他实行的法律中的一个例外，他自此就自诩其法律是公众的，亦符合慎思民调的准则。参见凯斯·桑斯坦："Infotopia：How Many Minds Produce Knowledge"，牛津大学出版社 2007 年版，另见第二章和 Reid Hastie："What Happened on Deliberation Day?" *California Law Review*，2007 年，第 915—940 页。后者最近期的实验采用了陪审团似的步骤，并把每次讨论限制为 15 分钟。如此的讨论，很难把其一般化，当作是慎思建议日（即一整天的讨论而最终不会产生有共识的决定）或者是慎思民调，当中涉及有主持人的讨论，不需要达成共识，至少要有一整天的讨论。

② 罗伯特·拉斯金、詹姆斯·费什金、Kyu Hahn："Consensus and Polarization in Small Group Deliberations"，论文在 2007 年芝加哥的美国政治科学学会议中发布，http://cdd.stanford.edu/research/papers/2007/consensuspolarization.pdf。

同化的意见转向的人，其实并不多①。此外，人们可能会注意到，"群体思维"（group think，或"趋同思维"）的实质是说群体意见趋同，不能够提出确实经过深思熟虑的替代方案。这种社会从众性取代了思考，是批判"群体思维"的关键。但是协商式民意测验有很多指标能够说明变化并非不经思考而发生的，而是参与者在信息充分的条件下对各种竞争性的主张做了权衡的结果。

为什么在协商式民意测验中这些小组扭曲的情形大多都能得以避免呢？首先回看下两种假设的极化机制——各种主张中存在不平衡和协商者之间的社会比较效应。通过桑斯坦和他的合作者们进行和研究的模拟陪审团这一类的实验，可以很容易地看出这两种机制如何发生作用。无论从发言的时间方面（没有主持者），还是从讨论的议程来看，陪审团在实际协商中缺少平衡性的元素。而且，陪审团必须做出一个意见一致的裁决，所以有很明显的社会压力，这可能加强社会从众效应。

与之不同，在协商式民意测验中，从一开始在各种主张之间就有平衡元素。由利益相关者组成的咨询委员会将仔细地审查简报数据，保证各种相互竞争的主张的存在和充分信息的提供，这些都是讨论的基础。小组都有受过培训的主持人，他确保每个人都能发言，而且不会有人操控讨论。小组具有多样性，因为其成员都来自随机抽取的样本，且是随机分组而形成的。全体会议上将回答小组提出的问题，在会上持有竞争性观点的专家和政策制定者也将形成一种平衡，他们中每个人针对同样的问题都会给出互为竞争的答案。只要全体会议的主持者使讨论遵循这些规则，那么应该会有一个具有相当平衡性的观点集反馈给各个小组，以供其继续讨论。最后，协商式民意测验既不要求而且也不追求达成共识。对于参与者们经过考虑做出的最终判断，组织者是通过匿名问卷来收集的。主持人要接受相关的培训，阻止出现小组成员形成集体立场，甚至举手表决或投票表决的情况。小组成员唯一寻求达成一致的问题是要向全体会议提什么问题。但是，虽然人们在某一议题上可以有激烈的分歧，却仍然可以就某一个问题是否值得一问达成一致。从不同的视角出发，他们可能期望的是非常不同的答案。不管怎样，使用匿名问卷能够减弱社会从众效应。这样，与大多

---

① 罗伯特·拉斯金、詹姆斯·费什金、Kyu Hahn：*Consensus and Polarization*。

数人的立场保持一致的压力就减小了,因为主持人会努力确保每个人的自由,使参与者都能继续参与协商,而不必表露出他们对这一议题的最终观点。

对于导致群体思维的机制,我们可以得出相似的结论。对形成群体思维的担忧主要关注的是趋向于一致性的群体压力,以及所表达的观点缺乏多样性。一起讨论外交政策的决策者核心小组可能会受到群体思维的影响,因为他们只有删节过的意见集,而且还承受着达成共识的压力。但是在协商式民意测验中,有从公众中随机抽取的、具有代表性的样本,与持有竞争性观点的专家交流的环节也是经过平衡的,所以会有一个广泛的意见集。而且因为在最后使用了匿名问卷,应该只有很少的或没有压力去寻求共识。所以群体思维在协商式民意调查中,通常是可以避免的,由此可以避免很大程度上因社会从众性的压力造成的不合理的意见一致。

达到了什么效果?

之前,我们概述了协商式民意测验会带来的一系列可能的效果,通过公众对话或实际的决策,或者对参与者,或者对更广阔的世界有所影响。我们考察了各种各样的项目,它们发生在不同的国家,围绕不同的议题,主办方的性质也各有不同。如果我们想要证明此处列出的可能效应中的每一项,那么在过去的这些项目中收集到的各种资料还有些不足。这些项目是跟当地的合作者共同操作的,为了各自追求的目标安排了不同的议程。尽管如此,这些各式各样的项目提供的洞见都是与以下几个方面有关的:

(1) 政策态度方面的变化;

(2) 投票意向方面的变化;

(3) 信息方面的变化;

(4) 造就"更好的公民";

(5) 集体一致性方面的变化;

(6) 公众对话方面的变化;

(7) 公共政策方面的变化。

下面我们来对以上各项依次进行考察。

政策态度方面的变化

协商式民意调查的关键之处就是在政策态度上有一个变化，即对"将要做什么"这个问题的回答发生了变化。我们研究了在 1995—2004 年进行的 9 项全国性的协商式民意测验中有关政策态度的 58 个指标。其中的 4 项民调是在美国进行的，4 项是英国的，1 项是澳大利亚的。议题包括美国外交政策（2003 年）、美国大选（2004 年）、英国在欧洲的未来（1995 年）、英国大选（1997 年）等。所有的样本都是全国性的，样本的规模从 238 人到 347 人不等。其中，7 项协商式民意测验是面对面进行的，2 项是在互联网上进行的。

需要注意的第一点是，在政策态度方面有很多变化。将一开始接触时参与者的回答与其在民意测验结束时的回答作比较，在这 58 个指标中，72% 的指标显示出统计显著的净变化，且变化的幅度也是很大的①。

第二点是，有一种很明显的显要性（salience）效应。议题一开始越具有显要性，净变化就可能越小。如果民意测验物件已经接触并思考过某一议题，即使他们是通过日常生活中的相当不完善的、不平衡的协商完成的，他们也不太可能改变观点。换言之，他们可能已经形成了相当坚定的看法。如果我们用开始时知识问题的得分代表议题的显要性，那么在分数和态度变化之间存在强烈的负相关关系②。

这些案例都是在态度方面有很显著的净变化，但即使在没有变化的情况下，审慎协商也是有价值的。如果公众认为，应该做某事，但是并没有对此事做太多的考虑，没有通过与其他备选政策作比较来检验他们的观点，没有去考虑提出这些观点的原因，那么从规范合法的角度出发，我们应该对这些观点抱以多认真的态度，就成为一个问题。这里有一个协商折扣（deliberative discount）。这并不是要否定民意的作用。毕竟，这些是人们实际持有的观点。但是这些观点应该被看作是一种"飘在头顶"的意

---

① 拉斯金发现这是绝对净改变，从 0—1 的差距到 0.096 的指数最为常见。罗伯特·拉斯金、詹姆斯·费什金、Kyu Hahn：*Net Attitude Change*。

② 从过往 9 次慎思民调的结果所得，以 1 分为知识值，绝对的净改变值是 − 0.583。罗伯特·拉斯金、詹姆斯·费什金、Kyu Hahn：*Net Attitude Change*。

见，是只言词组和新闻头条给人们留下的印象，这些意见还没有完全理性化。人们提出这些意见时几乎没有思考和考虑相对立的各种可能性。另一方面，如果那些观点在人们经历了认真的审议协商之后而没有发生变化，那么就应该提出"协商折扣"的问题。这些观点在一个有着相互对立的主张和充分资讯的情境中经受了检验。因此，无论是否发生了变化，一次有充分代表性的协商式民意测验在结束时得出的结论代表的是公众思考后作出的判断。正是这些判断，无论变化与否，对政策制定者、代表们以及那些关心这一公众对话的人，应该有一种建议的力量。虽然其中有一些观点可能与传统民调得出的观点是一致的，但是，除非它们经受了对立论点的检验，除非在对可供选择的政策方案的认真的协商中，它们经受了检验，否则我们永远也不能确定那些观点能否代表公众思考后作出的判断。

投票意向方面的变化

正如之前所注意到的，投票者的低信息水平这一点已经得到广泛承认。然而，一些人认为，在现代民主政治中，他们被号召去投票，对于做一个简单的投票决定，他们掌握的信息已经绰绰有余。正如萨姆·波普金（Sam Popkin）的著名论断所说的，通过使用启发法（heuristics），"低信息理性"可以近似于"高信息理性"。或者如阿瑟·路皮亚（Arthur Lupia）所说的，"快捷方式"（short cuts）可以近似于"百科全书式的知识"①。投票者没有必要获取大量的信息，因为他们凭借作为平常生活的副产品的那点儿知识中就可以做出推论。一个人可能不知道一项全民公投的提案的详细内容，但是他能知道哪些政党、知名人士或者利益集团支持或者反对这一提案，要做出一个决定，这些可能是绰绰有余的，没有必要去推理分析怎样对提案进行投票以及它对自身的影响。当然，对于关键提示的知识（如一个政党、一个背书人或利益集团的立场）本身也是一种知识，而且这种知识有可能随处可知，也有可能不是这样。可能需要花时间去研究，才能知道哪些提示可能是相关联的，也才能确定这种策略在启

---

① Popkin，*The Reasoning Voter* 和 Lupia，*Shortcuts Versus Encyclopedias*。

发人们如何投票时，不会提供相互冲突的理由。如果明确的启发性的信息都是现成的，那么这些信息可能足以使人们的投票近似于一个掌握信息更充分情况下的投票。

1999 年，澳大利亚进行了一次修宪公投，决定它是否应该变成一个共和国，取消英国女王任命的总督，代之以一个获议会三分之二多数票而当选的总统。这一提议来自早先举行的"制宪会议"（constitutional convention），那次会议商讨的是修改后的宪法将如何能取代总督问题。虽然那次大会有一些普通公民参加，但它主要还是一次精英间的协商。

在公众关于全民公投的争议中，实际上有三种主张获得了大量的支持——保持现状，进行全民公投的提案（以决定是否要一个间接选举的总统），直接选举总统。其中第三种主张在各种民意调查中被广泛讨论和提及，但是并没有付诸于投票表决。想要直接选举的共和党人与那些支持间接模式的人之间的分裂将是至关重要的。直接选举的支持者们不得不做出决定，即他们是否宁愿保持现状，也不要一个间接选举的总统。

公投之前的协商式民意测验是在我们澳大利亚合作者"澳洲事务协商"的帕姆·赖安（Pam Ryan）博士的领导下进行的。该专案组织了一个顾问小组，非常类似于那些以官方的态度为公投解释"是"或"否"的委员会。顾问小组负责核准简报材料的平衡性和准确性。简报材料为设计一份系统性调查问卷提供了基础，在协商之前和之后都要使用这些调查问卷，还要将其发给"澳洲选举研究"机构管理的一个仅供实验后测试的控制组。

在全民公投前两周的一个周末，一个非常有代表性的、由 347 名澳大利亚有投票权的公民组成的全国性的样本，被带到了堪培拉的旧国会大厦。这个样本分成若干小组讨论了三天，向由持竞争性观点的专家和政策制定者组成的专家组提了问题。澳大利亚广播公司和"澳大利亚版 60 分钟"做了大量的全国性的电视报道。

到周末结束时，协商者们急剧地涌向了支持"赞成"（即"进行全民公投"——译者注）的阵营。支持率从一开始的 57%（这与协商招募参与者时全国民调的结果相似）上升到 73%。其他问题为考察这种变化的动态过程提供了洞见。在这个三项选择中，"直接选举"一开始是最受欢迎的首选，最后只有 1/5 的支持者（一开始有 51.5% 的人将其列为在三项选择中首选，后来只有 20.5% 的人赞成）。"保持现状"从第二受欢迎的首选变成了最不受欢迎的首选（一开始有 27.5% 的人在三向选择中将其列为首选，后来只有 15.7% 的人赞成）。"全民公投提案"，一开始将其列为首选的人最少，后来成了最受欢迎的首选（一开始有 21% 的人在三向选择中将其列为首选，后来有 64% 的人赞成）。

澳大利亚的这次协商式民意测验还显示了大量的信息获得。在五个信息类问题上，平均的正确回答率从 39% 上升到 78%。例如，知道女王在任命总督时要听取首相的建议的人所占的百分比从 39% 上升到 85%。而且信息的获得推动了民意的变化。正是那些掌握信息更充分的人改变了他们的观点。

在考虑了直接选举将会对所产生的总统的权力产生怎样的影响之后，制宪会议的精英协商者和协商式民意测验的公民参与者都认识到举行间接选举的好处。间接选举模式最初并没有吸引公众，一开始公众都很自然地认为，如果他们将要有一个总统，那么应该由他们直接选举。但是这种想法没有考虑到选举产生的总统将如何处理与首相关系的问题。如果公众希望现有体制的其他方面都保持不变，那么经过进一步思考，他们观点变化的方向将会与制宪会议的精英们的观点转变方向一致。

从我们的民主理论的观点出发，一个根本性的问题激起了精英协商民主、竞争性民主（及其怀疑性的论断）、渴望在普通公民中进行协商民主这三者之间的争论。这个问题就是普通公民能否像精英一样有能力进行审慎协商。澳大利亚共和国的故事给我们提供了一个制宪会议（麦迪逊式的精英协商）与协商式民意测验两者的结论趋同的例子。这只是公投民主政治的一次群众性的演练，真正的全民公投表决与此是不同的。在强制性投票和低信息水平的条件下，大规模的广告活动对"向政治家的共和国说不"这一理念的形成起了关键性的作用，造成了支持直接选举的共和党人和间接选举模式的支持者的分裂。

1997 年英国大选时进行的协商式民意测验也进行了全国性的电视报道，这为我们提供了另一个案例：即使是处于猛烈的选战条件下，协商还是使民众的投票意向发生了引人注目的变化。这一民意测验是由电视网"第 4 频道"发起的，由进行英国大选研究的全国社会研究中心具体实施的①。因为大选关注的问题有很多，用整个周末的时间来商议也难以兼顾每个问题，第4频道选择了一些经济议题进入协商议程。这些议题通常都是英国大选的焦点，而这次的大选也不例外。

除了经过仔细平衡的有关经济的简报材料，还邀请了三个主要大党分别推荐的一位他们认可的专家，他们在回答小组提出的问题中表达所代表的政党的观点。第四位专家是一位知名的独立专家安德鲁·迪尔纳（An-drew Dilnott），他需要对另三位专家的观点做出回应②。在那个周日，周末协商达到了高潮，各个小组都提出了直接指向的三位首相候选人——肯尼斯·克拉克（Kenneth Clark，保守党）、戈登·布朗（Gordon Brown，工党）和迈考姆·布鲁斯（Malcolm Bruce，自由民主党）——的问题。对于这次的项目及其结果，周日即2007年4月28日晚间的电视节目进行了两个小时的专题报道。

在投票意向方面的变化是显著的。自由民主党的支持率从13%增长到33%，紧随工党之后。工党正如其在实际的大选中的情况一样，获得了最高的支持率，但是在协商过程中其支持率从52%下降到44%。执政的保守党（在实际的大选中失利了）的支持率从29%下降到21%。

正如其他协商式民意测验的情况一样，参与者掌握了更多与议题相关的信息，这可以从两个方面的情况来衡量：对多项选择问题的回答和请填答者选择各政党在议题倾向规尺上所处的位置。在有关事实知识的问题上，回答的正确率从47%上升到61%；在有关政党排列的问题上，回答的正确率从41%上升到48%。

按照要求，正如他们排列政党的位置一样，大会要求参与者以四个议题准则来决定支持那个政党，以预测投票结果。在此项目中，有四个议题准则：收入再分配、税收和支出、最低工资以及与欧盟完全一体化。参与者在全部的议题上都最支持自由民主党的政策，自由民主党的得票大幅度增加。参与者对工党的政策也比较支持，但是工党的支持率要少于自由民主党。总之，参与者明显地掌握更充分信息，而且他们的投票意向也发生

---

① 当时，Roger Jowell 是英国全国社会研究中心的总监，他也是我们在英国所有慎思民调的中央负责人。我们衷心地感谢第四频道的新闻和公共事务编辑 David Lloyd，他的帮助使这次的慎思民调顺利举行。

② 这个计划由 Roger Jowell 负责统筹，达致聚焦专家讨论、持平向大众响应各方观点的目的。

了很大的改变，这与他们更了解情况后对各政党政策的看法是相符的，变化也是一致的①。

1999 年丹麦在对加入欧元区进行全民公投之前，也做了一次协商式民意调查，其中民意也发生了显著的变化。364 人组成的全国性样本来到了欧登塞的丹麦南方大学，与持相反观点的政策专家、丹麦首相和反对党领袖进行对话，协商持续了三天，并向全国进行了电视转播②。支持丹麦"加入"欧元区的人从 45% 增加到 56%，而"不加入"的支持率也从 37% 增加到 43%。就这个样本来看，在三次调查（分别在一开始接触时、那个周末开始的时候和周末结束的时候进行的）之间，有 20% 的人至少改变了一次看法。从三个月后第四次调查的情况来看，这个比例达到了 25%③。这次协商式民意测验设置了独立的实验前控制组和实验后控制组，以证明协商组所具有的态度代表性，以及民意的改变是由于协商而发生的这一事实。

正如在其他协商式民意测验一样，在有关知识性问题上和政党立场的方面，丹麦专案的参与者都有实质性的学习收获。与控制组与大众获得的知识和信息水平相比，参与者在这方面增加的水平较多。换言之，在有关全民公投运动中，公众对相关知识有了深入认识，但是参与者得到的更多。三个月后的一次调查显示了在协商式民意调查后，参与者仍然保持对议题的认识。

正如我们之前就注意到的，知识获取的一个方面成果是通过审慎协商消除了选择性学习。在 7 个知识性问题中有 5 个问题的回答显示出，在第一次访谈时，支持"加入"者和支持"不加入"者之间有显著的差异。这些问题涉及的知识有可能导出支持"加入"或支持"不加入"的结论。例如，一道支持"加入"的知识性问题是，如果丹麦加入欧元区，它是

①　罗伯特·拉斯金、詹姆斯·费什金、Roger Jowell、Alison Park："Learning and Voting in Britain：Insights from the Deliberative Poll"。论文在 1999 年美国亚特兰大的美国政治科学学会议中发布，见 http：//cdd. stanford. edu/research/papers/2000/general＿ election＿ paper. pdf。

②　我们的丹麦伙伴 Kasper Moeller Hansen 和 Vibeke N. Andersen 负责统筹计划，计划亦得到了丹麦杂志 Monday Morning 和一群民间社会组织的赞助。

③　参见 Kasper M. Hansen，Deliberative Democracy and Opinion Formation，丹麦欧登塞，南丹麦大学出版社 2004 年版，第 144 页。

否还能继续决定自己的税率（答案是"是"）。一道支持"不加入"的知识性问题是，如果丹麦加入欧元区，它是否还能继续决定自己的利率（答案是"否"）。在所有这5道题的回答上都有显著的差距，但是这个差距在协商过程中在相当大的程度上缩小了。支持"加入"者了解了支持"不加入"的信息，而支持"不加入"者也了解了支持"加入"的信息①。总的结果是，在获得了没有倾向性的信息的条件下，协商之后的投票选择不同于最初的投票选择，因此最初人们没怎么思考这一过程，而且所拥有的知识和信息也比较少。与控制组相比，这种差异也是存在的。虽然投票者们在关于全民公投的宣传中获得了稍多的信息，他们通过协商会获得更多的信息，而且这种经历会影响他们的投票选择。这些结果是引人注目的，因为丹麦人成为最了解欧洲事务的欧洲人，有一部分的原因就是，关于丹麦在欧盟中所扮演的角色，他们进行了7次全国性的公民投票。使公众知情的一个方法就是对同一个一般议题进行一次又一次的公民投票。甚至在丹麦，协商式的处理方式不仅对信息量和政策态度，而且对投票选择，都产生了明显的影响。

我们确实只有几个关于投票选择的案例，所以我们还不能推论说，协商总是能改变投票意向。但是我们确实有充足的案例表明很有可能发生巨大的变化。因此启发式主张的倡导者，即那些可能想说协商就是浪费决策成本的人，应该会感到迟疑而不能确定地说，低信息理性将近似于高信息理性。在刚才所引用的这些案例中，高信息理性导致了不同的投票结果。

公民能力方面的变化

在这个部分，我们将考虑那些有助于公民解决集体问题的特性——信息、效能、公共精神以及政治参与。我们已经综述了参与者信息水平方面的重大变化，这种变化在每一次的协商式民意测验中通常都会发生。衡量信息的获得量是一个复杂的问题，因为如果问的问题太简单，就会有天花板效应（每个人都将在第一时间回答出来）；如果问题太难，将不会显示出任何的变化。由于调查问卷的篇幅有限，问的问题将总是涉及与协商有

---

① 　Hansen，第 135 页。

关的信息的某一个较小的方面①。

　　首次协商式民意测验是 1994 年在英国围绕犯罪问题进行的。以全部的知识性问题包括有关法律的和政治的问题来计算，在信息方面统计显著的总获得是 9.8%。法律性问题也许是与这次协商最相关、最有针对性的领域，在这方面显示了 20% 的信息获得。而在一些问题上，例如，西欧哪个国家的监禁率是最高的，显示了 30 个百分点的增加（从 50% 上升到80%）。当与监禁的高费用和协商中论及的达到判处监禁的罪行的比例低相联系起来考虑时，英国的监禁率已经是最高的这一事实，可以说对参与者决策判断而言是相当重要的。这些事实联系在一起引起了对将更多人关到监狱是否合算这一问题的反思，尤其是与对付犯罪的其他策略相比，例如从根本原因入手解决问题，将青少年与成人分开关押，等等。

　　有时，信息问题可以标示出某一个策略性事实，这一事实可能在使民意发生转变方面是至关重要的。正如我们已经注意到的，2003 年在美国进行的关于外交政策的全国性协商式民意测验中，在关于对外援助支出的问题上情况看来就是如此。在公众原本的印象里，对外援助是美国预算中最大的组成部分之一。当他们认识到这部分是多么小（还不到 1%）时，他们想法就变成是增加而不是减少这部分预算了。

　　有时，常识性的政治信息与做出一个有意义的、信息充分的选择的可能性是相关的。如果一个人不知道在大部分政策维度上，民主党人更加自由而共和党人更加保守，那么他就很难理解公众争议的很多问题，或者很难监督这些政党承担相应责任。在提出了一般性政策规尺的协商式民意测验中，参与者在以同样的尺度摆放政党和他们自己的位置的能力上，显示了显著的增长。令人惊讶的是，在美国的国家议题大会中进行的一次协商式民意测验并没有明确地讨论自由和保守的术语，参与者在定位政党态度方面的准确性也显著地提高了 8%，很明显，这部分地体现了他们积极地去了解更多的信息②。正如我们已经注意到的，英国大选研究为我们展示了相似的变化，并且使我们洞悉了参与者转向支持自由民主党的这一变

---

　　① 参见罗伯特·拉斯金 "True Versus Measured Information Gain"，2001 年，http://cdd. stanford. edu/research/papers/2001/true-infogain. pdf。

　　② 罗伯特·拉斯金、詹姆斯·费什金：*Deliberative Polling，Public Opinion and Democracy*。

化。不管怎样，协商式民意测验通常显示了信息的大量获得，而且一般来说，正是那些获得了信息的人推动了态度的改变①。

当人们在代表小组协商中讨论问题时，这一机制设计的目的就是要有效地动员他们去参与这些议题，其中至少部分原因是他们认为自己的"声音"在这种情况下会起作用。因此，在内在的政治效能上，在参与者能够以自己的努力对政治或政策过程施加影响这一意义上，这一过程经常产生强化的效果，对此我们并不会感到吃惊。所以，协商式民意测验通常会显示内在效能指标的增加，这些指标由对以下问题的"是"或"否"的回答构成："我有值得一听的政治性见解"，"像我这样的人在政务中没有发言权"，"政治对像我这样的人来说太复杂了，理解不了"。在一些案例中还有不参与协商的控制组，在与控制组的比较中协商的结果会凸显出来②。

我们也有数据表明政府将会对人们关注的问题做出回应，这说明在外部效能上也有相似的结果。在一些问题的回答上有了显著的变化：如人们同意"公共部门的官员关心像我这样的人的想法"这一说法，人们不赞同"国家政治领导人不知民间疾苦"这一说法。当问到这些问题时，协商之后的人们的回答情况与内部和外部效能的增加是一致的。参与者变得更加自信了，相信他们能对政府有所影响，相信政府将会对他们做出回应。

虽然参与者更加相信他们的偏好将会产生影响，会被他人听取，但是这些偏好将是什么呢？我们注意到，偏好的改变是由信息推动的。另一个关于协商后偏好的性质的假设是：它们将会更具有"公共精神"。当人们在关于公共问题的对话中说出了他们理由，每个人都会对更广泛的公共利益变得敏感。他们开始从共同体其他成员的角度来理解所涉及的利益和价值。在托克维尔关于美国的论述中，"公共精神的学校"给密尔留下了深刻的印象，这里所谓的"公共精神的学校"是指美国的一些制度安排，即普通公民聚在一起讨论他们有责任解决的公共问题。新英格兰的市镇会

---

① 例如，罗伯特·拉斯金：*Considered Opinions*；詹姆斯·费什金：*Deliberative Democracy in an Unlikely Place*；Farrar：*Disaggregating Deliberation's Effects*。

② 罗伯特·拉斯金、詹姆斯·费什金："Deliberation and Better Citizens"，http：//cdd. stanford. edu/research/papers/2002/bettercitizens. pdf。

议和陪审团就是著名的例子。密尔将这一说法类推到了英格兰的教区办公室和古代雅典的法庭（law courts，有从公民中随机抽取的样本）。

密尔认为，当公民个人参与了公共职能：

> 他被号召起来去权衡并非他自己的利益事情，然而他却是那么投入；假使面对相互冲突的主张，他不能按照自己的偏好而是按另一个法则行事；每一次都要运用那些使普遍的善得以存在的理由的原则和箴言……由此他感觉自己是公众的一分子，公众的利益就是他的利益①。

密尔希望有更多的"公共精神的学校"，而且要按照它们的设计进行实验。从某种意义上来说，协商式民意测验就像其他的代表小组协商一样，具有成为"公共精神的学校"的潜力。但是它是否会以哪种方式起作用，还是一个经验性的问题②。在中国，我们已经看到，当当地的公民聚集起来商讨关于基础设施建设的选择时，在 30 个可能要建的项目中，他们对那些服务于更广泛小区的项目的支持增加了，反对那些只有利于个别村庄的项目。此外，在有关得克萨斯能源选择的 8 次协商式民意测验中，从平均情况来看，为了在整个小区都使用风能而愿意支付更多月度费用的人所占的比例上升了约 30 个百分点。为了在小区实施节约性政策（用电需求管理）而愿意付出更多月度费用的人所占的比例也上升了约 30 个百分点。人们愿意支付更多的月度费用以资助风力发电站的建设或者资助节约性政策的实施，人们的这种想法，至少从一个小的方面，说明了人们愿意为更广大的公众的利益做出贡献。

---

① J. S. Mill, *Considerations on Representative Government*，第 79 页。

② 我们检视那以经验为依据的问题如下。这问题有一段很长的历史。参见 Jane J. Mansbridge："On the Idea that Participation Makes Better Citizens"，*Citizen Competence and Democratic Institutions*，Stephen L. Elkin and Karol Soltan 编，宾州州立大学出版社 1999 年版，第 291—328 页。Mansbridge 建立了一般参与问题的框架，但她大部分的例子都是散漫的参与。J. S. Mill 很大程度上，受了 Toqueville 两编长评的影响，内容提及美国的民主是其有关代议制政府的先决条件。上文在 Alexis de Tocqueville：*Democracy in America*（Schocken Books，纽约，1961 年）第一及第二期中，翻印成书中的序言。在中国有关公共精神的例子，詹姆斯·费什金、何包钢、萧莹敏、罗伯特·拉斯金：*Deliberative Democracy in an Unlikely Place*。

　　我们从在纽黑文进行的关于大都市地区 15 个镇所面临的地方性问题的协商式民意测验中，可以推出相似的结论。在康涅狄格州，镇是政府的一个单位，起初有一个很有力的假设，即各镇不能互相分享财政收入。但是在协商之后，有了一个相当大的转变，人们倾向于分享财政收入以促进可能有利于整个地区的新发展。这个项目的实验性设计使我们可以将这一转变归因于一起讨论问题的这个过程，而不是归因于在家里根据对协商活动或者是这一过程中的其他环节的预期而进行的学习[①]。

　　信息、效能以及对更广大的公众的善的关注，这些可能都是已经考虑过了的、有可能促进政治参与的因素。参与协商式民意测验就其本身来说，就是一种参与的形式。但是，是不是说它唤醒了对公共利益的关注，实现了公民一旦投入其中，就会继续参与下去呢？即使我们发现，一旦投入其中，参与者就要求获得继续参与的机会，他们甚至再次组织聚会，但是在协商式民意测验中他们不能继续参与了。不过，他们可以投身于更多传统形式的政治参与之中。而我们也确实有数据表明，一旦调动了积极性，他们更有可能去参与公共事务。

　　国家事务大会在得克萨斯的奥斯汀举行了一次全国性的协商式民意测验，在与总统候选人的对话中，参与者被要求评价在以下几个时间点他们自己的参与情况：在初次接触时（T1），在举行协商的周末结束时（T2），在 10 个月后（T3）。10 个月后，在参与者谈论政治的频率上（按其自述的情况）有显著的增加，而无论他们是否为大选的竞选活动工作，是否曾接触过政府官员，是否向某一个政党捐款，是否投票，情况都是如此[②]。

　　在另一个项目即 1997 年英国大选时进行的协商式民意测验中，在最初接触时，有 82% 的人说将会去投票；在协商的那个周末结束时，有 97% 的人说将会去投票；在大选后通过电话进行调查时，有 96% 的人声称他们投了票[③]。

[①]　Farrar, *Disaggregating Deliberation's Effects*.

[②]　罗伯特·拉斯金、詹姆斯·费什金：*Deliberative Polling*, *Public Opinion and Democracy*；罗伯特·拉斯金、詹姆斯·费什金：*Deliberation and Better Citizens*。

[③]　罗伯特·拉斯金、詹姆斯·费什金：*Deliberation and Better Citizens*。

　　总之，如果"更好的公民"包含的一个意思是指那些发展了能够解决公共问题的公民能力的人——信息、效能、公共精神和参与，那么参加协商的经历看来能创造"更好的公民"。正如我们之前所看到的，在一些民主理论中，例如精英协商民主和竞争性民主理论中，不需要有公民投入其中和公民知情。实际上，在那些观点看来，公民过多的积极参与甚至可能是危险的，而公民的冷漠则可能是对现状感到满意的表现。① 但是，有些民主理论可能会要求公民参与促进公共意愿形成的集体努力，从这些民主理论的角度来看，参与协商的经历对参与者的行为产生了有益的影响。对于参与式民主和协商式民主来说，协商本身就是造就更好的公民的学校。这一结论可能会使协商得到推广，甚至超出科学样本这一使用范围。其他的协商式的努力，例如全国事务论坛，有助于促进公民教育。而将协商引入学校，将是一种将协商推广到更广大公众群体的方法，会产生持久的、有益的影响②。

集体一致性方面的变化

　　自 18 世纪孔多塞侯爵（Marquis de Condorcet）的著作问世以来，人们就已经知道民主的选择可违反转变的规律。通过对比，民主的选择可以从选项 A 转移到选项 B，再从选项 B 转移到选项 C，接着再从选项 C 回到选项 A。这种可能性对民主选择所具有的意义提出了挑战。首先，它意味着个体的理性偏好可能导致集体非理性的结果。其次，它意味着集体决定可能是不稳定的，因为在多数决定的条件下，选择各选项的多数派会相继地逆转彼此的选择。最后，它意味着操控程序安排的任意性可能会对民主决策的结果有决定性的影响。在循环的状态下，几个选项中的任何一个都可能获得多数人支持，所以很容易透过决策的议程和路径来决定结果。

　　当然，从某些民主理论的角度来看，这并不是一个问题。竞争性民主理论就有一部分是建立在怀疑公众意愿的基础上，认为重要的是各方为争

---

　　① 例如，Posner, Law, *Pragmatism and Democracy*, pp. 190 – 191。
　　② 詹姆斯·费什金、Malhotra、萧莹敏、罗伯特·拉斯金：*Deliberation in the Schools*，若要知道全国事务论坛背后的原意，参见 David Mathews, *Politics for People*。

取人民选票而互相竞争，而投票结果将决定由哪一团队执政。当然，如果只有两团队或两个政党，那么这种不稳定性就不会出现（因为循环显然需要有三个或更多的选项才能出现）。

虽然根据以往经验，对于循环在什么情况下一定会发生，还有争议；① 但是可以肯定的是，在一种条件下，可以排除循环发生的可能性：这就是邓肯·布莱克（Duncan Black）所说的"单峰偏好"。他认为，结构化的偏好中存在一个基础范围：（a）在这一范围上，每个个体都有一个最为偏好的选项；（b）在这一范围上，每个人都依据与最佳偏好的距离来排列他或她的其他选择。自由的/保守的、左和右的连续统（continuum）就是这一范围的常见例子。但它并不需要任何特别的实质内容。重要的是按照一个共同的维度来对选项排序。如果每一个人都存在相同的这么一个范围，那么循环就不可能出现了。

当然，现实生活中由于人数太多，期望所有人都存在相同的基础范围是不现实的。我们对这个问题进行了探究，考察了投票者中特定的一部分人都存在的范围与循环发生的可能性之间的联系。我们将此称为"单峰偏好"的近似情况。② 这一步骤使我们可以研究以下假设是否成立：审慎协商将会提高与"单峰偏好"的相似度，而相似度提高反过来将会进一步防止循环的产生。请注意，进一步接近"单峰偏好"的近似情况并不是说人们在"要去做什么"这一实质性的问题上进一步达成了一致。它并不意味着是否会有一个共识。确切地说，它是一种程度上的接近，即人们对他们正在做决定的这个问题的状况进一步达成了一致；它还是一种维度上的接近，即人们用于选项派系的参照维度进一步接近了。例如，他们应该更左还是更右呢？他们可以在选择的方向上有激烈的分歧，但是情况仍然可能是，当人们按照共同的维度对其选项进行排序时，每个人的观点

---

① Gerry Mackie：*Democracy Defended*，剑桥大学出版社 2003 年版。书中讲述循环很罕见，即使在文学讨论个案中也不常见。

② Christian List、罗伯特·拉斯金、詹姆斯·费什金、Iain McLean："Deliberation, Single-Peakedness, and the Possibility of Meaningful Democracy：Evidence from Deliberative Polls"。论文仍在撰写中，较早期的版本在 2000 年，华盛顿美国政治科学学会会议中发布，可浏览 http：//cdd. stanford. edu/research/papers/2007/meaningful-democracy. pdf。在此以前也有更早期的论文谈及"单峰偏好"和"偏好选择"，见 R. G. Niemi，Majority Decision-Making with Partial Unidimensionality，*American Political Science Review*，63（June 2），1969，pp. 488 – 497。

都能得到准确的表述①。

一些协商式民意测验采用了排序类问题,这使我们可以研究循环发生的可能性问题。我们考察了得克萨斯州进行的 6 次协商式民意测验,这些调查中有对能源选择的排序问题。参与者被要求对以下各项进行排序:(1)从煤中获得新能源;(2)从风或太阳中获得能源;(3)从天然气中获得能源;(4)投资于节约性政策(降低需求)。他们还被要求对能源政策的目标进行排序:(1)最大限度降低成本;(2)保持环境质量;(3)避免对任何一种资源形成依赖;(4)使用可再生的资源;(5)使快速增产或减产的弹性最大化。

在有关澳大利亚共和国的公民投票中,参与者被要求对有关澳大利亚国家元首的三种选择排序:(1)保持女王的国家元首地位,由总督来代表她;(2)直接选举一个总统;(3)为间接选举总统而进行全民公投的提议。这是由公众讨论提出的三个选择,尽管全民公投只提出在(1)和(2)中做出选择。正如我们之前所看到的,人们经过审慎协商后对(2)的支持的减少,解释了对(3)的支持的增加。

在英国进行的关于君主政体的协商式民意测验中,参与者被要求对三种有可能进行的改革排序:(1)继续保持君主政体,但王室更加平民化;(2)建立共和国,国家元首与现在的女王的职责相同;(3)建立共和国,国家元首兼有现在女王和首相的职责。

在康涅狄格州的纽黑文,关于大都市地区的 15 个镇所面临的地区经济事务举行的协商式民意测验中,在两个不同的议题领域也有排序问题:地区税收分享和机场的未来。关于税收分享,民调对象被要求对以下各项排序:(1)完全由当地控制;(2)与其他镇达成自愿协议;(3)由州提供激励以实现分享;(4)州要求各镇分享税收。关于第二个议题——机场的未来,参与者被要求对以下各项排序:(1)保持飞往附近城市的商业客运服务;(2)扩大商业客运服务,提供更多班机,飞往更多地方;(3)结束商业客运服务。

---

① David Miller:"Deliberative Democracy and Social Choice";詹姆斯・费什金、Peter Laslett 编:*Debating Deliberative Democracy*,2003 年,第 182—199 页。参见 David Miller 一文中谈及讨论会增加"单峰偏好"的假设。

　　这些话题提供了有排序问题的 13 个案例，这些排序问题会在协商之前和之后向随机样本提出。这些话题在实质内容上和显要性上各有不同，发生在世界的不同地方。借助这些案例，我们检验了审慎协商会使近似情况更接近"单峰偏好"的假设，这种接近受到两种情况的限制：第一，如果之前人们已经有过审慎协商，这种接近率将会减小；第二，在那些信息掌握最为充分的人中间，近似情况"单峰偏好"改善最大。我们还没有数据能够直接检验第一个限制情况，但是我们把显要性程度代入了第一种情况，我们的推理是如果一个议题具有很高的显要性，则公众对此原本就已经形成了某种判断，至少相比于低显要性的议题来说，情况是这样的（此时进行协商，对"单峰偏好"的接近率会减小）。

　　这一假设被我们的案例成功地证实了。审慎协商始终在推动近似情况向"单峰偏好"的状态接近，但是在具有低显要性的案例中（例如公用电力能源选择的案例和地区税收分享的案例所具有的重要性最低，电力目标具有适度的重要性），这种推动作用更加明显；在那些在每一次协商式民意测验中掌握了更多信息的参与者中，这种推动作用更加明显。审慎协商使人们对"在政策权衡中什么是攸关利害的"这一问题的理解达成共识。协商者不必在解决方法上达成一致，只要对他们在什么问题上有分歧（或意见一致）有共同的看法就行①。这一结果有可能使我们对公众意愿所具有的集体意义进一步增强信心。在非常接近于"单峰偏好"的情况下，我们可以自信地说，个体的理性偏好不会产生集体非理性的结果。我们可以自信地说，任意的程序操控不能决定在民主磋商中谁是赢家。无论"飘在头顶上"的偏好具有怎样的任意性，我们对协商性偏好所具有的集体理性都有更大的信心。

公共对话方面的变化

　　对于任何一个协商代表小组，关键是要调动参与者的积极性，使他们能相互关注对方并投入到议题中去。通常，大部分人没有时间或不喜欢被卷入政治或公共政策，部分的原因是，他们不相信他们的"声音"会产

① List, *Deliberation*, *Single Peakedness*；Farrar, *Disaggregating Deliberation's Effects*.

生影响。如果你不认为你的观点会有任何重要性,那么为什么还要花大量的时间,了解情况后再提出看法呢?

人们认为他们的"声音"会产生影响的一个可能原因是,政策制定者清楚地表明他们有兴趣知道公众的意见。当政策制定者直接参与到代表小组中时,会上表达的观点可能确实会对政策产生影响,对这个可能性我们在下一部分内容中会进行探究。使代表小组的审慎协商让参与者看来是重要的或者能产生重要结果的另一个方法是,对它们进行大量的媒体报道。对大多数普通公民来说,上电视是一件大事。即使在媒体中没有以个人的身份出现,仅仅作为电视或报纸报道的一个活动的一部分,这看起来也是重要的事情。如果媒体放大了对话中的声音或者强调了由其得出的结论,这会更加调动人们的积极性去参与其中并且严肃认真地加以对待。

除了在中国和泰国进行的协商式民意测验,大部分协商式民意测验都有大量的电视报道。通常也都有广播合作伙伴。这些媒体合作者包括公共广播公司(由 MacNeil/Lehrer Productions 创办的"民治" [By the People]),英国的"第4频道"、BBC、丹麦广播公司、保加利亚国家电视台、NHK(日本)、澳大利亚广播公司、加拿大广播公司、Arte(法德电视网络)等,还有报纸,如伦敦的《独立报》和《澳大利亚人报》。

这些媒体的参与有助于扩大影响,而且它们还有召集会议的作用。它们为重要的政治家和政策制定者的参与进一步提供了基础。媒体成为了将人民的代表小组与关键性政府官员联系起来进行实质性对话的促进因素。参加过协商式民意测验的重要政治人物有:托尼·布莱尔、阿尔·戈尔、戈登·布朗、肯尼斯·克拉克、菲尔·格拉姆、理查德·卢格、拉马尔·亚历山大、谢尔盖·斯塔尼舍夫(保加利亚总理)、托马索·派多亚夏欧帕(意大利财政部长)、乔治·帕潘德里欧(希腊两大主要政党之一泛希腊社会主义运动党主席)、丹麦首相波尔·尼鲁普·拉斯穆森和丹麦反对党领导人(后来的首相)安诺斯·福格·拉斯穆森,这里仅列出了其中的一部分;在地方层次上,得克萨斯州公用事业委员会的所有成员、许多城市的市长、国会议员、许多国家的议会议员和政党领导人,都参加过协商式民意测验。

媒体的介入使这种对话表现出重要的影响力,而且它还有助于吸引政策制定者,他们的参与会进一步增加这一活动的重要性。这些都说明媒体能够怎样促进协商式民意测验的进行。这些也是协商式民意测验可能影响媒体或影响通过媒体所进行的公众对话的方式。公众协商可能不同于精英的政治话语。其中一些关键性原因包括：首先，协商式民意测验中的公众对话没有因为考虑到其影响而进行策略性计算。它没有舆论导向专家对其进行预先的检查。它不是游说集团的工具。确切地说，它提供的是公众掌握充分信息后真诚地表达出来的有代表性的观点。与竞选参与者不同，公众的这些成员不是在竞选，而只是对解决集体问题感兴趣。其次，协商式民意测验中的公众对话可能更关注的是，协商中实质性议题对普通人的生活会有怎样的影响，以及如何建设性地应对这些问题。普通公民较少关注那些影响某一党派利益未来发展的策略性问题。

当对这种"面对面的民意测验"进行广播和在报纸上报道时，它所表达的不仅是公众中具有代表性的观点，而且是深思熟虑后做出的判断。这样做，会影响协商议程，甚至可能向代表小组灌输一些小组成员也极为关注的议题。因为聚在一起的这些人是具有代表性的，他们所关注的问题应该能引起更广大公众的共鸣。无论对协商式民意测验的实际报道是否会产生影响，协商式民意测验中论证问题的路径展示了提出负责任的倡议的一条路线，也就是如果更广大的公众聚焦于某一议题并且掌握更充分的信息，他们将会怎样做。关于负责任的倡议，我的意思是倡议的提出是建立在良好的信息的基础上的，它产生于这样的情境，即一方提出的主张会得到另一方的响应。通过经过平衡的各种主张和充分信息对问题进行检验，人们能够看到那些被竞争性的观点挑战之后仍然受到关注的问题。

有时，一次协商式民意测验能使公众对话中即将发生的变化具体化。1996 年 1 月，几乎正好是在新罕布什尔州初选前的一个月，由国家事务大会授权的协商式民意测验将一个美国的全国性样本聚集到得克萨斯的奥斯汀，用了一个周末的时间来讨论总统初选过程中的议题。报纸对此做了大量的报道（报纸上约有 600 篇文章），公共广播公司也对此做了 9 个小时的报道（有一些报道是反复播放的），在整个周末非重叠叠观众达到了约 980 万人。在新闻界看来，就这点而言，这显然不同于为初选而进行的竞选活动。《芝加哥论坛报》（*The Chicago Tribute*）的米歇尔·塔克特（Michael Tackett）对他所跟踪报道的那一组人的小组讨论作了如下的描述：

在两天的 9 个小时里，农民、女服务生、CTA 秘书、软件工程师以及其他人聚在一起，就像美国人在餐桌上谈论一样，讨论了所有与当天议题有关的事情……他们在很多事情上有分歧。但是，看来他们都认为也许我们国家所面临的最有深远影响的问题，是一个看起来大多数政治家都没有对其有过太多讨论的问题：日益增长的经济焦虑（economic anxiety）。①

塔克特注意到了这些关注点与更广泛的初选竞选运动之间的"断裂"："到目前为止，共和党总统候选人的辩论与第 9 组所直接关心的问题大相径庭。"

几乎恰好是在一个月之后，参议员鲍勃·多尔（Bob Dole）因为派特·布坎南（Pat Buchanan）在新罕不什尔州初选中的行为而感到不安，并评论道："我以前没有意识到工作、贸易以及那些使美国得以运转的其他方面将会成为一个大问题。"② 实际上，这的确成为那次初选中一段时间的中心议题。

"公共新闻"（public journalism）的创始人之一杰伊·罗森（Jay Rosen）举行了一个现场研讨会，之前报道过国家事务大会的 24 位新闻记者在一起思考了一个问题，即如何报道代表小组的协商才能让他们看到民意形成的过程。他们不得不放弃他们以前用于报道政治的传统框架（像赛马般的激烈选战，像"自由的"或"保守的"这样的意识形态标签，对谁有可能获得优势或者处于劣势进行策略性论述，等等）。相反，他们可以集中报道对话内容，对于有经验的记者来说，这一对话看起来就像在一个实际上能代表全美的巨型焦点小组中展开的。但是，不同于一个普通的焦点组，它规模足够大，同时包括 18 个小组，从统计的角度来说可以代表整个国家；它是通过随机抽样的方法招募而来的；它用三天而不是仅

---

① 参见 Michael Tackett, "Conference Elicits Anxiety Over Economy: Citizens Air Common Concerns in Texas", *Chicago Tribune*, 1996 年 1 月 21 日, 第 1 页。

② 参见 "Powerful Reasons Help Explain Unease of Workers Over Lost Jobs Amid Prosperity", *Buffalo News*, 1999 年 10 月 5 日, 第 2C 页。

仅一个小时左右的时间，使参与者掌握更充分的信息。①

　　丹麦在对加入欧元区的问题进行全民公投之前组织的全国性协商式民意测验中，也发生了公众重组议题的现象。有一个议题是在小组向专家和政治家们反复提出的问题中产生出来：加入欧元区对"福利国家"制度，尤其是对养老金体制会有什么影响吗？参与者们注意到，所提议的《尼斯协定》（Nice Accords）的条款清楚地表明，有可能会调整北欧和南欧之间、实施广泛的"福利国家"制度的国家（像丹麦）和实施较为有限的养老金体制的国家（像葡萄牙）之间的养老金水平。在协商式民意测验开始之前，这在有关欧元的争论中还不是一个值得注意的问题，但是它很自然地从那些缴付高税率税金，同时又享受广泛"福利国家"制度所带来的好处的普通公民所关注的问题中脱颖而出。当这个议题被支持"不加入"的一方提出时，它成为了争论中的主导性话题。首相波尔·尼鲁普·拉斯穆森声称国家的养老金会降低，引起了惊慌失措的反应，他又宣布了一项"养老金担保"方案，保证公众享受到的好处不会有改变。但是根据新闻报道，人民惊慌失措的反应"不能说服专家。然后他才许诺会得到欧盟其他 14 个领导人关于丹麦的养老金不会有变动的保证，但是这种许诺又不得不收回"②。

　　这种代表小组一旦被召集起来，就能对继起的公众对话产生影响。它的审慎协商能够使那些会引起更广大公众共鸣的议题"浮上水面"。而且对它的报道本身就会产生影响。虽然我们关于这方面的资料还有很多缺陷，但是我们来自全国民意研究中心（NORC）的合作者在国家事务大会中，对芝加哥的观众进行了一个实验，随机鼓励其中的一些人去观看电视广播。在他们是否不同意"像我这样的人在政务中没有发言权"的这一说法的回答上，对协商的报道对观众们产生了令人吃惊的强烈影响。然而，对那些被鼓励去观看有关小组协商和候选人专题会议的报道的观众，对人们是否同意"政治领导人不知民间疾苦"这一说法，也产生了强烈

---

　　①　罗森的团队和他们的意见均记载在其书：*What Are Journalists for?*，耶鲁大学出版社 1999 年版，第 9—16 页。

　　②　参见 Textbook Example of How to Lose the Argument：Lessons For Britain，The Independent，2000 年 9 月 30 日，可浏览 http：//www. independent. co. uk/news/uk/politics/textbook-example-of-how-tolose-the-argument-698994. html。

的影响。很多候选人把协商式民意测验当作竞选运动中的一个站台,并且以标准的花言巧语应对。在公众真心关注的问题与候选人的反应之间的"断裂"清楚地显现出来。从某一方面来看,这与那个新闻记者在对候选人与公众对话的报道中,努力说明的那种"断裂"是同一回事,即竞选的花言巧语与公众协商后所关注的问题可能不能很好的相匹配。

对在澳大利亚进行的关于是否建立共和国的协商式民意测验,电视台做了广泛的报道,而且很多全国性的报纸也把它作为首页新闻。这次民调产生了一个戏剧性结果,即支持"同意"一方的增长。我们还没有系统的数据来证明媒体的影响,但是在宣传活动的最后几天"同意"一方的"上冲",是紧随着协商活动中"同意"一方的"上冲"而出现的,这暗示了某种影响。① 显然易见,在数据允许的情况下,媒体报道对广大公众的影响,是需要做进一步研究的一个要素。

政策方面的变化

在协商式民意测验中,由公众的代表小组所进行的协商如何才能实际地改变政策或政治呢? 我们已经提到一些案例,在其中,这种改变已经发生了:得克萨斯关于能源选择的决策、中国的泽国镇关于基础设施建设的决策、希腊关于政党候选人的选择。在思考这些以及其他类似的例子之前,我们先来看另一个问题。

2006 年,在意大利(首都是罗马)的一个行政大区拉齐奥(the Regione Lazio),举行了意大利的第一次协商式民意测验。② 这个州面临着预算上的困境,尤其是医疗保健费用导致的赤字,这个问题是由前一届政府引发的。这次民调的主要议题是维持罗马大量的医疗床位所需要的费用。

---

① "选民在投票日前的一星期依然没拿定主意,共和国的支持度又再上升,选民需要再改变他们的意向,才可以在今天的投票日创造历史。"参见 Mike Steketee, Yes Surges, But No Still Ahead, *The Australian*, 1999 年 11 月 9 日。

② 这次的慎思民调由拉齐奥区的财政预算、计划及参与部举办,活动得到了民意研究中心总监 Renato Mannheimer 和杂志 *Reset* 的支持,在宣传和执行上的援助。民调也得到了比利时银行、意大利社会联合组织(Lega Coop)和 E-polis 报的赞助。自此,Associazione per la Democrazia Informata 在意大利成立,以在当地推动慎思民主。

因为有很多是教学医院，罗马的医疗床位比意大利的任何其他地方都多很多。虽然政策制定者很长时间以来一直希望减少那里的病床数，从而更有效地使用一些用于医疗保健的资金，特别是通过投资于综合流动诊所，在离人民更近的地方为其提供医疗保健服务，但是公众不愿意减少病床数。罗马有着比意大利的任何其他地方多很多的病床这一事实，是其值得骄傲的地方，而且很受公众的欢迎。

2006 年 12 月 3 日，一个由拉齐奥的 119 位投票人组成的随机样本聚集到州政府在罗马的一个大楼里，进行了为期一天的审议协商。协商者在态度分布上具有代表性，但是相较于非参与者来说，年龄稍微大一些而且受了更多的教育。[①] 最值得注意的结果是，认为该大区应该"将一些病床转变为其他资源，使医疗保健的结构更有效率"的人所占的比例，从协商前的 45% 上升到之后的 62%。对于将一些病床转变为"综合流动设施，这样你可以在那儿接受现在只能通过住院才能获得的检查"的支持只有些微的变化，但是在协商前后其支持率都很高——协商前为 87%，之后为 85%。

在协商式民意测验之后，州政府开始实施一项计划，重组医疗网络，减少病床，重新分配资源以建设综合流动诊所。该州的财务长官路易吉·涅里（Luigi Nieri）对协商式民意测验评论道：

> 这是一个令人兴奋的体验，它表现了人民是多么地渴望参与进来并表达他们的意见……这正好是我们想要的：鼓励对民主生活的直接参与，以及促进新的透明性实践。[②]

对罗马的这次协商式民意测验，媒体在意大利进行了广泛的报道，它的被广泛接受的正当性当然会有助于影响政策。但是这里还有另一个意义，即它的结果为官员们做正确的事情提供了"保护"。这个样本在信息

---

① 其中一个例外就是样本向左倾。但是，当我们以意识形态再计算结果的时候，结果依然不变。其中一个参与率低的原因，是当地政府不愿意支付奖金予参与者，见 http：//cdd. stanford. edu/polls/italy/2007/lazio-pressrelease. pdf。

② Mauro Buonocore，"The First Time in Italy"，*Reset*，2007 年 5—6 月刊，可浏览 http：//cdd. stanford. edu/press/2007/reset-firstitaly-eng. pdf。

充分条件得出的具有代表性的结论可以被援引用作走出预算困境的一种
方案。

在得克萨斯的 8 个项目中，将民调的结果与政策制定联系起来用了两
年多的时间，而罗马的协商式民意测验与政策制定的连接压缩在一天的协
商里就完成了。当一个样本掌握了更充分的信息，它的透明的、有代表性
的审议协商就获得了足够的合法性，这使其能够被政策制定者所援用。利
益相关者从不同的角度——简报文件以及问答会议——介入其中，与此相
连的是媒体对这一过程和它的结果的报道，这创造了一个平台，放大了公
众审慎思考后作出的判断的影响。一旦这一代表小组被看作普通公民意见
的合法代表，且协商过程被看作是透明的和均衡的，那么的它的结论就获
得了建议力。它的结论得到了整个政策社群很好的接受，甚至在同一天公
用事业公司和美国环保协会（the Environmental Defense Fund）举办的新
闻发布中受到了好评。

意大利和得克萨斯的项目有一点不同，罗马的项目是由州政府与公民
社会协同发起的。在得克萨斯的专案中，协商是公用事业公司自己发起
的，由利益相关者委员会对其进行监督，公用事业委员会（PUC）也参与
其中。但是基本的动力还是一样的——具有代表性的样本进行具有广泛的
认受性和透明性的协商。

在得克萨斯举行协商式民意测验之前，就风力发电在各州所占的百分
比来说，得克萨斯州对风力发电的使用在全美国是最低的。[①] 在连续进行
了几次协商式民意测验的基础上，该州实施了将协商式民意测验的结果考
虑在内的"综合资源规划"，之后又通过了协商式民意测验的结果支持的
"可再生能源标准"（the Renewable Energy Standard），2007 年得克萨斯超
过了加利福尼亚，成为美国使用风力发电最多的州。这 8 次协商式民意测

---

① 在 1995 年 11 月，得州并没有可行的风力发电计划。参见 The Wind Coalition 顾问 Mike
Sloan 在 2007 年 9 月 20 日，在能源独立和全球暖化特别委员会中，有关"可再生能源标准：前
路之光"的听证会的供词，可浏览 http：//globalwarming. house. gov/tools/assets/files/0038. doc。

验覆盖了得克萨斯整个州（还超越与路易斯安那州的边界）。[①] 从这 8 次民调的平均情况来看，住宅使用者在协商后对能源的基本选择是（假定费用相同）：

49% 的人更愿意使用可再生能源（太阳能、风能、生物能源）；

31% 的人更愿意减少需求量（提高能源效率）；

14% 的人更愿意使用有机能源（天然气、煤）；

5% 的人更愿意从别处购买和输送过来[②]。

很明显，这些结果支持的是投资于可再生能源和节约性政策。

正如我们之前所看到的，协商后大多数人都愿意在必要的时候支付更多的月度费用，用以资助实施前两个选择：使用可再生能源和提高能源效率。这些结论显示，在协商后，愿意支付更多费用的人所占的百分比增长了 30 多个百分点。这些结果在"综合资源规划"中得到了贯彻，这一"规划"被提交给公用事业委员会，而且成为游说立法机关通过"可再生能源标准"的基础。

得克萨斯州可再生能源产业协会的会长关于这 8 次协商式民意测验写道：

> 这些民意调查产生了令人惊异的影响。它们显示了用户对增加可再生能源使用的压倒性的支援。来自得克萨斯州所有地区的普通民众不仅说他们想要电网系统上使用清洁的、可再生的电力，而且他们表示愿意为此支付更多的费用（大部分人愿意月度费用从 1 美元增加到 5 美元）。还表现出的一个偏好是，这些费用由所有用户分担。这对将要做出的决策是一个重要的支撑。它推动了 188 百万瓦风力发电项目的发展。[③]

---

① 第一次的慎思民调是由中央电力公司在 1996 年于得州柯柏斯克里斯提举行，接着陆续有慎思民调在得州各地举行：在阿比林西得州事业（West Texas Utilities）、在路易斯安那州什里夫波特西南电力公司、在艾尔帕索的艾尔帕索电力公司、在休斯敦的休斯敦电力公司、在波蒙特市的 Enterg、在阿马里洛的西南公共服务公司和在达拉斯的得州事业等。

② Mike Sloan 的供词。

③ Russel Smith, "That's Right, I Said A Texas Wind Boom", *Whole Earth*, 2001 年夏季刊，第 1 页，可浏览 http://findarticles.com/p/articles/mi_ m0GER/is_ /ai_ 76896168。

随着"可再生能源标准"的继续实施,第一批 188 百万瓦的风力发电项目只是一个开始。到 2007 年 8 月,总发电量达到了 4525 百万瓦。接着帕特·伍德(Pat Wood)被乔治·布什任命为得克萨斯公用事业委员会主席,他采用了协商式民意测验的结果,在"综合资源项目"和之后的"可再生能源标准"中对其加以贯彻实施。他曾参与这 8 次协商式民意测验,回答样本代表提出的问题,正如他对此所评论的,"在这一系列协商式民意测验结束时,我完全改变了对可再生能源的看法"。在协商式民意测验之前,他认为可再生能源应用就是"奢侈品行业",是"使用公众的钱财进行养宠物式的项目"。而在民意测验结束时,他从公众那里听到了协商后他们的优先选择,对此思考后,他认为可再生能源工业"是新兴工业,我们必须对它予以培育"。[①]

得克萨斯能源项目树立了一个榜样,其中,公众咨询对政策的影响扩及其他没有实行"综合资源规划"的行政辖区,以及对征询公众意见没有任何实际要求的公用事业。例如,2003 年 8 月,内布拉斯加州公共电力区(Nebraska Public Power District)举行了一次协商式民意测验,并对此在当地进行了公开电视报道。这次的议题是,比较风力发电、沼气发电(来源于动物肥料)、天然气发电和煤电,决定它们的优先排序。在协商结束时,96% 的人支持大力增加风电(200 万瓦),81% 的人支持投资于沼气发电。[②] 在协商式民意测验之后,公用事业董事会批准了建设该州最大的风力发电场的方案,并计划增加对可再生能源的投资。[③]

加拿大新斯科舍省电力公司(Nova Scotia Power)是该省的电力公用事业公司,2004 年 11 月,该公司举行了一次协商式民意测验,想要获得全省公众在获得充分信息后对于能源选择的意见。正如其他所有关于能源选择的协商式民意测验一样,加拿大广播公司(CBC)作为媒体合作伙

---

① 参见 Rebecca Smith, States Lead Renewable-Energy Push; As Federal Efforts Stall, Debate Over Foreign Oil Has Intensified Locally, *Wall Street Journal*, 2004 年 9 月 22 日。可浏览 http://cdd. stanford. edu/press/2004/wsjenergy/index. html。

② 参见 2003 年 8 月 19 日,在内布拉斯加州公共能源区域顾客会议,由 Will Guild, Ron Lehr 和 Dennis Thomas 撰写讨论代替能源的会议记录,可浏览 http://cdd. stanford. edu/polls/energy/2003/nppdresults. pdf。

③ 参见 NPPD Board Approves State's Largest Wind Farm,可浏览 http://www. nppd. com/Newsroom/NewsRelease. asp? NewsReleaseID = 159。

伴作了一次关于它的报道，所以那些没有参与民意测验的人可以了解这一过程和它的结果。正如其他的协商式民意测验一样，该省一个非常具有代表性的样本群体聚集到同一个地方（新斯科舍省的哈利法克斯市），而且参与者对信息问题的回答表明了他们已经掌握了更充分的信息。[①] 参与者被问及在生产和输送电力中要考虑的因素，例如，供应充足的电力，致力于控制温室气体的全球行动，控制本地的排量；参与者还被问及要考虑的经济因素，例如，保持成本的稳定，保证最低的价格。在协商前，经济因素的重要性很强势，但是协商后它们的重要性下降了一半。对环保的考虑，如致力于排量控制和全球应对气候变化的努力，上升到第一位。在这次的民调之后，新斯科舍省电力公司继续对可再生能源进行了大量新投资，[②] 而且决定不去翻新一个主要的煤电厂。

2007 年 11 月，佛蒙特州发起了一次协商式民意测验，帮助它的公共服务部规划该州未来能源使用中的一些问题：如依赖于提高能源效率（减少需求量），对于风能、核能和水利的投资，以及对天然气、石油或者煤的投资。

在那协商会议那天结束时，参与者对以下的排序形成了强力的支持：水利、风力、太阳能、木质能源、核能。对石油和煤的支持要少得多。对该州继续从魁北克水电公司和建在佛蒙特的独立的电力生产商购买电力，民意测验的参与者表达了压倒性的支持，对前者的支持率达到 86%，对后者的支持率达到 97%。但是，在那一天结束时只有微弱的多数支持从佛蒙特扬基核电站购买电力。[③] 由于环境美观的原因最初对使用风力的反对意见在更广泛的对环保的关注面前，明显地减少了。

协商后，对魁北克水电公司的支持增加了 20 个百分点，对建在佛蒙特的独立的电力生产商的支持增加了 8 个百分点。对提高能源效率措施的

① 参见 Nova Scotia Power Customer Energy Forum, Summary of Results, 2004 年 11 月 19 日。可浏览 http://cdd.stanford.edu/polls/energy/2004/ns-results-summary.pdf。

② 参见公司报告，http://www.canelect.ca/en/pdf_Review_05/RA05_NScotia_P_eng.pdf。

③ 参见 Center for Deliberative Opinion Research University of Texas at Austin "佛蒙特州能源未来"的慎思民调报告，报告由罗伯特·拉斯金、詹姆斯·费什金、David B. Crow、Will Guild 和 Dennis Thomas 撰写，可浏览 http://cdd.stanford.edu/polls/energy/2008/vermont-results.pdf。

支持、对水利和作为燃料资源的木材的支持，都有显著的增加。对煤和石油的支持在协商后降低了。在这次民调进行后的几个月内，这些结果就被明确地纳入了"佛蒙特州综合能源规划"。在撰写本书时，这项规划还正在征求公众意见，但是它很好地反映了在协商式民意测验中表达的公众的观点。①

在得克萨斯八个不同的公用事业区（以及附近的路易斯安那州），在内布拉斯加州，在新斯科舍省，在佛蒙特州，围绕能源选择而进行的不同的协商式民意测验，就如同在罗马的情况一样，都展示同样的基本动力。召集一个科学样本；在有公共官员参与的对话中样本群体的协商显然是平衡的；它的结论与最初的"飘于头顶"的意见相比，显示了重大的变化；很明显，参与者在这些议题上掌握了更加充分的信息；媒体的报道放大了公众的"声音"。相关的官员认识到这些结果是让人难以抗拒的，而且也是合理的。在得克萨斯和罗马，政策制定者分别都做出了同样的评论——协商式民意测验为他们做正确的事情提供了"掩护"。

征询有代表性的、信息充分的民意并将民意贯彻实施——这一动态的过程，甚至在中国也没有太大的不同。虽然当地的协商式民意测验专案没有在媒体中广泛报道，但是它们在因特网上得到了广泛的讨论。最重要的是，在当地它们都是大事——建立于当地"恳谈"（诚恳讨论的会议）的传统之上的、具有公开和透明形式的咨询。在中国的案例中，当地的创新为"公民的协商如何才能与精英的协商联系起来"这一问题，提供了新的答案。到 2008 年 2 月泽国镇举行第四次协商式民意测验的时候，当地的人民代表大会已经很少扮演"橡皮图章"的角色，而更多地表现为一个有效率的决策机构。在这次民调中，公开了这个镇的全部预算，还是通过随机抽样招募了 175 位公民组成协商样本小组，对预算进行详细审查。但是这次，来自当地人大的 60 名代表观察了整个过程。一周以后，当地的人大召开会议，讨论了这次协商式民意测验的定量分析结果和他们自己对这一过程的观察，然后根据这两个方面对预算作了调整。② 协商之后，

---

① 参见 http：// publicservice. vermont. gov/planning/CEP% 20% 20WEB% 20DRAFT% 20FINAL% 206－4－08. pdf。

② 同样的程序在 2009 年的人民代表大会重复了一次，镇政府和人民代表大会以后每年实行一次慎思民调。

参与者更加支持基础设施建设（例如乡村道路建设）和环境项目（例如环境保护和建设），而较少支持将预算用于国防事务。当这些结果被提交给当地人民代表大会时，当地人大修改了镇级预算，重新分配了资金，增加了对基础设施和环境项目的预算。对环境项目的预算几乎增长了9%。而且当地人大还增加了社会保障方面的预算。虽然参与者对社会保障的支持增加了，但是这种增加从统计上来看并不显著。由此可以推测，当地人民代表大会中的人民代表不仅仅是针对这些定量分析结果，而且还根据他们对这一讨论过程的观察，做出了反应，此外还有他们自己的政治权衡。

最近的这一中国的案例强调的议题是，如何才能使人民的协商与实际决策者的协商之间形成制度化的联系。在得克萨斯公用事业项目中，实际的决定是由政府管制的公用事业公司做出的，但是要符合得克萨斯州公用事业委员（一个被任命的政府机构）批准的规划。在内布拉斯加州和新斯科舍省的案例中，决定是由那些公司自己做出的。在罗马的协商式民意测验中，决策是由选举产生的拉齐奥区的政府做出的，而在佛蒙特州的协商式民意测验中，公共服务部在该州的综合能源项目规划过程中扮演了一个角色。然而在中国，我们隐约看到了另一种模式，这种模式融合了我们正在讨论的协商政治的两个理论——由人民自己进行的协商民主和由一个选举出来的机构实施的精英协商民主。

我们自己有关制度设计的"美国之旅"开始于对间接过滤的一个关注，我们关注的是在一个相对较小的团体中，如一次大会或参议院中，代表们"筛选和扩大了公众的观点"。但是，对于精英协商民主理论来说，始终都会存在一个问题，即那些精英的讨论如何才能与人民联系起来，因为除了修改宪法这样的非常时期，人民自己内部大多没有协商。用麦迪逊的话说，代表们如何得知他们理应去考虑的公众的意见？在这个新颖的中国的地方案例中，我们有了这样的一个例子：精英协商者第一次观察了民意代表小组的协商，并将其结果纳入了官方的决策过程。我们相信这个模式能够被复制，而且它可能为世界各地的许多环境中进行的公众咨询树立了一个榜样。

所有这些刚才提到的案例都缺少最后一个可能的步骤，把正式的公共决策的权力交托给人民的民意代表小组。人民的协商是咨询性的，但是它所处的境况使这种咨询性的意见具有了建议力。正如我们早先所注意到的，在民意代表小组协商方面做出的一些其他的努力，如在加拿大不列颠哥伦比亚省和安大略省的公民大会，运用了正式的权威提出了一个关于公众投票的选票的建议。虽然在这两个案例所做的尝试中，都没有得到必需的绝对多数的支援，但是民意代表小组中的人民确实拥有了一项正式权力，可以将议题写在选票上交付投票表决，而不用其他政治实体对议题做进一步的选择过滤。在一个较小的规模上，与此相同的基本理念在希腊关于候选人人选的项目中得以实现。民意代表小组中的人民被授予了正式权威，决定将什么交付投票表决（在这个案例中，要作决定的是，谁是这个政党的候选人）。正如公民大会的情况一样，最终的决定是通过一次公众投票做出的。但是希腊项目有另外两个新颖之处。首先，它为候选人人选问题提供了一个很有特色的解决方法——在大规模初选（实现的是公投民主，但没有多少协商）和精英决定（实现的是协商，而没有群众的参与）之间找到了一个中间立场。其次，它标志了向雅典民主的一步回归，即公共决策的正式权威移交给了一个公民中随机选取的样本小组——但是这是在经历了两千四百年的中断之后出现的。这些不同的案例表明，在输入民意方面，正式的权威不是必要的。事实上，那些咨询性的案例——在得克萨斯州、中国和罗马进行的——相较于公民大会和希腊的项目，对最终的决定有着更多实际的影响。但是这两种与决策相联系的形式——咨询性的（在不同的程度和情境中）与正式的权威——都是值得实验的，以使深思熟虑后发出的、有代表性的公众的"声音"具有重大的影响性。

假使将协商性的民意代表小组制度化，结果会怎样呢？这如何能发生呢？一旦制度化了，这一过程将会有被它自己的成功所破坏的危险吗？是否存在这样一个问题呢，决策越重要，这个过程就越有可能变得易于被俘获或腐败？

首先，这里所描述的这种研究计划的根本原因是，探究将这种协商性民意代表小组应用于政策过程的可行性。其想法是要评定那些最能禁得起批评性审查的设计，从而实现协商的承诺和避免有潜在的可反对之处。但是所有这些应用的实例都只是插曲式的。它们是基于特别的机会而进行的，这些机会为这一过程提供了切入点。丹麦技术委员会（Danish Board of Technology）在共识会议模式的基础上提出了一个将其制度化的理想模式，即丹麦议会设立了一个机构，其目的是为了可持续的建立发起协商式咨询的能力。① 尽管由于抽样和要求达成共识等原因，共识会议作为一种决策模式是有缺陷的，但是丹麦的创新是有启示性的，有助于解决将协商式民意测验过程成功制度化的问题。一旦这种咨询的能力以政府的一个独立的咨询办公室的形式建立起来，不再受到直接的政治干扰，它就可以用于解决难题，就可以被那些可能需要公众意见输入的委员会或者各种政治实体所使用。这样，它就为通常只有游说家和特殊利益集团参与的公众听证会和公众评论提供了一个现成的替代性选择。这种替代性选择可以激发出一个具有代表性的、信息充分的公众的"声音"，并作为对那对政策建议认真负责的公众的常规性部分。

其次，有一些措施可以防止腐败和被俘获。得克萨斯关于能源选择的专案就是一个部分地受到监管的过程，因为它们涉及"综合资源规划"，影响到数亿美元的投资。所以非常有必要设计一个各方保持平衡的、透明的咨询小组工作流程，以监督简报材料和讨论的议程。当协商式民意测验的结果被提交给公用事业委员会的时候，任何被忽视的团体都有可能会提出强烈的反对意见。简报材料是透明的，在互联网上就可以看到，或者对新闻界和观察员们开放，而且那些对话过程本身也是对媒体开放的，是当地公共广播公司报道的主题。

透明性提供了一种保护。另一种保护来源于这一设计本身。在希腊的协商式民意测验中，有一个候选人没有被列入最后的候选人名单，他对此感到很不满，所以设法干扰民意测验，他租了一个呼叫中心，告诉参与者活动取消了。但是这个呼叫中心没有办法定位民意测验抽取的随机样本，而且发现试图给所有民众打电话这一做法是完全无效的。有几千人接到了电话，但其中只有很少的几个人是实际样本的成员。还有值得注意的是，在不列颠哥伦比亚省的公民大会中，协商进行了一年，其成员资格对于公众来说都是可以看得见的。尽管涉及的利益是巨大的，但这一过程的透明性和可见性使这些协商没有受到任何干扰。协商民意代表小组与现代的陪审团不同，有相对数目众多的参与者。试图贿赂或威胁参与者，就必须针对很多人来进行，否则就没有效果，所以目前还没有发现这样的努力能取

① 参见 http：//www. tekno. dk/subpage. php3？ article = 468&toppic = kategori12&language = uk。

得成功，而且这样的努力有可能产生事与愿违的结果。

我们还不知道这一古代雅典的理念的复兴有什么样的局限性。显而易见，要将这一过程进一步应用于实践，还有政治上的问题需要去解决。但是，将这一过程的现代的（并且不断在改进的）形式引入我们的生活，是非常值得去做的，因为它提供了一种解决方法解答我们一开始就提出的问题——如何设计一种能够代表每一个人的具有包容性的形式，它可以为人民提供条件，当被征询意见时，他们可以真正地思考那些问题。

第六章

困难环境下的协商

拓展公共协商的界限

迄今为止我们所谈到的协商民主中的种种努力，绝大部分在成熟的自由民主国家"常态政治"的有利环境中下产生。[①] 但值得思考的是在更为宽泛的环境中实现这一理念。对协商民主而言，有两个基础要件必须实现：包容和周详。为了实现一个可信的协商过程，我们怎样才能将所有人或至少是抽样样本中的每个人包括在内？并且，我们怎样才能为他们的集体性的审慎思考创造条件？

我们已经讨论过一个将界限进行扩展、在成熟的民主体系之外进行协商的案例。正如我们所看到的，中国的地方性项目将我们所提出的标准践行得很好。在协商质量方面，他们在我们能够评估的方面也做得很好——这些变化源于信息的获得、资料的平衡、讨论没有因不平等或两极化而扭曲，而参与者更加具备公共精神。除此之外，协商的结果也被实际地执行。这显示出当协商民主的实际运作是基于一个协商性的抽样样本时，成熟的政党竞争机制并不是实行协商民主的必有条件。然而，这些项目所拥有的根本条件之一，即中国地方政府所被赋予的非同寻常的自治程度，并不是其他非民主体系所必备的特性。

接下来，请思考一些其他案例。在这些案例中，实行协商民主的困难度是否更具争议性？在我看来，它们包括：

---

① 在此我使用的常态政治是来自阿克曼德《我们人民》的第一卷。他将这一概念运用于表述政党在正常情况下，而非导致宪法变动的全国性危机竞争下的竞争。

a. 分裂的社会；

b. 虚拟空间；

c. 跨民族和跨国家的协商。

为什么这些领域对协商民主构成了挑战呢？我们的基本关注点在于包容和周详。比如民族和种族的差异，会使样本的取得更加困难。这样可能也会出现艾利斯·扬所说的内部而非外部的排除形式：一些人即使参与了协商，但是他们的意见并没有得到认真对待。假如发生以上情况，协商过程的质量就必然会遭受损害。现在，让我们回顾一下对协商过程质量的标准。

a. 信息：参与者对合理范围内准确信息的可获得程度，而这些信息是他们认为与所协商议题相关的信息；

b. 实质的平衡：由其中一方或基于某个角度提出的观点得到另一方或基于其他角度进行回应的程度；

c. 多样性：讨论参与者对公众主要立场的代表程度；

d. 尽职尽责：参与者对所有观点的价值进行认真衡量的程度；

e. 考虑的平等性：所有参与者提出的观点都会由于其观点本身的价值而被予以考虑的程度，不因提出者的身份不同而有所差异。

前三个标准可以通过协商民意测验的制度设计解决。顾问小组保证了信息的均衡和准确；训练有素的会议主持人和专家组的平衡等机制使得实质的平等在小组讨论中得以实现；随机抽样则确保了参与者的多样性。当然，分裂社会中不同族群或者民族之间的深层次矛盾，或者多民族协商中的民族差异，都能打破这些初衷。比如，这种分裂可能会破坏到对参与者的抽样或妨害到顾问委员会。但是如果上述制度设计都得到了充分执行，那么完成前三个标准就不成问题。可是，对于后两个标准而言则是另外一种情形。它们能否实现就取决于参与者对于如何参与到意见交换中的倾向性。

虽然这种倾向性可以收到激励，但不能通过立法所固定也不能通过制度设计来确定。并且人们参与讨论是所具有的倾向性对于任何项目而言都是其背景条件的一部分。在协商中，参与者必须审慎、认真地衡量这些观点自身的价值。因此，严重的民族或种族分裂会使他们看不到一些观点的价值，或者甚至使他们只考虑本群体意见的优点或者敌对群体意见的缺点。冲突的影响和深刻的身份认同差异使得他们无法接受共享公共品的诉求——确切地说，这是因为对于与敌对社群共享未来，他们的思想和心灵是封闭的。

在协商过程中，参与者还必须愿意平等的考虑所有参与者的意见，而不管这些观点是由谁提出的。显然，冲突或严重分裂的社会环境可能会令某些参与者完全忽视由对立社群（或社群们）所提出的意见。

因此，分裂的社会所要面临的问题就是，由于对立社群缺乏相互尊重以切实地彼此倾听，协商所要求的尽职参与和平等对待可能难于实现。他们缺少互信去认为尽责的参与是值得的。他们不会讨论有关议题的，并很可能认为敌对社群也是拒绝讨论的。

还有个关于尽责参与和平等对待的进一步条件，由于其太明显所以迄今尚未指出。然而，在某些情况下，它是很成问题的。为了协商，参与者必须能够相互交流。于是语言障碍很明显地会影响到分裂社会和跨民族协商。同时互相可理解性问题（和可用的交流方式）也适用于虚拟空间进行协商的实践。虚拟空间的协商形式能够同时跨越民族、地理以及社会分歧的界限等，但由于其所能提供的交流模式有限，它也限制了参与者的相互了解。

分裂的社会：跨越差异的协商

2001 年，在一个关于土著居民议题的全国性协商民意测验中，我们与澳大利亚议题审议中心合作。① 当时土著居民问题已经成为澳大利亚全国广泛讨论的话题。1999 年的一次全民公投曾经建议宪法增加一条承认原住民在澳大利亚历史中的角色的导言。然而，这项诞生自全民公投的建议却被否决了。同时关于土著居民中"被偷走的一代"也被大量揭露出来。从 1869 年开始一直到最近的 20 世纪 70 年代，土著儿童从他们的父母身边被带走并被安置到各种社会福利机构中。此期间内，至少有

---

① Pam Ryan 博士观察并创立了这一计划。两位澳大利亚的政治家：Ian Sinclair 和 Barry Jones，主持了全部的议程。关于更详细的信息，参见《和解：最终报告》，http：//ida. org. au/ UserFiles/File/Australia% 20Deliberates_ Reconciliation_ FINAL% 20REPORT. pdf_ 。

100000名儿童经历了这一强制迁移。法院对于受害者的赔偿诉讼请求的驳回，使得公共讨论集中于整个土著居民社会的生存状况。

在这一项目中，为此次协商民意测验成立的一个高层次顾问委员会批准了相关简述性文件，其内容包括这一问题的历史背景和解决该问题的竞争性政策选项。① 与"共和国的协商民意测验"使用的方法相同，他们从澳大利亚各族群中抽样选出代表，将这些代表召集到位于堪培拉的旧国会大厦，并为其协商过程和结果进行了全国性的广播。

与1120人的更大基线调查相比，这344名参与者在态度和人口分布等方面都是一个很好的抽样样本。尽管如此，土著居民项目还是提出了一个独特的问题。假如我们认为这次对话可能为两个不同的社群达成和解奠定基础，那么为了达成对话，从什么群体采集样本才是恰当的呢？将澳大利亚的人口作为一个整体来看，如果一个群体的人口要比原住民群体（包括土著居民和托雷斯海峡岛上居民）大得多，他们应当怎样被代表呢？原住民大概只相当于澳大利亚人口数量的2.5%（就2001年的人口普查而言），因此一个全国性的随机样本，即使其具备完美的代表性，也无法保证出现足够的土著居民和其他原住民代表，以实现每一个小组都有一名土著居民代表（如果抽样将参与者分为15个人左右一个小组）。即使在一个小组中能够有一位土著居民代表，如此小的比例也可能会使少数群体感到显著的力量悬殊。虽然按照协商民意测验的设计，在协商日的最后环节将通过匿名调查问卷征求意见，以避免达成共识的社会压力所形成的影响，但这样一种不均的代表性将会是可怕的，尽管我们原本的努力是与之相反的。

为了解决这些问题，本项目对原住民进行了超采样（除了344人的原始样本外，再增加了46人），这些人被随机分配到一些小组中（25个

---

① 咨询委员会包括前总理鲍勃·胡克；前国家党主席和下院发言人 Ian Sinclair；前议员和澳大利亚工党联邦领袖 Barry Jones；民主党参议员 Aden Ridgeway；原住民和托雷斯群岛岛民委员会主席 Geoff Clark；自由党国会议员 Sharman Stone（其同时是原住民和解委员会成员）和 Warren Entsch；自由党参议员 Jeannie Ferris；影子政府劳工部长 Bob McMullan；前原住民和解委员会主席；Evelyn Scott；前高等法院法官和对"被偷走的一代人"进行研究的《带他们回家》的作者 Ronald Wilson 爵士；前自由党部长 Fred Chaney；独立电影制片人 Rachel Perkins。更详细的内容（包括政府部长的参与）参见《和解：最终报告》http://ida. org. au/UserFiles/File/Australia%20Deliberates_ Reconciliation_ FINAL%20REPORT. pdf_ 。

小组中的其中 10 个）。① 但是将超采样样本随机分配到一些小组中，我们可以了解到在土著居民或其他澳大利亚原住民加入后其对小组讨论所带来的影响。结果表明所有的小组讨论都朝着同一个方向发展，一个倾向于更为和解、更加支持土著居民和其他原住民的方向。但是其中有土著居民等成员的小组在这一方向上走得更远，这显示出参与成员的构成对协商结果影响的重要性。当然，这个项目的一个独特之处在于，当其他项目聚焦于种族和民族矛盾时，它把一些参与者所体现的议题就是协商民意测验的主题。在其他的一些案例中，我们发现这种超采样看起来并不是必需的。以我们后文将提到的保加利亚人与罗姆人或者北爱尔兰的新教徒和天主教徒为例，他们每一个族群都有临界群体，可以通过随机抽样体现出来。

当样本代表完成协商之后，他们的观点改变得非常明显。认为这个国家面临的其中一个最重要的问题是与土著民群体和解的比例，从协商前的 31% 提高到协商后的 63%。在倾向于保守的执政联盟（自由党和国家党）的支持者中，则从一个相对低的比例攀升得更加明显（从 17% 提高到 61%）。主要由土著民人口组成的贫困州迅速加强了对医疗、住房、就业机会、教育、平均寿命、犯罪率和收入等领域的重视程度。

支持发布一项承认占据澳大利亚未得到原住民同意的正式声明的百分比由 68% 提高到 81%。支持官方应该正式向"被偷走的一代"道歉的百分比由 46% 提高到 68%，同时支持应该对那些被迫背井离乡的群体进行赔偿的百分比由 39% 提高到 61%。支持政府应该对土著居民进行援助的百分比也增加了，但认为发展教育和医疗应当处于特别优先的位置。尽管如此，支持在议会中给予原住民特别代表席位（如新西兰所做的那样）的百分比只有极少量的增加，并未获得多数票。与在其他协商民意测验一样，参与者对信息的了解也更为完备。这 8 个信息问题的指数显示其统计显著性平均增加了 23 个指数点。

虽然保守党政府总理约翰·霍华德拒绝在"被偷走的一代"问题上采取任何积极性行为，值得注意的是，2007 年工党上台后，新任总理陆克文发布了一份由参议院和众议院共同批准的官方致歉声明。

---

① 之后报告的"前测和后测"的结果都来自随机的抽样，而非对于澳洲原住民的"过度抽样"（oversample）。

2007 年，在保加利亚的一项全国性协商民意测验涉及的同样是应对独特的少数族群的问题，其具体指的是罗姆人。① 保加利亚的罗姆人生活贫困，大多住在贫民窟，没有受过足够的教育，并遭受到法律制度的压迫。在 700 多万人的保加利亚当中，大约有 70 万罗姆人。在所占人口比例接近 10% 的情况下，一个优质的取样就可以使罗姆人参与到小组讨论中，而不必处理我们在澳大利亚土著居民案例中所面临的超采样问题。

罗姆人居住在条件极度恶劣的分散社区中。大约有 40 万人居住在没有排污系统、自来水和铺设公路的典型贫民窟中。这些居住条件导致了严重的公共健康问题。三分之二的家庭都有患慢性病的病人，大约一半的罗姆人缺乏医疗保险。他们极端贫困：大约 64% 的罗姆人每天的生活费用只有 2 美元（保加利亚的贫困线），然而处于这一贫困线的只有 24% 的土耳其人和 9% 的保加利亚人。

罗姆人受教育状况也非常糟糕。接受过中学教育的保加利亚人占总人口的 69%，而罗姆人只有 7.2%。罗姆人的文盲率很高，专为罗姆人开设，用罗姆语授课的学校也缺少教师，于是只好采取"相互授课"的教学方式——让高年级的学生教低年级的学生。总体而言，有 70% 的学生在完成小学学业前就已经辍学。

罗姆人中的犯罪嫌疑人数尤其是入狱人数居高不下（分别是其占全国总人口比例的 4 倍和 8 倍）。没有罗姆人担任过法官，在司法制度中几乎没有罗姆人，而他们也很少能负担得起诉讼费用。

在这种困难的情况下，此次协商民意测验项目在全国范围内随机抽样了 255 人并让其一起在位于索菲亚的国家文化宫进行一次周末对话。样本中罗姆人的比重占到了 10% 左右。保加利亚国家电视台对这次周末对话进行了广泛的报道，与会者包括首相谢尔盖·斯塔尼舍夫和其他重要政治人物。

这次协商聚焦于三个政策领域：住房、犯罪率和教育。在每一个方面都存在着争论：一派主张让罗姆人全面融入保加利亚社会，另一派则主张对罗姆人实行单独和区别对待。

---

① 参见项目文件摘要第 7 页。尽管预计有 70 万人，但协商中只有 30 万人自认为罗姆人。参见 http://cdd.stanford.edu/docs/2007/bulgaria-roma - 2007.pdf。

在住房问题上，经协商后参与者较少支持与罗姆人分离居住，反而更多参与者支持采取措施以帮助罗姆人获得足够和合法的住房。那些认为"罗姆人应该居住在单独的罗姆人社区"的支持者比例从43%下降到21%；认为政府"应该使那些符合现有法律规定的建筑物合法化并拆除其余不符合规定的建筑物"的支持者从66%上升到77%。赞成"政府应该帮助那些住在违章建筑的罗姆人获得补偿贷款以建造新房"的支持者从47%增加到55%。协商后，参与者也更为重视在解决这些问题方面自身所应拥有的力量。那些赞成"罗姆人将更好地看护好用自己的资源所建造的住房"的支持者的比例从76%提高到91%。

当参与者进行协商后，他们愈加认同隔离罗姆人居住区产生了一系列问题。认为"罗姆人居住区所滋生的犯罪和疾病会影响到每一个人"的支持者比例从60%上升到69%。虽然参与者在应该采取何种措施的态度方面有些许缓和，但他们对罗姆人居住区中未付的电费账单仍颇为不满。比如说，认为"居民不按时缴费的社区应该被切断电源供应"的比例从82%降低到75%，比例仍然相当高。尽管如此，在经过协商后已经没有支持采取诸如"围绕着罗姆人的贫民窟修建隔离墙"之类的惩罚性措施了。经过协商后支持这一选项的人从最初的12%降低到仅有7%。

在审判罪犯方面，经协商后，参与者开始支持雇佣更多罗姆人进入警察和司法系统中。他们也更强烈地反对只针对罗姆人的警察检查。支持"政府应该雇佣更多罗姆人担任警察"的比例从32%增加到56%；同时支持"政府应该雇佣更多的罗姆人进入司法系统中"的支持者比例从26%增加到45%。同时更多的支持者也认为"警察针对罗姆人的更为频繁的检查是不公平的"。

在教育方面，经协商后，更多人支持让罗姆人孩子融入保加利亚人的学校中并关闭专为罗姆人开设的学校。支持"应该关闭罗姆人学校，所有孩子都应该乘校车进入新学校"的人数比例从42%增加到66%。支持保留罗姆人学校的人数比例亦显著下降。认为"应该保留罗姆人学校"的人数比例从46%降低到24%。经协商后，较少参与者倾向于认为保加利亚人会广泛地支持保留罗姆学校（协商前和协商后在保加利亚人中支持保留罗姆学校的人数比例分别为49%和31%）。在罗姆人自身群体中也出现了同样的情况（从协商前的62%下降到协商后的48%）。这些参与者还认为缺乏对保加利亚语言和文化的了解是罗姆人接受教育时面临的一个障碍。认为这障碍是使"罗姆孩子不愿意上学"的一个原因的人数比例从38%上升到59%。

在全部三个政策领域中，总的发展走向是使罗姆人在住房、审判罪犯和学校教育等方面实现更为全面的融合，而不是一个隔离、有差别的社会。罗姆人的参与者与整个协商参与者群体一起沿着这同一方向努力。当他们充分地了解了情况后，这两个曾经分离的族群在对一个共享未来的愿景上变得十分齐心。①

2007年1月在北爱尔兰的一项关于教育问题的协商民意测验，体现了长期处于纷争的群体是如何在一起进行协商。这项协商民意测验于奥马，一个曾在1998年遭受过臭名昭著的爱尔兰共和军炸击的小镇举行。协商民意测验帮助了一组由家长所构成的科学随机样本去解决在不同群体之间进行教育合作的可行性问题。当时北爱尔兰的教育基本上被新教和天主教所分割开来。但是随着国家级课程标准的强制实施和北爱尔兰人口的下降，这两个群体面临着如下抉择问题：是为符合新标准的要求而选择可能的合作形式，还是关闭或合并入学率较低的学校。

这是在近期才发生过暴力冲突的深度分裂社会中进行的第一次协商民意测验。它可以获取参与协商的代表性样本吗？这两个在实际生活中大致上隔离的群体能够相互影响并取得成果吗？信任和相互尊重被普遍认为是开展协商对话的前提条件。如果在初始阶段就缺乏这些要素，对话有可能进行吗？对话本身有可能使那些条件向前发展吗？

首先，这一项目召集了来自奥马地区的127位家长所组成的代表样本进行了为期一天的协商。这些参与者与其被从中抽取出来的最初基线调查的那600人非常匹配，但是他们在其中一方面显然并不具有代表性——那就是性别。与初次调查时的情况一样，女性代表的人数过多。很显然，愿意接受有关北爱尔兰教育问题的电话调查的女性比男性多得多（或者即使是通过在家庭中进行随机选择，男性也大多不愿意这样做）。尽管如此，参加协商时男性和女性参与者的态度转变是一样的，因此我们并不认

---

① 参见执行摘要《全国性协商民调——关于保加利亚的罗姆人政策》，Available at http：// cdd. stanford. edu/polls/bulgaria/2007/bulgaria-results. pdf。

为过多的女性代表会影响结果。①

最重要的是，每个群体的具体人口构成与整个奥马地区几乎一致。在参与者中，62.8%的人承认自己信奉天主教或有天主教背景。而根据人口普查，这个地区有63%是天主教徒（相对应的是33.9%的人承认自己是新教徒或者新教背景）。在其他的社会人口统计中，参与者和未参与者的情况都极为相似。比如说，未婚和已婚的比例，大学本科学历和研究生学历的比例，在参与协商和未参与协商的受访者中是几乎相同的。参与者和未参与者拥有孩子的平均数量也几乎相同。

关于受访者是联合主义者还是民族主义者这个问题，在基础调查和协商参与者中的比例是相似的，但两个调查都显示出大部分人没有回答这个问题或者说还没有决定。后者可能意味着某种程度的不信任或者这个社会中人们习惯于谨慎发表意见的程度。在其他态度问题上，受访者也提供了一个很好的抽样样本。尽管参与者在最开始更稍微倾向于支持学校之间的合作，但是在参与者和未参与者之间的政策态度上并没有出现显著的统计误差。② 在参与者和未参与者之间的最初认知水平实质上是相同的。

尽管这个项目的协商时间仅为有限的一天，但是显著改变了参与者之间对于彼此群体的观念。认为新教徒是在"坦率交流"的比例从36%增加到52%，认为天主教徒是在"坦率交流"的比例从40%增加到56%。认为彼此间的群体"值得信任"的比例也同样的增加。就天主教徒而言，比例从50%增加到62%；就新教徒而言就从50%增加到60%。

在政策态度方面也有显著的改变。比如说，认为需要在教授新课程方面进行合作的学校应该"与最近的相邻学校进行合作，即使彼此的宗教信仰不同"的比例从60%增加到72%。这一比例在新教徒和天主教徒双方的增加值大致相同。并且对于现在完全分离的体系有着更为强烈的改变意愿。支持"保留奥马地区所有类型的学校（包括教派学校、公立学校、私立学校、特殊教育学校，以及爱尔兰语学校）"的比例从协商前的60%

---

① 参加者中76%为女性。男女性参加者在39个议题中的37个向同一个方向分别发生了观点变化。参见《北爱尔兰首次协商民意咨询反映了信息充分的父母的意见》，http：//cdd. stan-ford. edu/polls/nireland/2007/omagh-results. pdf。

② 参见詹姆斯·费什金、Robert C. Luskin、Ian O'Flynn、David Russell《跨越深度分裂的审议》，协商民主中心工作论文，见 http：//cdd. stanford. edu。

降到之后的 43% 。对于是否现在的局面为零和博弈，是否一方获益必然导致另一方损失的问题，看法也有所改变。认为改变奥马地区的教育体系"能够使双方群体均衡受益"的比例由 40% 上升到 51% （另一选择是"对一方有利的改变将必然对另一方不利"）。参与者变得更加了解情况。总体认知指数增加了 30 个指数点，对某些问题的认知更增加了超过 50 个指数点。BBC 对此项目进行了半个小时的报道，决策层也对其进行了密切关注和广泛讨论。①

这些结果给如下一个基本问题提供了一个建设性的答案：在一个深度分裂的社会中，协商应该扮演一个什么角色？第一种观点认为它并不真正适用。这一观点认为，在缺乏相互信任和尊重的前提条件以及分歧如此显著的情况下，协商对话既不实用亦不实际。这种情形对精英和普通大众都适用。即使没有协商民主的空间，对于权力分享和"协商联合民主"还是存在讨价还价的空间。在"协商联合民主"之下，严密设计的精英关系使得分裂问题在决策过程中得以解决。② 但是在这一观点看来，就应该做什么的价值而进行的公开共同协商是幼稚或不适用的。

第二种可能的观点是将协商限制在精英阶层中，针对受严格限定议题的优先讨论，但使大众失去进行协商民主的动力。同样，这一观点也不是真正适用于协商民主，而仅仅可以理解为将公众纳入平衡且内容丰富的讨论中来，但是它也提供了协商政治的一种可能形式。这个选项的局限性在于它忽视了一个事实：即使在一个深度分裂的社会中，与为其代言的组织化利益集团相比，普通大众的意见并不是那么集中。相较于制定政策的精英而言大众群体对于政策制定的相对若参与性，为在有利条件下进行开诚布公的相互对话提供了机会。

第三种观点倾向于认同圈内协商，为避免不同群体之间的显性矛盾而将讨论局限在立场最相近的人之间，尽管如此，正如桑斯坦所指出的那样，圈内协商面临着走向极端化的风险。在任何情况下，它对促成跨越显

---

① 参见 http：//cdd. stanford. edu/polls/nireland/2007/omagh-video. html 的 BBC 广播。

② 对于深度分裂社会的"协商联合民主"的支持或反对的意见参见 Ian O'Flynn、David Russell 主编的《权力分享：分裂社会的新挑战》，伦敦，柏拉图出版社 2005 年版。

著差异群体之间的相互理解几乎没有作用，甚至还会加深分歧。①

第四种观点，即由本次实验中探索得出的，认为至少在有着较好平衡性和代表性的协商情况下，可以发展促进大众群体中的协商民主。公众的抽样代表所进行的协商努力，要求参与者设法克服在一个深度分裂社会中的相互信任和尊重的初始缺陷。协商是否能够在进行的过程中创造出其自身的前提条件是个实证性问题——也就是说，协商对话是否能够在自身基础上创造出足够高水平的相互信任和尊重，以使人们在完成协商过程之时能够考虑到在协商伊始并未顾及的彼此观点。北爱尔兰的实验对此已经给出了肯定的回答。协商后赞成天主教徒或新教徒是"值得信任的"或"开诚布公的"这一观点的人数比例大幅度提高。各种政策选项已经为在一个尊重两个群体孩子的利益的共享未来中推动教育事业向前发展规划好了蓝图。虽然还存有暴力冲突和相互猜疑的历史影响，公众还是能够走入一条建设性的道路上。

虚拟民主

迄今为止，我们所关注的都是面对面的协商。将科学抽样形成的样本代表召集到一个单独地方需要很多资源：交通、食宿以及一个小型会议所需要的所有后勤保障。1996 年在得克萨斯州奥斯丁市举行的国家事务讨论会，由于得到美国航空公司提供官方定期航线，交通费用得到了极大节省。安捷航空公司在澳大利亚关于共和问题的协商中也做了同样的安排。然而不论合作伙伴是谁，参会者在协商期间的交通和各项保障都是一笔很大的开支。

就理论上而言，如果抽样代表能够在网上协商，就能节省很多成本。虚拟空间可以在瞬间克服地域局限。即便如此，如果尝试将抽样代表的协商应用于虚拟空间中，就会出现两个新的问题。第一是科学样本的选取问

① 协商民意测验不支持桑斯坦关于受控状态下的平衡意见的群体极化规则不表示其反对桑斯坦对于非特殊情况下（如未经平衡的对话中的缺乏代表的团体）的极化的判断。对于分裂社会中审议的不同视角讨论参见 Ian O'Flynn《分裂社会和协商民主》，《英国政治学》2007 年第 37 期第 4 卷，第 731—751 页。以及 John S. Dryzek《分裂社会中的协商民主：激情和冷漠外的另一选择》，《政治理论》2005 年第 33 期，第 218—242 页。

题。数字鸿沟对此构成了挑战。许多原本可以被正常地选入随机样本中的人并不上网。那些缺乏网络条件的人们通常更为贫穷,教育程度较低,同时也更能够代表群体中的少数部分。如果他们被排除在外,那么抽样样本显然不具代表性。

第二个问题是交流的模式。大多数线上交流是以文本为基础的。结果就是通过话语和面对面讨论可以有效交流的许多线索被去掉了。除此之外,那些缺乏文字能力的人可能处于劣势。当然,那些不具备听说能力的人在口头协商中也可能处于不利地位,但是有很多有效的协助方法可以帮助那些有障碍的人,它们经常会应用于面对面的协商民意测验中。

我们已经在网络上进行过几轮协商民意测验,尝试用各种方法应对以上两个挑战。首先,我们为缺乏电脑的人士提供电脑,以解决数字鸿沟的问题。对于第二个交流方式问题,我们运用话语而不是文本,并在特别软件的辅助下,主持人可以召集小组每周进行一次协商。几周以后,参与者接受与最初内容相同的调查问卷。观点的变化表现出抽样代表做出了经过审慎思考的判断,而同样的情况也很易在没有参与协商的前测—后测对照组中发现。这种基础性设计已经被用了很多次,许多项目还对此进行了创新,即通过从超过一百万人的大型网络小组中进行匹配特征的抽样,并将选取出来的样本随机分配到实验组和对照组中,由此节省了购买电脑的花费。

在 2003 年,我们进行了第一次网络协商民意测验,并同时进行面对面的协商民意测验,而他们的议题都是美国的外交政策。在网络协商项目中,由知识网络公司选出的 280 名协商代表所组成了实验组,他们于四周的时间内在随机分配到的小组中每周进行两次,时间各为一小时的协商。对照组在此时间前后也回答相同的问题,但不进行协商。在面对面协商项目中,专家所回答的问题与小组相同。这些专家是通过美国公共广播公司(项目的媒体合伙人及合作方)网站上的新闻 60 分挑选出来的,同时这些答案在每周例会间歇都会公布在网上。

面对面协商中的政策态度上存在许多显著变化。比如,关于美国外交政策就主张把焦点放在向贫穷国家提供食品和医疗援助的人数比例从 51% 提高到 67%;保障其他国家的人权从 49% 提高到 61%;保护弱小国家免受侵略的从 50% 提高到 60%。更多人关注如何解决全球变暖问题、更多人要求汽车提高里程数，即使这会使汽车减小马力、更多人要求更清洁的电能生产，即使这会使其更加昂贵。在面对面民主协商过程中，人们获得了大量信息，正是获得这些信息使人们改变了上述观点。

与此同时，在费城也举行一个全国规模的面对面协商民意测验，公共广播公司还对其进行了全国性的报道。在面对面和网络协商中的观点基本上都是朝着同一个方向转变。与单独的对照组相比，在两个项目中所产生的改变都成立（网络协商有一个前测—后测对照组，而面对面协商仅有后测对照组）。面对面协商项目中的观点在同一方向上改变的更大。与一周两次、每次一小时、在家通过电脑屏幕的分散式协商相比，整个周末进行的面对面协商可能是一种更为集中的强化过程。并且，在线被调查者在接受调查以外的时间还生活在其日常环境之中。在结构化的协商之间，他们有自身日常的谈话伙伴和新闻来源。面对面的协商参与者被带到一个地方，在这里他们从早到晚地与其他参与者进行互动。①

尽管存在这些差异，网络协商这种方式清楚地表明，通过科学抽样产生的抽样代表协商可以应用于虚拟空间。这种具有代表性和信息完备的协商与那些充斥着"自我选择听众民意测验"（Self-Selected Listener Opinion Poll，SLOP）的媒体网站上的"快速投票"截然相反。

其他两个与 MacNeil/Lehrer Production 合作的网络协商项目是在选举的背景下进行的。在 2004 年总统选举的初选阶段，一项类似的网络协商民意测验讨论了竞选中的议题以及候选人的立场等。除了制作有关这些议题的简报外，参与者还获得一张包含竞选演讲和广告摘录内容的多媒体 CD。这些资料尽可能把宣传时间平均分配给九个民主党候选人和布什总统。每份资料都包括候选人的自我介绍，以及大致相等篇幅、候选人对各种议题立场的介绍。

在初选过程的早期阶段信息并不是很充分，选民甚至无法以党派为暗示在候选人之间进行选择。如果他们有机会进行更多思考和讨论，变得更加了解情况，他们会在何种基础上做出决定呢？一些重要因素包括竞选能

---

① Robert C. Luskin、詹姆斯·费什金、Shanto Iyengar：《对美国外交政策的审慎意见：来自网络和面对面协商民意咨询的意见》，参见 http：//cdd. stanford. edu/research/papers/2006/foreign-policy. pdf_　。

力（即哪一位候选人最有可能胜出大选），候选人的品质（人格特质，比如候选人是否真诚、聪明，或者"想法和我一样"）和政策立场。这很明显地显示出在初选阶段投票者主要关注的是候选人的个人品质。从某些方面来说，这是个具有启发性或者简化信息的策略。比起检查这些候选人的政策细节，评估他们做人的品质要容易得多。协商民意测验中的一个重要问题就在于，选民在一个协商环境中是否能够认真考虑政策因素。将他们和候选人置于以下四个政策领域中：贸易，多边合作，政府支出偏好和税收。候选人的政策立场与选民自身在这四个方面的立场之间的差异形成了政策的可变因素。

对照组中的选民不进行协商，但是要在测验前后回答同样问题，认为个人品质是候选人赢得支持的最有力的预示条件。竞选能力只是很次要的因素，政策立场则不是因素之一。但是，在进行协商的小组中，对于协商者而言，政策立场和竞选能力同样重要。虽然候选人的个人品质仍是最重要的因素，但是协商者也在很认真衡量候选人提出的政策建议与他们自身的偏好有多相近。

在 2004 年总统大选时所进行的第二个网络协商民意测验项目中，其主要过程是调查大选中对于候选人的选择。在这个项目中，政策立场又一次成为选择候选人的重要因素，但是在这次协商中出现了政策因素作用的增强和人格特质或候选者个人品质因素作用的减弱。当然，在大选阶段候选人之间的政策差异要比在初选阶段大，但是在两个项目中，政策立场因素作用都在增强，再次确定了普通公民有能力成为协商式选民的可能性。[1]

另一个全国范围内的网络协商民意测验于 2008 年初选的前夕进行，其关注的问题是政治改革。由 Colonial Williamsburg 基金会发起，MacNeil/Lehrer Production 公司作为媒体合作伙伴，这次网络协商民意测验召集了301 名协商者进行了共四次、每次一小时的协商，一个达 1000 人的对照组。[2] 这些讨论集中在民主中，公民作用的四个方面：政治参与、运用选

---

① 参见 Luskin《审慎的选民》。
② 此被 YouGov、Polimetrix 利用的样本来自有超过 100 万参与者的论坛。其体现了社会人口的因待遇和控制产生的高度多样性。

择、信息完备和公共服务。在每一个方面，都有对基本目标以及达成该基本目标的具体政策建议所具有的重要性的赞成和反对意见。

这四个问题方面在统计上都有显著的意见改变和信息的大量获取。样本群体了解到很多信息，并因此改变了他们的观点。实际上，从协商过程的开始到结束，协商者对 56 个政策问题中的 39 个（66%）的态度都有了重大转变。[①] 这个项目是值得注意的，因为它通过每周一小时的网络协商，对我们的制度是否应该在多方面进行重大转变这一基本问题进行了相对适度的干预。其结果表明，对于关系重大的民主基本价值问题的兴趣在不断上升，而对于如何实施这些价值所采用的提案却差异不大。

当公民完成协商后，他们增强了对政治参与重要性的认识，但是他们对于何种提案应当鼓励政治参与还是有所选择。赞成"在选举中进行投票"对于"做一个好公民来说很重要"的比例从 90% 上升到 96%；认为"日益增加的政治参与"是"很重要的"的比例从 88% 上升到 93%。支持"允许选举日登记"的比例从 47% 上升到 54%；支持"允许重罪犯在服刑完毕以后可以投票"的比例从 52% 上升到 62%。然而，支持"把选举日作为全国性假日"的比例从 58% 下降到 49%。许多参与者在讨论中表示有了早期投票和缺席选举人票，并不需要放弃工作来参加投票。他们意识到全国假期是需要付出代价的。这里也出现了对澳大利亚的强制投票的反对。反对"对不参与投票者进行罚款"的比例从 68% 上升到 78%。总而言之，参与者支持用自愿方式使得当前制度变得更具参与性和包容性，但是他们反对强制投票，并认为全国性假日是不必要的。

对于第二个问题，协商者更意识到现有的制度并不能给投票者提供足够的选择。无论他们对此如何看待，对于补救措施他们仍然是存在选择性的。赞成"美国的选举目前并没有给予选民足够的选择"的比例从 59% 上升到 68%。

支持"使第三党的候选人参与竞选更为容易"的比例从 70% 上升到 79%。参与者也更加支持全国初选。认为应该"更有效地增加选民选择"，"要求所有州在同一天进行总统初选"的比例从 48% 增加到 66%。支持"所有选民，不管其居住在何处，应该在选择总统候选人上有平等

[①] 　这些变化通过对于控制组的前后变化体现。

的话语权"的比例从 84% 上升到 90%。很明显,有观点认为未进行早期初选的州应该在总统选举中有一定的话语权,而全国性的初选应该有助于这个目标的实现。

但是,对任期限制的支持率就有所下降。在一些专家倡导将任期限制作为终止任期保护和增加选择的策略时,支持对参议员的任期限制的比例从 69% 下降到 59%。支持"人们有权去选择工作优秀的立法者,而不管其在这个岗位上工作了多长时间"这一主张的比例居高不下。

关于第三个问题,是否存在着可以让投票者更加了解情况的方法,赞成"与其他人讨论政治非常重要"的协商者比例从 67% 增加到 81%;赞成"获取有关政治和政治问题的完备信息很重要"的比例从 92% 提高到 97%。尽管如此,他们对于能够确保公民更加了解情况的政策提议也是有着选择性。

支持要求"广播公司报道更多的公共事务节目"的比例从 51% 增加到 69%。支持"对报道候选人的电视节目时段免费"的比例从 57% 增加到 71%。也有观点认为"政治候选人在竞选中应该更关注政策议题"(支持比例从 88% 增加到 97%)。认为政治候选人现在"在竞选中过于把焦点集中在攻击其他候选人"的比率也相对较高。

尽管如此,支持通过对接通因特网进行补贴以使公民更加掌握信息的比例急剧下降。支持"运用公共资金使每个公民有机会使用因特网"的比例从 44% 下降到 33%。同时,对于支持为无党派公民教育团体提供公共资金以使选民更加了解情况的比例几乎没有变化,其从 49% 变化到 52%(在统计上并不显著的一点)。

关于最后一个问题,公共服务,协商者再次提高了他们对公民义务问题的重要性的认识,但是他们坚持认为应该采取自愿而非强制的手段去达成目标。认同"通过服兵役或其他公共服务贡献国家的重要性"的比例从 72% 提高到 79%。但是协商者强调应该扩大自愿提供公共服务的机会而并非运用任何强制形式。

支持"保持公共服务自愿性但是扩大诸如美国志愿队以及和平工作队等公共服务项目"的比例从 66% 提高到 78%。但是支持"在军事或民用项目中"开展强制性公共服务的比例从 44% 下降到 32%。

协商之后,更多人同意"强制性公共服务有悖于自由理念"(比例从

53%提高到64%）。反对义务兵役制的比例从68%上升到76%。也有更多人认为雇佣役制有很多优势（比如认为它能"确保战士更有动力，更加适应部队生活"的比例从61%上升到68%）。支持"在实行雇佣兵役制后把服务负担转移给教育程度较低和就业机会较少的贫困群体"的比例从47%下降到44%。

　　通过仅仅四小时的协商，协商者就关于如何实现所期待的政治和社会生活价值上表现出一系列细微的区别。我们制度中所要求的这些改变意义重大。这些结果对于公众所能在反思中接受和予以反对的改革指明了前进方向。他们会支持在同一天进行登记并投票以提高参与率，但是反对设立一个全国性假日。他们会支持免费的电视节目时段以使投票者获得更充分的信息，但是却反对使用因特网进行公共补贴。他们支持改革选举团制度以增加选择机会但是反对任期限制。他们会支持扩大公共服务项目，但是反对使之强制化。虽然这些改变极多并且意义重大，但是在四个星期的时间跨度内进行的四小时协商很难穷尽将抽样代表协商应用于现实环境的潜能。我们可以设想进行网络协商，这种网络协商可以持续数月而不是几周，可以充分利用其在后勤方面的优势，即人们在家中也可以进行参与而不需要去一个特定的地点。把全国人民置于一个虚拟空间进行协商可能会持续数月甚至数年。基于这些设想，虽然网络协商民意测验能够将全国协商的成本削减掉90%，但认为网络协商民意测验的结果必然比面对面的协商更为适度，这一结论可能过于草率。很有可能的是，技术肯定有利于促进协商民主的代表性和信息完备程度的频率和范围。我们最初所开展的这些项目仅仅是尝试将这种方法应用于网络环境的萌芽罢了。[1]

欧洲范围内公共领域的问题

　　欧盟的民主商议问题包含了我们迄今为止讨论到的所有挑战，并且还有一些另外的问题。首先，这里存在着广泛认知的"民主赤字"问题，

① 参见 Joseph Cappella，Vincent Price 和 Lilach Nir 可用于分析网络协商质量的努力，《论点质量作为意见质量的可靠和有效的衡量：2000 年选战中的电子对话》，《政治传播》2002 年第 19 期，第 73—93 页。

即政策精英被认为孤立于公众的期望之外。但是这里的"公众"是指什么？欧盟有 27 个成员国，每一个成员国都有自己的政治制度和公共讨论。欧盟虽然也有自己的议会，但其作为一个国家联盟定位于国际关系和新生联盟之间的灰色区域，欧盟议会被公认为在推动政策实施方面的力量微薄。因此对公众或公众们的定义可能是我们要讨论的第一个问题。应该是以欧盟作为一个整体来进行协商，还是在每个成员国分别进行协商？整体协商具有在单个的讨论中共同对不同的价值、利益和视角进行考虑的优点，具有争议性的观点可以得到考虑和回应。分别协商更靠近权力中心，因为每个国家都希望独立自主地做出决定。从某种程度上说，欧盟是各独立主权国家间缔结条约而创造形成，因此独立的协商是完全有根据的。但从另一方面来说，作为一个致力于共享公共领域的新生联盟，一个整体的协商又是它所渴望的。

其次根据民主理论，欧盟的发展似乎陷入了一个根本性并且反复出现的两难境地，在如何以更为适度的规模进行候选人选择和政策选择方面反复处于一个跨国性的两难境地之中。直接与人民进行协商，但人民并未获得充分的信息，只会导致空洞的全民公投式的政治形态。但是只与精英协商，看起来既不够民主且与人民的关切点背道而驰。在希腊的协商民意测验中，我们看到了一个全国性的政党在候选人选择中是怎样面对这些问题的。协商民意测验提供了一条走出候选人是一方面应该由政党领导人选出，还是应该由普通大众选出这一两难困境的路径。[①] 在欧盟，如果决定是由政党和议会做出选择，那么人民就被剥夺了意见表达的机会。但如果这件事情直接由人民决定，就像 2005 年法国和荷兰对欧盟宪法草案的全民公决，或者 2008 年爱尔兰对里斯本条约的表决，那么这个决定可能被置于远离欧盟实质关注的基础上，这些关注是公众通常不关心且不了解的。

根本而言，这与美国开国元勋们在批准美国新宪法时所面临的问题是相同的，但是他们避免了用全民公决（除了公众在罗德岛的抗议）。结果他们饱受反联邦者对于将决定权置于特权阶级手中的指责。就像罗德岛否决了美国宪法那样，爱尔兰否决了欧盟"宪法"。在这两个例子中，国家

---

① Papandreou：《通过数字挑选选民》。

都是受制于现存的多国家关系，即邦联条约或者当前的欧盟条约；但是在美国的例子中，事情的最终是由武力威胁解决，而这种方式是欧盟所不能接受的。

这些情况中，存在另一个选项可以将人民的理性意见带入协商过程中。通过科学抽样挑选出的协商抽样代表，其在基本概念上与古雅典时期由多数抽签选择出来的少数代表并没有太大不同。[①] 这种方式提供了一个中间地带，或者说第三条道路：介乎于大众全民公投式协商与精英决定之间，介乎于政治平等但缺乏协商的大众与政治不平等但是协商更多的精英之间。

由于欧盟被看作一项主要由精英所推动的计划，周期性地受到公投式民主爆发所带来的颠覆性改变，因此存在着通过抽样代表协商去填补中间地带的战略机遇。但是还有一些别的挑战。有一些挑战是欧盟所特有的，还有一些是实际上我们已经在其他情况下面临的问题的重演。

迄今为止，我们已讨论过的地方、地区和全国性的协商进程，有一个重要的背景条件——存在或者至少在某种程度上存在"公共领域"——公共领域是一个共享的公共空间，在这一空间里，公众意见可以形成并有助于形成集体意志。这一公共领域存在两个基本问题——形成于此领域中的公众意见的可信度如何，该意见的结果重要性如何？可信度可以由我们之前所讨论到的标准来衡量。它是周详的吗？它是在信息充分条件下形成的吗？它因为不平等或两极化的影响而导致失真了吗？无论它是否确实是民主赤字问题所引发的结果，欧盟的政策精英被认为与公众意见相疏离且缺乏回应性。

这里只有一些被削弱了的观点可以称为欧盟的公共意见。在既有的民族国家内部存在着某种程度上对于欧盟事务的公众意见，形成讨论的公共领域被国家界限、语言界限及其相应的媒体市场所分割开来。当然，虚拟空间的讨论某种程度上跨越了地域界限，但是语言仍然是一个障碍。一般情况下，说法语的和说法语的人讨论，说德语的和说德语的讨论，说保加利亚语的和说保加利亚语的人讨论，以此类推。在共同讨论和集体讨论

---

① 重要的不同当时是总人口中有限人数的公民将其名字提交以备抽签。参见 Hansen《雅典民主》，第 181 页。

中，欧盟基本上已经被民族国家所瓦解，尽管这里存在着诸如欧洲议会、欧盟委员会、欧洲法院、欧盟中央银行和欧盟部长理事会等超国家机构。即使在民族国家层面，欧洲事务所受到的公众关注程度和公众对欧洲事务所具有的信息完备程度都比较低。欧洲议会的选举以"次级选举"而闻名，[①] 在几乎没有讨论过其自身实质价值的情况下，就被认定为国家政治的副产品。如果对公共领域有效性的两项检验是指公众意见的可信度和结果重要性，[②] 很明显可以看出在跨国或欧盟层面上都没有通过这两项检验，即使是在绝大多数欧盟成员国的个体层面上，这两项检验也没有成功通过。[③]

在欧盟，民主所面临的第一个挑战是其公共领域的衰弱本质及其与之相联系的民主赤字。第二个挑战是我们之前已看到欧盟所包含的种族和民族严重分化——东欧绝大部分国家的罗姆人和大多数人口之间、北爱尔兰的新教徒和天主教徒之间、比利时的法语人口和佛兰德语人口之间、塞浦路斯的希腊族群和土耳其族群之间，以及许多其他情况等。这些群体能一起进行协商吗?[④] 他们会讨论一个共同的未来吗？如果他们被置于一个更广阔的对话中，不具有地方性讨论常见的零和博弈特征，协商是否更易于实现？

第三个挑战是进行交流和相互理解的真正可能性。在欧盟中有 23 种官方语言。正如我们所看到，对于在欧盟形成一个共同的公共领域，语言是个巨大的障碍。一个泛欧洲范围的公共领域的抽样群体，如果要真正代表人民，就必须运用技术手段克服语言障碍。在这方面，欧盟范围内所采取的相关措施有点类似虚拟空间中的协商项目。一种技术——在此情况中即指同声传译耳机装置——对于促使这种对话可能是必要的。

---

　　① 参见 Hermann Schmitt《2004 年 6 月的欧洲议会选举：仍是两阶段？》，《西欧政治学》，2005 年第 28 期第 3 卷，第 650—679 页。"二阶段选举"的论题仍适用于欧盟旧成员，但较少用于新成员。

　　② 参见 Fraser《反思公共空间》为两个检验标准的案例的总结。

　　③ 对于欧盟的知识水平在一些欧盟国家很低。但曾经就欧盟议题进行过七次全民公投的丹麦除外。

　　④ 这些冲突曾经在全欧盟范围的协商民意咨询的对话中被印发。参见大组讨论中"同一屋檐下的欧洲"中塞浦路斯的希腊和土耳其在场下的争论和关于北爱尔兰问题在发言人之间的争论。

　　第四个挑战来自欧盟作为一个跨国实体所具有的独特性质，欧盟既具有一个联邦制国家的某些特征，也具有一个由各单个国家构成的集合体的某些特征。在这个集合体中，这些国家之间存在各种条约关系，并在诸如货币政策和共同边境等领域中存在着不同程度的合作。如果认为公共协商有助于集体意志的形成，那么相关的公众是什么？对协商结果进行评价的相关机构是什么？谁被咨询并且各种咨询面向谁进行？即使是在最好的情况下，谁是这些协商结果的接受者？对欧盟事务进行公共协商的一个策略是使其在民族国家的层面进行，在那里有便于开展协商的明确的民众、政府官员和机构。欧盟事务在国家层面存在着许多公民投票和不计其数的民意测验。在英国和丹麦已经有关于欧盟事务的国家层面上的协商民意测验。但是这些努力对于形成欧洲范围内的统一意见并没有多少实际作用的。欧洲范围层面或者欧盟机构与日俱增的权威性中的这些问题并不能在其各个成员国的内部得到解决。

　　当然，从某些角度来看，如果在精英阶层而非普通公众（或国家范围内的公众）之间进行协商，欧盟可能会发展得更好一些，因为信息尚不完备的公众所进行的协商可能是危险或不负责任的。[①] 但是民族国家内部所日益接受的民主标准——能使任何事务更加直接、参与性更强的这些标准看起来更具民主性——会使跨国间的精英单一决策模式看起来不具有民主性和回应性。因此，对某种形式的欧盟范围内公共协商的要求产生了。即如果协商本身被各国家所分解，那么以欧盟的角度来看，国家之间的差异性并不会彼此影响。新欧洲的关注点与旧欧洲并没有多少交集。北欧高福利国家的关注点，与那些养老金和社会福利保障都还有待完善的南欧国家也没有多少交集。这将会出现一系列"圈内协商"，在这种"圈内协商"中可能会令其他国家或者对某种国家的旧习产生误传。

　　一个公共领域就是一个协商交流系统。但它是必要的吗？就涉及我们已经探讨过的一些民主理论而言，它并不是。并不是所有的民主理论所认同亟须形成集体意志。熊彼特学说主张者或单一竞争性民主都不空谈民主

---

　　① 一个波斯纳的支持者对于欧盟问题的观点好的表达，参见 Andrew Moravsci《另一个角度》，http：//www. princeton. edu/~amoravcs/library/E! Sharp. pdf_ 。

能表达出人民的意志。按照他们的观点,民主不过是为获取人民选票的竞争性较量,它能够有利于和平解决权力争斗,决定一段时间内哪个精英集团行使权力,而竞争性的精英集团可以轮流执政。这种最低限度的民主理论也寻求通过宪政和司法判决来保护人民的权利。因此,我们之前将其归类为通过竞争性选举程序保证政治平等和通过保护人民权利以避免暴政。为权力更替提供司法保障和以和平的方式进行权力更替是重要的成就。在竞争性民主看来,这些竞选阵营是以独立状态还是以联合方式进行竞争都是无关紧要的。只要存在有对选票的竞争性争夺和对人民权利的保护,那么就符合这个理论的要求。任何对于民主的更加雄心勃勃的主张都是幻想。

但是如若否定公共意志形成所具有的意义,竞争性民主拥有的只是没有灵魂的民主机制。决策能力本应是推动民主进程的,为了在一个几乎没有限制的敌对竞争过程中获胜,而采用任何方式进行各种努力,决策能力就仅仅是这种情况下的努力结果罢了。所以,如果选举是通过操纵或诡计,是通过欺骗冷漠的公众而获胜,那么也不过是政治的粗野游戏的表现方式罢了。

另外两种民主理论也缺乏对公众协商的关注。对于参与式民主而言,参与性和政治平等是并重的,它关注公民是否参与以及他们的投票是否被平等计算。它并没有把人民对于协商的要求放在首要地位。如果人民认真思考并在投票前获得充分信息,这个理论可以是不俗的,但对于这一理论而言,关键在于人民是否能在实质上参与进来。

我们四个理论中的另一个,精英协商,其认为通过代表的间接表达就能够把任何公共意见都吸纳进来。精英阶层表达了他们自认的公众的意见,或者可能仅仅是精英阶层自身的所思所想。他们"精炼和扩大了公共意见",但是,作为"由选举产生的公民团体",选举产生的代表对这些公众意见进行这种精练和扩大。公共大众的协商并不受欢迎,甚至被认为是危险的。因此,公民协商的理念在一些观点看来是乌托邦的、误导的或不负责任的。这一点无论如何都不会成为所有民主理论的共识。

这一理念在欧洲范围的环境中尤其面临挑战。在欧盟,一些评论家深信不疑地认为可以寻求到一系列更为发达的分散于各个国家层面的公共领域。① 但是正如南希·弗雷泽所指出的，这种策略是试图限制公共领域的应用，尤其是限制了集体意见的形成，而进入那种日益过时的由各个民族国家构成的"威斯特伐利亚"体系中——在一个人口和观念愈加流动的世界，民族国家的疆界不再在政治上或者经济上对决策或者决策效果形成有效界限，或者对劳动力的流动，以及贸易和交流进程等构成有效的界限。如果民主是有意义的，欧洲的观念需要调整以适应一个跨国性的公共领域。

弗雷泽将国家层面的公共领域观点概括为六个方面，并要求在日益普遍的跨国环境下对其进行认真修正。欧盟在这六个方面的分化已经达到了一个较高的程度。最初的哈贝马斯式观点所认为的公众意见可以被筛选形成供决策参考的集体意见的公共领域，可以在一个特定的民族国家范围内得以实现。虽然哈贝马斯业已承认了将这一观点应用于跨国范围的种种困难，但根据他的观点，这些困难只是加强了进行系统性的试验以解决这些问题的紧迫性。否则，欧盟对其成员国权力的日益蚕食将进一步加剧民主赤字，因为行使这些权力缺乏民主合法性。如果欧盟出现"宪法创新完全独立"的情况，那么就会导致"由于现存制度框架内的经济和社会动力使其通过欧盟法律永久地蚕食国家权力进而使民主赤字日益膨胀"的危险。新型的跨国家合法性形式是必要的，但是其面临着如下困难：欧洲范围内公共领域的不发达状况以及由"公共意识碎片化"所带给我们的"一个曾是幻想的未来——即何种社会仍能够通过政治意志和意识来决定自身命运的民主幻想"。②

弗雷泽详述了要在超越民族国家的层面，尤其是欧盟范围内形成民主意志所要面临的挑战。以下会对明显与传统公共领域相背离的六个假设进行思考：

a. 国家主权在民族国家的领土疆界内行使。当欧盟通过各种条约和官僚政治的蚕食而获得了更多权力时，决策是在布鲁塞尔做出的，而不是在特定的民族国家内部。

---

① Andrew Moravcsik：《我们能从欧盟宪法的失败中学到什么》，http：//www. princeton. edu/~amoravcs/library/PVS04. pdf。

② 尤根·哈贝马斯：《评论 Dieter Grimm 的〈欧洲需要宪法呢〉》，《欧洲法学刊》1995 年第 1 期 2 卷（11 月），第 303—307 页，尤其是第 305 页。

b. 经济体是基于一个民族国家进行区域划分的。总体而言，这一假设在一个全球化的世界里已经越来越软弱无力，欧盟许多关键的经济决策很明显不是某个国家能够决定的事情，而是在欧洲范围内或者一个加速一体化的欧洲中，通过欧元区等中央集权性制度来实现的。

c. 民主协商对话于民族国家疆域内的国民群体中发生。伴随着欧盟国家之间人员的自由流动已经成为一项权利，加上欧盟公民权观念的兴起，传统民族国家的界限已经明显被超越。

d. 应该让各国语言存在。在拥有 23 种官方语言的情况下，在同一对话中不会同时存在相互理解的共识性基础。于是，一些国家开始着手应对多语种的问题，比如瑞士就在其发展民主的长期过程中，将语言多样性作为其身份认同的一个关键。三种语言和二十多种语言之间情况大不相同。

e. 应该让各国的文字、文化和身份认同存在。很明显这里存在着各国的多种文字，但对于共同的文化和身份只有极少认同。

f. 应该有一个共同的交流基础去促进共同对话。语言差异和各国对广播媒体的规制已经打破了这种可能性。

弗雷泽发现，上述因素在传统的民族国家也在被逐渐摒弃。但是拥有 27 个民族国家的欧洲显然会使其所面临的挑战更为显著。欧盟那声名狼藉的民主赤字在很大程度上已经形成一种精英阶层和普通大众之间的隔阂，精英阶层对参与协商没有达成共识，而普通大众可能没有真正意识到欧盟决策所存在的问题和挑战。缺乏对其决定进行支持和提供投入的公共领域，进行协商的精英只会削弱麦迪逊式的精英协商模式。如果如此多的公众几乎不能彼此认识，加上来自不同国家的精英用不同语言基于不同关注表达其观点，而在民众阶层几乎不存在线索表明公众如何可以对这些观点提出其建议，那么，代议者如何能够提炼和扩大公众意见呢？精英们即使基于其美德尽责地进行协商，有可能只会增强一种认识，即他们来自不同的星球，并且与他们所代表的不同公众的各种关注相脱节。

在不存在一个欧洲范围的公共领域情况下，参与式民主将缺乏形成集体意见的任何基础。把在欧盟事务中实行参与式民主放到一边，我们还剩下三个选择：我们可以使精英几乎不必进行协商而进行最为激烈的竞争（这符合竞争性民主模式），或者由精英来进行审慎的决断（这符合精英协商模式），或者我们可以将欧洲视为一个整体而运用抽样代表协商的策略，以使公众参与到协商民主中来。如果有人相信存在着一个欧洲范围内的公共领域的可能性，那么抽样代表策略的价值在于它可以代表公共领域原本的样子。通过模拟跨越国界和语言的代表间对话，使欧洲社区的构想变成了现实。它的意义比仅仅加深民族国家内部对话的努力更深远。即便让每个国家的大众都参与进来，协商也只能局限于每个国家自身的疆界范围内。但如果把整个欧盟的抽样代表集中到一个地方，那么就可以进行一项对话，公众中的所有主要观点都用一种切实的方式进入到同一个对话当中，其中基于不同视角的观点可以相互辩论。

如同我们之前已看到的，如何将共同公众意见和一个特定地点由相对较少团体进行协商的意见相对接，J. S. 米勒的民意大会对其具体情形进行了勾勒。如果意见的分布如同其在整体人口中的分布一样，那么社会中的每一个人都会发现自己的立场捍卫得比其本人能做到的一样或者更好，并且对自己立场所得到来自其他立场的回应，也和持其他立场者本人能够做出的回应一样活着更好。那么，有关事项的任何决定都应被认为是"什么被视为是更好的理由"而非"仅仅是一个行动意愿"。民意大会所具有的代表性确保了社会中的所有主要观点都能得到表达。把代表们聚集到一个单独地方，确保了协商是在每个人之间进行，而不是在各自平行的世界中坚持其相对立的观点。

如果仅仅在抽样代表的层面，这种模式能够运作起来以形成欧洲的公共领域吗？在一个更广泛意义的社会里，只有进行共同讨论的公共空间被认为已经存在的情况下，米勒的模式才会被提议到立法机关。但是在民族、语言和政治文化存在巨大差异，拥有大规模的人口及其差异性的历史等情况下，协商民主，甚至是在试验阶段中，能够运转起来吗？

总结一下这些挑战，其包括欧盟现存在的 27 个国家，公众使用着 23 种官方语言，组建了沟通机制却又在相当程度上根据各个民族国家间的界限分隔开来。当然，诸如互联网甚或卫星、光缆等新技术想跨越国界是取决于受众兴趣、市场动机以及复杂的管理决策。然而其结果，特别在欧洲事务问题上，却大多是一系列封闭或分隔的公共领域——这些公共领域按照前述的任何标准，甚至在国家内部事务中，都在某种程度上受到了削弱。形成公共意见的能力甚至在国内事务层面也是有限的。就欧盟事务而言，既缺乏公众交往结构，也不具有形成集体意志的群众基础，因为欧盟事务通常不是突出的问题，并且经常受错误信息和不平衡的讨论左右（特别是关于共同的农业政策、就业政策等）。就算是他们在讨论欧洲，每个国家和语言社区都有各自的对话。即使他们确实一起进行协商，那么这种协商所具有的平衡性、信息完备程度以及认真参与事务讨论的意愿等也比较低。

把欧洲放在一个框架内

2007 年 10 月的一个周末，在布鲁塞尔，通过在整个欧盟范围内进行科学随机抽样而选出来的抽样代表被集中到一个单独的地方——位于布鲁塞尔的欧洲议会大厦。当然，议会是经选举产生的代表进行精英式协商的大本营。但是这是第一次将从全欧洲范围内科学选取的抽样代表聚集在同一空间内，共同去权衡影响欧盟未来的公共事务。[①] 这 362 名受访样本是从 27 个国家中接受法国索福莱斯民意调查中心访问的 3500 名受访者这一初始样本中选取出的。正如其他协商民意测验一样，受访者要完成一份全面的初始调查问卷才能受邀参与协商，形成对参与者与非参与者在态度和人口方面进行比较的可能。

在这一项目开始之前，我们面临着一个概念上的问题：即这是 27 个国家的人口样本还是 1 个国家的人口样本？是 27 个国家的样本还是将欧洲作为一个整体而形成的样本？如果它是 27 种人口、27 个不同国家的样本，那么对于这种欧洲民意调查，我们就可能需要从每个国家抽取一定数量的人口。欧洲民意调查是通过有代表性地从每个国家抽取 1000 名受访者来进行的（除了很小的国家如马耳他）。但是如果我们将欧洲所有人口作为一个整体，那么 3500 人的数量对于从 27 个国家中选取整个抽样代表的一个初始样本而言已经足够。我们采用了后一概念。整个项目有助于探索在欧洲范围内存在一个唯一公共领域的可能性。对于这一公共领域是否

---

　　① 该项目名为"明日欧洲"。它被"我们欧洲"的 Stephen Boucher and Henri Monceau 领导的 22 人顾问委员会和一个由代表不同观点的欧洲议员组成的"平衡阅读"委员会。详见_ ht-tp：//cdd. stanford. edu/polls/eu/和 http：//www. tomorrowseurope. eu/_ 。

存在的可能性已经有着广泛的思考。① 我们的目标是使其在抽样代表协商中成为现实，至少在一个周末的时间段内可以如此。

当代表们聚集一起，第二个困难便出现了。在存在着 23 种官方语言的情况下，他们彼此之间怎样进行交流？他们所采取的方式与精英在议会大厦进行协商时相同，即通过同声传译和耳机技术进行交流。然而与精英协商中大部分人说的是诸如英语或法语等共同语言不同，普通公民典型地需要通过同声传译以运用他们自己的语言。在 23 种官方语言中，我们只用到 21 种。这是因为爱尔兰人和马耳他人虽被赋予了使用盖尔语和马耳他语的机会，但他们却更喜欢使用英语。

全部欧盟 27 个成员国都依照其人口占欧盟总人口的比例以及其在欧洲议会中的代表比例来决定其代表数。参与者的受教育程度要略高于非参与者，但是态度差异不大。这里一共有 59 个政策问题，并且对于所有的这些问题，参与者与非参与者之间可能会有平均差异仅仅在 4% 左右。同时在诸如扩张等至关重要的问题上，他们对于支持土耳其加入欧盟或者总体扩张都保持中立。②

语言问题戏剧化地表现出一种感觉，也就是整个欧盟的协商抽样代表比其他协商民意测验中的协商群体更加有悖于事实。普通公民即便在他们的现实生活中很认真地讨论欧洲问题，也仅仅是和他们的同胞一起。协商大会对于 21 种语言都有同声传译。在同声传译的协助下，希腊人、法国人与西班牙人的参与者之间，波兰人、英国人与罗马尼亚人之间，保加利亚人与德国人之间的各个小组，都在用本国语言面对面地讨论着共同关注的欧盟问题。

---

① 参见 Philip Schlesinger and Deirdre Kevin《欧盟是否能成为公共空间》，Erik Oddvar Eriksen and John Erik Fossum《结论：通过协商而合法》，Erik Oddvar Eriksen and John Erik Fossum 主编《民主在欧盟：由协商而整合》，伦敦，路透社 2000 年版；另见 Samantha Besson《欧盟中的协商民主：走向去地域化的民主》，载 Samantha Besson and Jose Luis Marti 主编《协商民主和不满意》伦敦，Ashgate 出版社 2006 年版，第 181—214 页。

② 但他们的确一开始更倾向于纳入乌克兰，这一观点在协商中被改变。参见 Robert C. Luskin，詹姆斯·费什金、Stephen Boucher、Henri Monceau《欧盟扩大的深入意见：来自全欧协商民意测验的证据》，协商民主中心工作论文，第一届国家政治心理学大会，巴黎，2008 年 6 月 9—12 日。参见_ http：//cdd. stanford. edu/research/papers/2008/EU-enlargement. pdf_ 。另见《观点改变：在审议前后》参见_ http：//cdd. stanford. edu/polls/eu/2007/eu-dpoll-allopinionchange. pdf_ 。

这些协商集中在两个广泛的领域——社会政策，尤其是在养老金与退休方面，以及欧盟在世界中的角色，尤其是以欧盟的潜在扩张作为影响其邻近地区的主要方式之一。

在社会政策方面，参与者越来越愿意为确保养老金而牺牲。他们开始意识到现行的"现收现付"型、由政府所支撑的养老金模式面临着由人口老化所带来的挑战。就业人口与退休人数之比越来越低。《明日欧洲》(*Tommorrow's Europe*)的简报指出，从现在到 2050 年，在欧盟范围内就业人口与退休人数之比已经从 4：1 下降到 2：1。[①] 协商者赞成"维持现行退休标准不变将会使退休系统崩溃"的比例从 50% 提高到 59%。但是支持者也不同意将政府养老金的个人账户私有化作为解决途径。支持沿着这个方向继续前进的比例下降了 16 个百分点，即从 43% 下降到 27%。相反地，他们转向支持延长退休年龄和工作更长时间，以维持现有的"现收现付"型体制。支持"提高退休年龄"的比例从 26% 提高到 40%。支持"激励在退休前工作更长时间"的比例从 57% 提高到 70%。

一直工作到更高的年龄对于大多数盼望退休的人来说是一种很大的牺牲。实际上，在大多数发达国家，对于提高退休年龄存在着激烈的经济争议，并且已经遭到了政治层面的抵抗。[②] 这一显著的牺牲被视为一种去拯救拥有其他价值特点体制的途径，比如政府运作体制的安全性——这一事实表明，参与者确实在对困难抉择的正反两面进行反复权衡。

在讨论中的第二个主要议题上，对欧盟扩张的支持度降低了。赞成"满足具备成为成员国的政治与经济条件的其他国家应该被允许加入欧盟"的比例从 65% 下降到 60%。虽然支持土耳其如果符合成员国条件即可加入欧盟的比例从 55% 下降到 45%，但是支持乌克兰加入欧盟的比例下降得更多，从 69% 下降到 55%。到协商的最后阶段，在土耳其入盟问题上支持和反对的比例几乎相同，45% 的人支持，46% 的人反对，还有9% 的人既不支持也不反对。

---

① 参见 http：//cdd. stanford. edu/docs/2007/eu/eu-dpoll-ENG. pdf_ ，第 14 页。
② 对于提高退休年龄的意见和反对其的政治困难的总结，参见 Heather Jerbi《当政策遇到政治》，紧急状态：美国精算师学会，2006 年 3—4 月。参见 http：//www. contingencies. org/mara-pr06/policy_ briefing_ 0306. asp_ 。

虽然对于欧盟扩张的支持减少了，但是在对接纳伊斯兰国家加入欧盟的态度上并没有产生类似的变化。赞成"增加一个伊斯兰国家进入欧盟会使欧盟更具差异性"的比例并未有很大变化（协商前后分别是43%和41%）。赞成"增加一个伊斯兰国家进入到欧盟中会使欧盟与穆斯林世界的关系得到改善"的比例的变化情况也是如此（协商前后分别是49%和47%）。尽管如此，协商者对于欧盟决策的实用性确实显示出更高的关注程度。赞成"增加更多国家进入到欧盟中会使欧盟的决策更有难度"的比例从协商前的52%提高到协商后的62%。赞成欧盟"过快地增加太多国家"的比例从协商前的46%提高到协商后的53%。[1]

贯穿整个协商过程，可以发现在新旧成员国之间，在自2004年开始加入的以东欧国家为主的12个国家（捷克、爱沙尼亚、塞浦路斯、拉脱维亚、立陶宛、匈牙利、马耳他、波兰、斯洛伐克、斯洛文尼亚、罗马尼亚、保加利亚），与之前的15个成员国之间（法国、德国、意大利、比利时、荷兰、卢森堡、丹麦、爱尔兰、英国、希腊、西班牙、葡萄牙、奥地利、丹麦、瑞典），存在着巨大的差异。在养老金问题上，新旧成员国的协商者都沿着相同方向发展，但是新国家的协商者走得更远一些。比如说，新成员国家的参与者在协商之前多数支持（52%）对养老金进行私有化，但是在协商后下降了20个百分点，仅达到32%。旧成员国的参与者开始就显得更为怀疑（39%的人支持这一改革），但是在协商后还下降了14个百分点，达到25%。总体而言，来自新成员国的协商者，其数量虽只占总体样本代表的三分之一，但却拥有与之不相称的变化比例。几乎在每一个问题上他们的变化都更加显著，就像在上述案例中，他们总是在结束时都更加接近于旧成员国协商者的立场。[2]

在扩张的问题上，新成员国的协商者在协商之处特别支持扩张。但是这些观点在协商后迅速软化，并且就欧盟扩张问题的反对率增长比那些来自旧成员国的协商参与者更快。在全面扩张问题上，新成员国协商者的支持率从78%降到63%，下降了15个百分点。但是旧成员国协商者的支持率几乎没有改变（从60.6%下降到58.5%）。对于土耳其加入欧盟的问题

---

① 《新成员国 vs. 老成员国》，http://cdd.stanford.edu/polls/eu/2007/eu-dpoll-new-old.pdf_ 。

② 参见 Luskin、费什金、Boucher、Monceau《欧盟扩大的深入思考的观点》。

上，新成员国参与者的支持率从 57% 下降到 42%，下降了 15 个百分点，而旧成员国协商者的支持率仅仅从 54% 下降到 47%。对于乌克兰加入欧盟的问题，支持率的下降（或上升）变化得更加剧烈。新成员国的协商者支持其加入欧盟的比例从 78% 下降到 50%，急剧下降了 28 个百分点。与此形成对照的是旧成员国协商者的支持率仅仅从 66% 下降到 58%。①

在关于通过一个伊斯兰国家的加入能否改善欧盟与穆斯林世界的关系问题上，新旧成员国参与者的支持率都没有变化，其中旧成员国的协商者更为支持这个观点。但是在关于是否"增加一个伊斯兰国家到欧盟中会使得欧盟更具差异性"的问题上，支持比例有显著的下降，特别是在新成员国的协商者中，即这部分群体是反对土耳其加入的。新成员国的协商者赞成一个伊斯兰国家的加入会使欧盟更具差异性的比例从 52% 下降到 32%——下降了 20 个百分点。这个群体虽然对于一个穆斯林成员国的加入所带来的多样性在大体上变得更加开放，却同时减少了给予土耳其申请加入欧盟的支持。与此形成对照的是，在旧成员国的协商者之中认同穆斯林成员国的加入会使得欧盟更具差异性的比例有了适度上升，从 40% 增加到 46%。

多重回归分析揭示出一些因果关系。比如，那些认同伊斯兰国家的加入会改善欧盟与穆斯林世界的关系的人提高了对于土耳其申请加入欧盟的支持度。新成员国家中最关心其个人经济保障的参与者越发反对欧盟扩张，这意味着扩展的成本及其对欧盟援助的影响是造成他们反对的首要因素。而认为过多国家的加入会增加欧盟决策的难度则是导致旧成员国家参与者形成反对意见的重要因素。

基于 9 个衡量实际知识掌握程度问题的答案，可以发现参与者学到了很多。新旧成员国协商者也从中学到了很多，尽管旧成员国的协商者在协商开始的时候（并因此到最后）水平要略高一些。新成员国的协商者在协商前后回答这些问题的平均正确率分别是 37% 和 53%，提高了 16%。而旧成员国协商者在协商之前回答这些问题的平均正确率分别为 40% 和 56%，同样提高了 16%。这些知识性问题的题目包括欧盟预算（正确率

① 《知识增长:协商的前后》，参见 http://cdd.stanford.edu/polls/eu/2007/eu-dpoll-knowledge.pdf_。

提高了 22%）、如何选出欧洲议会议员（正确率提高了 23%）、欧盟在发放失业津贴中的作用（正确率提高了 17%）及欧盟对外援助与美国对外援助对比情况（正确率提高了 22%）。

我们也在欧洲范围的项目中检验了小组协商过程。如同在其他项目一样，我们把这些政策态度汇集起来变成指标——支持自己的国家加入欧盟，对私有化的态度、如何支付养老金、对于迁徙/移民/自由贸易的态度、军队的使用、土耳其的加入、总体扩张问题、欧盟决策的层面、支持在欧盟决策中拥有否决权等。通过运用这 12 个指标，我们可以考虑之前提到的衡量协商质量的两个关键指标——避免两极化和避免被强势群体所支配。

两极化促使我们再次考虑桑斯坦关于群体要从中间点向两边运动的假设是否站得住脚的问题。他所主张的观点是协商会不可避免地导致群体走向极端。如果某群体在协商之初位于中间点的某一端，那么按桑斯坦的推测，他们就会沿着同一方向运动得偏离中间点更远（开始时位于左边就会向左边偏离得更远，开始时位于右边就会向右边偏离得更远）。在欧盟的项目中并未发生这种情况。在存在着 12 个问题指数和 18 个小组的情况下，这里有 216 个小组问题组合。他们只有 36% 的时间会偏离中间点。在这种情况下会出现一种趋势，那就是群体不是走向更极端的立场而是实际上走向更为中间的位置，这恰恰与桑斯坦所假设的不可避免的极化规律相反。

至于是否存在小组的讨论过程被强势群体所支配的问题，可以看到在协商中小组问题组合恰好在 50% 的协商时间里是朝着男性群体的初始立场靠拢的（因此也就是说还有另外 50% 的协商时间偏离男性群体的初始立场），同时在 60% 的协商时间里是朝着受教育程度较高的群体的初始立场靠拢的。受教育程度较高群体的立场所带来的一定影响可能反映出这样一个事实，即这部分群体在开始时对欧盟的了解相对较多一些。无论如何，这样一个适度的变动趋势不能证明强势群体在支配着协商过程，因为小组问题组合在 40% 的时间里也是偏离受教育程度较高的群体的初始立场。[1]

在经过协商后，参与者更把自己视为一个欧洲人，而不仅仅是所属国

---

① 参见 Luskin、费什金、Boucher、Monceau《欧盟扩大的深入思考的观点》。

家的公民。总体来看，参与者中把自己视为欧洲人的比例从 77% 增加到 85%，其中来自新成员国参与者的增加比例尤其显著（从 69% 增加到 87%）。但是这一欧洲人层面的自我认同趋势并未同时相应增强需要在欧洲层面进行决策的意识。在连续几个政策领域中，如税收、社会政策、外交政策、国防等，都只有一小部分参与者（比例从较高的 40% 到较低的 25%）最终支持欧盟层面的决策得到多数成员国的同意即表示通过，而不必需要得到所有成员国的一致同意或者将主要决策权下放到民族国家层面。对欧洲身份的自我认同并未提高对欧洲层面决策对每个成员国都具约束力的支持度。同样，对欧洲人身份的进一步认同并不意味着一个类似美国的欧洲得到更多支持。

"明日欧洲"这一项目显示，创造一个超越 27 个成员国不同民族和语言的欧洲范围的公共领域和使公众表达自己的意见——即一个一元化的共同公共空间——是可能的。在总督官邸和议会大厦中的抽样代表们一起进行协商，变得更加了解情况，对于共同未来的优先选项做出了审慎的判断。这避免了不平等和两极化的严重扭曲，在养老金和扩张的议题上艰难地取得了平衡。"明日欧洲"这一项目完成后，在 2009 年 5 月，刚好在欧盟选举之前，在布鲁塞尔将紧接进行第二次欧洲范围内的协商民意测验，项目名为"欧洲城邦"。首次的欧洲协商民意测验显示出一个一元化的欧洲公共领域的形成是有可能的。第二次协商民意测验将尝试引导它与欧洲范围的选举有效衔接，为公众的审慎意见提供一个目标受众——选民自己。①

贯彻民主理想

我们已经将协商抽样代表应用于各种极为不同的环境中。一些协商项目是在诸如美国、意大利、丹麦、澳大利亚和英国等成熟民主国家的所谓"标准政体"中进行。一些项目是在没有政党竞争的政治体制中进行——比如我们在中国地方上的探索。我们还应对了诸如种族或民族差异等特殊

---

① "欧洲城邦"的结果如协商民主中心网站所显示：http://cdd.stanford.edu。在 2009 年 5 月 29—31 日。

挑战——比如北爱尔兰问题以及保加利亚的罗姆人问题。然后我们又经历了在虚拟空间进行协商的困难，以及在欧洲公共领域内进行跨国协商的挑战。

在这些案例中，关键都在于同时贯彻其中两个核心原则——政治平等和审慎协商。至于第三个核心原则，大众参与，已经成为一种无法直接通过上述努力而实现的理想。我们在某种程度上面临着一个三难困境，即我们将面临抉择，为了何种目的施行哪一核心民主原则。

民主理念包含了多个方面的具体内容。"增量民主"不意味着某一个方面。它意味着通过更多的公民投票、基础协商或其他直接协商形式以增加大众参与的机会。它意味着通过重划选区或使投票技术平等化以及其他类似的改革，以提高平等考虑投票或每个人的偏好程度。或者，它也意味着扩展选民获取信息和进行协商的范围。换言之，它意味着更多地参与、更多的政治平等或更多的协商。然而我们业已发现，在三难困境之下，这些我们所奋力追求实现的价值却是彼此不相容的。

在这种三难困境之下，民主理念与贯彻它们的实践步骤之间的关系就表现得更为复杂。理想的理论和操作实践之间最直接和最具吸引力的关系是二者之间的同一性。对于政策的走向我们有着唯一的共识，对于我们所努力实现的最终理想也有着统一的图景，并且我们尽可能将实现这一图景变为现实。我们试图用尽一切可能去接近这一理想，所进行的各种变革也显然是为了推进这一理想相关的各个方面。为实现目标，在这一点上应该不存在争议——哪方面更接近或更远离这种理念。稍后我们将会看到在某些情况下，存在着另一种代理（proxy）而不是接近于首选解决方案的策略。

为什么说接近这些理念，即仅仅试图去尽可能朝着实现这种理想的方向前进都可能是很困难的？一个复杂之处在于因果关系，还有一个复杂之处与理念本身的界定有关。因果关系问题已经被经济学中的"次优理论"所证明，这一理论认为，如果一个因素被抑制（它不能完全实现），那么试图去实现其他因素的价值最大化并不是最佳选择。如果不能实现 A 的价值最大化，就不应该仍然试图去实现 B 和 C 的价值最大化。乍看起来，这种情况好像是反直觉的。但是当 A 没有实现其最大价值，而使 B 和 C 达到价值最大化，可能会导致一个更差的结果。例如，有时一个国家为了使自身经济更具竞争力,通过仅仅加强一部分产业的竞争力而同时抑制其他产业增强其竞争力可能并不是最佳选择。[①] 但是需要注意的是这是一个因果关系问题。它需要确定在一个潜在维度中何为取得最佳效果的最佳路径,即最终与效用有关。其他的都是工具性问题。可以肯定的是,即便是在现代福利经济学的个人内心序列框架之下,效用最大化也是其目标所在。[②]

关于如何将"次优"的解决之道与"理想的理论"联系起来,因罗尔斯的正义论而普及开来。他将自己提出的著名"普遍正义"和"特殊正义"作为需要实现的整体性理想,通过理论的逐步推导,指出中等程度的匮乏和严格的自律是实现这一理想的有利条件。如果环境十分严酷,以至于人们不可避免地遭受极度穷困(极度匮乏),或者存在不公正以及人们不遵循罗尔斯所提出的原则的历史遗产,那么,他的那些原则就不能被视为解决之道。但是,在适度合理范围内的环境中,必须尽可能应用他所建议的那些原则。

在民主理论更加有限的领域内,我们观点的局限在于,民主的这些基本原则并不能结合起来以逐步实现一个单一、一致的理想。我们不是处于一个一元化的理想之下,而是处于一个可称为"没有一个理想的理想群"这一更为真实的情形之中。如果再进一步充分强调,就是每一个基本因素都会把公共政策引到一个不同的方向上。政治平等和参与性的实现会导致一种损害协商的简单、全民公投式的民主。政治平等和协商性的实现又会损害大众参与。而协商性和参与性可以通过那些被不平等地激发动机和兴趣的人的参与来实现,但是这又违反了政治平等。在三难困境所造成的各种选择中,没有一个一致的发展方向能够较高程度地同时实现这三项原则。我们可以衡量在特别艰难选择下的平衡程度,可能会得出某项改革是有正当理由的结论,但是对于其究竟是推动着我们更接近或是更远离某个理想仍然存在争议。

[①]　R. G. Lipsey and Kelvin Lancaster:《次优选择理论》,《经济研究评论》(1956—1957 年)第 24 期第 1 卷,第 11—32 页。

[②]　如果帕累托排序框架可以适用,那么至少没有明显的更优或帕累托更优选项。

总结性反思：民主、正义和其他三难困境

对于民主，我们所遇到的各种矛盾模式是否意味着民主理论是特别变化不定的？在其与政治学理论中的其他领域如正义理论截然不同的这一点上是否存在着某种程度的争议？实际上，我已经提出过分配正义也碰到过同样的情形。[1] 例如，在有关机会平等的问题中也存在着一个相同的三难困境，而机会平等正是分配正义理论的关键组成部分。没有相关原则明确人们如何被分配其在社会结构中所处的位置，就不存在令人满意的正义理论：人们拥有什么机会？[2]

有时，对分配的构想仅仅根据分配的总体形态人——平等或不平等的程度如何，利益的总量或平均份额有多大等。人们在社会结构中怎样取得并维持自身地位对于个人的人生机会来说仍然是至关重要的。例如，假设存在着两个相同的分配结构，譬如相同收入结构的社会。它们在收入的最低水平，总量和平均水平等方面都是相同的。但是，其中一个社会中因其实行某些形式的种族隔离而存在着处于从属地位的种族群体，而另一个社会中的不同社会地位之间的人员社会流动性很大。仅仅从抽象的分配结构看，这两个社会是相同的。但是从个人的人生机会来看，他们的人生历程随着时间的推移在这两个社会结构中运动。有的人从一开始就只有黯淡的前景，而有的人是处于特权阶层。如果不存在人们应该如何去取得和维持自身在社会结构中的地位的相关理论，不存在机会平等的相关理论，那么这两个社会在分配正义方面会得到相近的评价。显然，需要有相应的指导去区分这些案例以将其应用于适当的正义理论中。

我在别的地方已提出机会平等问题陷入一个由三个基本原则的纠结而形成三难困境中：价值、平等的人生机会、家庭自治。价值是指应该公平地衡量与其地位相关的能力。人生机会的平等是指不应该基于人们出生时的社会地位来预言他们在分配中的最终位置。不应该基于新生儿父母的社

---

[1]　我认为该问题不仅仅是政治理论或社会选择。他们是和社会道德平行的。参见费什金《责任的限度》中对于给定社会规模被考虑时责任意识和个人自由的冲突的评论。参见詹姆斯·费什金《责任的限度》，耶鲁大学出版社1982年版。

[2]　参见詹姆斯·费什金《正义，平等的机会和家庭》，耶鲁大学出版社1984年版。

会阶层背景来预言他们的人生机会。任何一个我能做出如此预测的社会都
是受害于某种特定的不正义形式。最后,家庭自治的理念是粗糙的,大致
指父母有权使其子女受益。家庭内部的自由与平等之间会产生矛盾,因为
父母会运用他们的自由权限以帮助子女做好各方面的准备。

每个现代工业社会中存在着一定的社会不平等的背景条件。在此情况
下,困难在于家庭自治变成了允许成人社会所具有的不平等性进行自我复
制的自由地带。家长们为自己的子女提供一切可能的条件以准备应对将来
的人才竞争,而使自己的子女受益。因此,成人世界中的不平等现状倾向
于通过机会不平等进行自我复制。在民主理论的三难困境中,我们可以实
现三个原则中的任意两个;但是在存在着不平等的背景条件的假设下,所
有三个原则都无法实现。结果就是,如果努力完善每个原则,或者是同时
完善其中任意两个,将会把公共政策引入一个极为不同的方向上。我们仅
剩下没有理想的理想群——虽然我们能够通过将这些冲突的原则交替换位
以取得一个边际选择,却没有清晰的总体方向,以指引我们朝着实现一个
单一的、一致的、统一的理想前进。

为什么在两个三难困境之间,以及在民主理论与正义理论之间,都存
在着如此类似的情况?一个较为合理的解释是将自由民主理论的核心视为
是一场有关自由和平等孰先孰后的长期争论。平等的内容包括一系列的
"过程平等",它要求平等对待每个人的切身诉求和利益,无论是就业市
场中的人才选拔、法律体制对合法权益的保障、医疗保健体制对基本利益
的保障,以及正如我们之前所详细思考的,在政治体制中对公民的观点或
选票的考虑等。在这些情形下,对于要求平等对待的平等诉求都遭遇到人
们运用其自由而制造差别的事实,这些差别在于人们在平等考虑过程中所
具有的个人特征以及利用这一过程的自身能力等。①

以法律体系为例。自由民主的核心"过程平等"确立了法律面前人
人平等。但是人们仍然拥有选择和聘请各自法定代理人的自由。社会背景
的不平等使人们的法定代理人所提供法律服务的质量存在差异,而这种差
异会导致其在司法过程得到完全不同的对待。虽然法律援助和公益活动可
以提高社会底层人员获得法律服务的水平和有助于减少这种差距,但在一

---

① 参见詹姆斯·费什金《对话正义》,耶鲁大学出版社 1992 年版。

个法律体系的基础之上，这些差异性实际上是不可避免。这一良好意愿在现实环境中实际上总是能够承担更多。因此，在如下三种主张之间似乎存在着一种三难困境：法律面前的形式平等、选择自己的法定代理人和向其支付费用的自由，以及其他类似情况下的结果平等。这种法律三难困境与机会平等中的情况极为相似。在每种情形下都存在着自由诉求，要么是关于选择法定代理人的自由，要么是家庭自由地使其子女受益的诉求；同时存在着两个平等诉求——关于平等对待的形式平等诉求和相关类似情况下结果平等可能性的实质平等诉求。

在民主理论方面，形式平等的诉求就是政治平等性，即要求平等地考虑每个人的观点或审慎的意见。对于自由的诉求关注形成意见（即协商）的自由和参与的自由。正如我们之前所看到的，在现实中我们只能完全实现三个之中的两个。我们拥有相互矛盾的理想，但没有任一单独的理想可以把我们引入一个清晰的改革方向上来——如果目标是同时实现所有这三个理想的话。

当然，我们可以憧憬出现一个包含了所有三方面内容的统一理想的可能情形。我们甚至可以通过转换性的努力设想一个诸如协商日的可能场景，它至少能够在一个有限的时间内切实地同时实现所有三个方面的理想——比如在选举前的某一天。但是，由此出发，我们的前进方向存在分裂，这表明了"没有理想的理想群"的典型问题。① 除非我们能下定政治决心，在三个方面同时取得进展，否则在关于特定的改革是使我们更接近或更远离目标这个问题上，仍然是不清晰的——确切地说这是因为，在这三难困境下，在某些方面取得的进步会给我们在另外方面带来缺陷（至少当我们追求某种实际程度的进步时是如此）。

但是这里也存在着取得虽非最佳，但也是次优解决方案的另一种可能性。即不是去尽力实现某一个理想，而是用一个次优解决方案进行替代。通过实现协商民主中两个至关重要的原则——协商和政治平等——协商抽样代表提供了一幅在较好条件下每一个人会如何思考的图景。理论上，如果每一个人都参与了协商，那么结论不会有太大不同。所以，抽样代表协商提供了一个替代选择，替代更为雄心勃勃的场景：在相似较好条件下，

---

① 费什金：《公正平等的机会》，第一章。

每一个人都参与讨论事务和权衡不同观点。

如果说，与整个社会都参与协商相比，抽样代表协商在可控的较小范围内取得高质量的协商是更为可行的。那么，我们可以得出人们在较好条件下进行协商后的审慎意见，并将这些结论（以及得出这些结论的原因）带入到政策协商和政策过程中。这一替代方案可以有效地代表这种理想，尤其是当这种理想很难实现时。

"没有理想的理想群"所包含原则的最终多元状态的多种根本原则，[①]进一步为公众的协商讨论提供了理论基础。假设情况有所差异；假设我们受制于这些三难困境；假设这里存在着对民主和正义问题的无可争议、一致的理想方案，可以逐步适用于每一种情况，并在改革方向上没有任何基本的不确定性。换言之，假设存在着一条标识清晰而非分叉的前进路径。那么我们或许可以进一步合理地认为民主选择的进程是能够自我实现的。清晰的前进路径意味着可能不再需要公众继续进行讨论，而关于实现目标的最佳方式，这些工具性问题则留给专家和政府管理者来解决。

尽管如此，当这一基本原则交易被应用于民主进步和公众所关切的政策议题时，寻求信息完备的公共参与就有了意义。咨询公众的审慎意见有点类似于寻求集体性的知情并同意。是人民必须承担责任，也是人民必须付出代价，还是人民有希望体验其益处。当"被治理者的同意"是通过"高层"意见取得时，人们将不会知道或不太理解他们所同意的是什么。当人体实验研究小组在临床实验之前征求同意时，或者当医生征求对治疗程序的同意时，他们通常会在任何可能的时候去寻求那些将不得不经历生死风险的人们的"知情同意"。就这一方面来说，实际上这种"知情同意"能在一个集体的基础上获得，为什么在协商中不同样照此进行呢？这样的话，这些益处和负担才能得到合理分配。

在本书中，我们已经讨论了各种不同的民主理想——政治平等、协商、大众参与、非暴政。我们也回顾了施行某些理想所实践的努力。就拿协商民主来说，我们的关注点在于从人群中选取具有统计代表性的抽样群体并将其聚集在较好条件下一起进行协商。但是我们也讨论了施行这些民

---

① 一个相应的观点可见以赛亚·伯林《自由四论》，牛津，牛津大学出版社 1969 年版；William A. Galston《自由多元主义实践》，剑桥，剑桥出版社 2005 年版，第一部分。

主原则时所进行的其他努力。从古代雅典到美国建国，协商都是一个关键的理想，是进步论者和现代改革者的努力之所在。随着大众直接参与和公民投票的普及，其焦点已经转向参与和政治平等。

但是民主理论是一个不断发展的课题，其间并不存在着某个单独的支配性理论，而是多种不同观点之间的竞争。为了弄清不同理论之间的共识和差异，我们围绕着它们与核心原则的关联性组织了相关讨论。其结果是对于民主原理的初步知识。每个理论貌似能最贴切地被解读为主要对实现四个原则中的两个的承诺——竞争型民主（对实现选举中的政治平等和非暴政的承诺），参与型民主（对实现大众参与和政治平等的承诺），精英协商（对实现协商和非暴政的承诺），以及协商民主（对实现兼容政治平等和协商的承诺）。

最后的这些分析，将人民在值得聆听的条件下所发出的声音传达给我们。如果"政府之正当权力，是经被治理者的同意而产生"，正如美国在1776年的独立宣言中所宣称的那样，那么，更多有思想、有价值的被治理者的同意，当然会在处理公共事务的持续过程中占据一席之地。通过再现当年雅典人的理想，并在最好的现代技术协助下，可以为我们复兴协商民主提供一种切实可行的方法。

附　录

为什么我们只需要四种民主理论?

　　在第二章中，我们结合下图四个可辨识的标准的民主理论来考虑四项原则：竞争式民主（由熊彼特概括提出，近来得到波斯纳、夏皮罗等学者支持），精英审议协商（以麦迪逊和穆勒为代表），参与式民主（备受进步派和现代理论家如卡罗尔·佩特曼的欢迎），以及协商民主。在每一种情况下，我们理想地将每种给定的立场支持四种原则中的两个（见表3）。而实际上，我们并不知道每种立场会支持或者拒绝其他原则。有时理论家对他/她不关注的原则不发表任何言论。在某种情况下，为了改进某个立场，会把政治平等归到竞争式民主原则中，即使众所周知，提倡政治平等的最出名的人也并非信守它。而我们的基本原则就是希望得到每种立场的最佳结果。支持政治竞争立场者，若没平等地计票显然会因所从事竞争的形式缺陷而遭受非议。因此，我们支持熊彼特立场即主张政治平等。当然，任何努力都是有原理图解的，并希望能够提供一种民主可能性的清单，这种方式有助于集中讨论。

表3　　　　　　　　　　　四种民主理论（第3章）

	竞争式民主	精英审议协商	参与式民主	协商民主
政治平等	+	?	+	+
参与	?	?	+	?
协商	?	+	?	+
非专制	+	+	?	?

　　就这四个主要原则，可能有人会问：为什么只是四个而不是十六个？

从逻辑上讲,有 16 种可能的组合,如下文表 5 所示。

表 5 **十六种可能的立场**

	1	2	3	4	5	6	7	8	9	10	11	12	13	14	15	16
参与	+	+	—	+	—	—	+	—	+	—	—	+	—	—	+	+
政治平等	+	+	—	—	+	—	—	—	—	+	+	+	+	—	+	—
协商	+	—	+	+	—	—	—	+	+	+	+	—	+	+	—	+
非暴政	+	—	+	—	+	—	—	+	+	—	+	—	—	—	+	+

在表 5 的 16 种分类中,其中有四个是我们提过的。在我看来,他们对定义的两个原则表示支持,而对模糊的另外两个原则(在表 3 中用"?"表示)表示反对态度。从这个角度分析,位置 2 就是我们提出的参与式民主(即参与和政治平等组合),位置 3 是精英审议协商(协商和非暴政组合),位置 5 就是我们所给的竞争式民主(政治平等和非暴政组合),位置 10 是协商民主(协商以及政治平等组合)。

剩下的 12 种类别是什么呢? 我的解释就是:(1)被三难困境所排斥;(2)有效地视为我们所提出的四个理论的变体;(3)若都不是的话,至少是提出了规范的民主理论。

让我们逐一对其进行分析。首先,位置 1 是空想。它要求实现所有四个原则,而忽视其带来的难以取舍的困难。所以如果能够实现的话,这个立场是很好的,但是就像任何立场倡导所有美好事情的同时,它并不会做出有用的贡献。考虑到三难困境,假定基于这一点我们进行讨论,同时承诺所有三个原则,专注体制设计(政治平等、协商和参与)时,忽略(在现实条件下)承诺任何两个原则都会削弱实现第三个原则这一问题。

我们已经讨论过位置 3,即精英审议协商理论。位置 4 支持参与和协商,但拒绝政治平等和非暴政。反对这一立场作为规范民主理论有两个:一个是基于拒绝政治平等,另一个是基于拒绝非暴政。没有政治平等的大众参与是可能的,这也是三难困境选项之一。然而由定义而知,这并不符合"民意为本"的协商观点,扭曲了广博的意见。事实上立场 4 作为公民教育战略是十分有用的,拥有更多的特权和动力。然而,作为协商民主来说,它是有缺陷的,因为它不能平等地代表每个人的要求。第二个是拒绝非暴政原则，即只有且发生了不好的事，才会提出明确地反对依据。

位置 5 是竞争式民主的立场。它侧重竞争性的选举，然后通过宪法保障权益来防止多数的暴政。

位置 6 作为民主规范理论明显不充分，因为完全拒绝了四个原则。

位置 7 支持参与，但拒绝政治平等、协商和非暴政。这一立场是不充分的，倘若我们是正确的，其他原则也各有其优点。正如我们所见，将参与原则和其他原则结合起来是可能的，那么为什么只赞同参与原则一个呢？可把这看作是参与民主立场的一种缺陷版本。位置 7 提倡大众参与，但不平等计票（不重视改善其他原则）。

同样，位置 8 只支持四个原则中的一个——非暴政，明确拒绝政治平等、协商和参与。由于协商可与其他原则相结合，为什么要阻止其结合呢？这一论点与位置 7 类似。这一立场可以最振振有词地被视为竞争型民主的一个缺陷。它是为了避免过度民主，而不是致力于提供平等计数。其实，这让人容易联想到熊彼特的观点。

位置 9 支持参与和非暴政，但拒绝政治平等和协商。正如我们所见，没有政治上平等的参与是不能够公平地统计出人民的偏好与观点，从而导致反对。这个立场可能被看作参与式民主的缺陷版本。

位置 10 提供协商民主立场的核心责任，与政治平等和协商相结合。因此，其能平等地统计人民的意见和观点。

位置 11 提供了与位置 10 相同的核心责任，而且还包含了非暴政。如果麦迪逊和密尔的政治心理假设是正确的，即人们在协商中能奉行公益，"冷静的理性"不可能犯多数暴政（见《联邦党人文集》第 10 篇的讨论），那么这个协商民主（不可知的非暴政）的不可知论版本扩展是完全可行的。但是，将协商民主的核心定义为政治平等和协商相结合，并留下一个经验性问题即协商是否在这种方式下奏效，是不可行的。立场 11 比立场 10 更隐晦，两者都是协商民主的变体（明确定义政治和协商但非暴政和参与则没有定义）。

位置 12 受到位置 1 的影响，具有相同的缺陷。涉及三个原则的民主设计（政治平等，参与和协商）。与位置 1 不同的是，它没有添加非暴政。但是，如果三难困境是正确的话，这一立场作为民主理论还是差了点，因为它需要在同一时间实现一切美好的事物。

位置 13 支持政治平等，但拒绝参与、协商和非暴政。正如我们所见，政治平等可与其他原则相结合，那么为什么只赞同一个而拒绝其他三个呢？这一立场可能被看作是竞争式民主甚至是协商民主的缺陷版本。

位置 14 支持协商，但拒绝政治平等、参与和非暴政。正如我们已经看到的，政治协商可以与其他原则相结合，那么为什么只赞同一个而拒绝其他三个呢？这一立场可能被视为协商民主的缺陷版本，因为其缺乏政治平等。

位置 15 支持参与、政治平等和非暴政。被视为竞争型民主最佳的变体，但是增添了对大众参与的关注。正如我们前面所提到的，一些竞争型民主的提倡者（如熊彼特和波斯纳）担心大众参与所带来的危险。但这种竞争型民主的变体对于那些关注竞选的人们是一个合理的选择。

位置 16 支持参与、协商和非暴政，但拒绝政治平等。正如我们所见，没有政治平等的参与会导致计票的扭曲。没有政治平等的协商将会导致公众意见的扭曲。非暴政的要求，有望通过权利和司法保护实现到某种程度，司法保护是一种很有吸引力的保护。但是，作为一个民主规范性理论这一立场似乎容易遭到明显的反对。

致　谢

　　这本小书历程久远。它是多重协商的结果——涉及规范、实证和实务层面。

　　在规范方面，我要感谢一些主要的教师和同事。罗伯特·达尔（Robert Dahl）最初启发我对民主理论进行思考。我和布鲁斯·阿克曼（Bruce Ackerman）的对话迄今已有三十多年，正是这样的对话才有了我们这本书《商议日》。我与已故的彼得·拉斯莱特（Peter Laslett）合编了若干卷关于哲学、政治和社会学的书籍，他为如何让政治理论具有实践性做了启发灵感的示范。他也是我在剑桥大学圣三一学院做自费访问学者期间努力使第一次协商民调成为现实的重要顾问。其他在不同阶段给予我特别帮助的道德、政治和社会方面的理论家包括：已故的伯纳德·威廉姆斯（Bernard Williams）、道格来（Doug Rae）、威廉·高尔斯顿（William Galston）、查尔斯·E. 林德布洛姆（Charles E. Lindblom）、罗伯特·古丁（Robert Goodin）、卡斯·桑斯坦（Cass Sunstein）、布莱恩·巴里（Brian Barry）、卡罗尔·佩特曼（Carole Pateman）、桑迪·莱文森（Sandy Levinson）、菲利普·范·帕瑞杰斯（Philippe Van Parijs）、菲利普·施密特（Philippe Schmitter）、克劳斯·奥佛（Claus Offe）、爱尔贝那·阿斯马诺夫（Albena Azmanova）、简·曼斯布里奇（Jane Mansbridge）、T. K. Seung、丹·威克勒（Dan Wikler）、丹·布洛克（Dan Brock）、戴维·米勒（David Miller）、贝丝·诺韦克（Beth Noveck）和已故的艾瑞斯·扬（Iris Young）。拉里·莱斯格（Larry Lessig）在思考新技术与协商民主方面给了我很多帮助。我也很感谢约西亚·奥伯（Josiah Ober），我和他在斯坦福大学的研讨班讲授民主模式。那门课上的对话使我能检验这本书中的许多想法，我也从经验中学习到了更多关于雅典机构的内容。

　　在实证方面，这得归功于我的长期合作伙伴罗伯特·卢斯金（Robert Luskin）。我和他正在准备一本关于这些问题的系统的实证方面的书。此外，我和他以及一些其他合作者共同作为不同学术论文的合著者。这些论文中有很多即将出版或者处于"修改并重新提交"阶段，这些论文都在书中被提及且附有网页链接。我已将所有的实际分析呈现在论文和后来书中，因为它们是合作研究的成果。我欠罗斯金（Luskin）的知识债不胜枚举，但它们明显贯穿于整项研究，不只是我提到的实证研究，也体现在规范性理论方面。

　　此外，我要感谢诺曼·布拉德（Norman Bradburn）和罗杰·乔维尔（Roger Jowell）在早期英国和美国协商民调方面的重要合作。他们都是能够启发共事者灵感的研究者。我还要感谢唐·格林（Don Green）、辛西娅·法勒（Cynthia Farrar）、克里斯丁·李斯特（Christian List）、卡斯帕·穆勒·汉森（Kasper Moeller Hanson）、帕姆·瑞恩（Pam Ryan），泰莎·谭托雷斯（Tessa Tan-Torres）、威罗（Viroj Tangcharoensathien）、维杰（VijjKasemsup）、斯蒂芬·鲍彻（Stephen Boucher）、亨利·蒙索（Henri Monceau）、伊塞尼亚（PierangeloIsernia）、约翰（John Panaretos），尤多西亚（Evdokia Xekalaki）、何包钢（Baogang He）、伽柏（Gabor Toka）、道格·里弗斯（Doug Rivers），以及仙托·艾英戈（Shanto Iyengar），感谢我们曾经合作过的具有启发性和创造性的研究工作。

　　特别感谢菲尔·匡威（Phil Converse）主持第一次国家议题会议的技术审查委员会。诺曼·布拉德（Norman Bradburn）主持了技术审查委员会的第二次会议，同样值得感谢。两者的结果在本书均有体现。亨利·布雷迪（Henry Brady）和伯克利分校调查研究中心在第二次 NIC 是非同寻常的合作伙伴，正如全国民意研究中心（NORC）在第一次中的表现。

　　协商民调出现于 1987 年，当时我是斯坦福大学行为科学高级研究中心的研究员，我要感谢该中心及其工作人员创造了一个如此适宜的地方。当我在几年后即 2001 年 2 月带着一个研究协商民意的团体项目回来时，该中心在协商民调研究中发挥了关键作用。那时，我和罗斯金（Luskin）联合简·曼斯布里奇（Jane Mansbridge）、布鲁斯·阿克曼（Bruce Ackerman）、亨利·布雷迪（Henry Brady）、大卫·布雷迪（David Brady）以及斯坦福大学的仙托·艾英戈（Shanto Iyengar）和保罗·斯奈德曼

（Paul Sniderman）等教员进行了长达一年的对话。

　　这个想法起源于 1987 年，当时我准备引荐中心的另一位研究员拉里·巴特尔斯（Larry Bartels），由于他有关总统预选程序中的发言。我曾经问自己，作为一个政治理论家，我如何改变所有有可能成为最佳的预选制度。他对过程的动态性和非理性描述得这么好，当我对此进行思考时，协商民调的概念进入了我的脑海里。我永远感激拉里（Larry）为我提供的机会，不只是因为他优秀的著作，而且因为他提出的问题。

　　当我想到这个概念时，我立即咨询了我特别信任的两位研究员鲍勃（Bob）和南·基欧汉（Nan Keohane）的意见。他们提出了很多有趣而又棘手的问题，足以使我继续探寻下去。不久后，我在《大西洋学报》上发表了文章（1988 年 8 月）。但是直到我在华盛顿遇到马克斯·坎珀尔曼（Max Kampelman）和杰夫·坎珀尔曼（Jeff Kampelman）协商民调才具有可行性，我们意识到可以让它在公共电视节目上试行。后来成为国家议题会议的想法就是在这个时候产生的。

　　国家议题会议和美国随后进行的很多协商民调若是没有两位杰出人物的努力就不可能实现：丹·沃纳（Dan Werner）——麦克尼尔/莱勒公司（MacNeil/Lehrer Productions）的执行制片人，查尔斯·E. 沃克（Charls E. Walker），就怎样把一个想法变成现实而言，他对我助益最深。我还要感谢大卫·劳埃德（David Lloyd），第四频道的责任编辑，他促使英国节目出现，并富有远见地悉心监制节目。安德烈亚·惠特曼·史密斯（Andreas Whittam Smith），《独立报》的创始人和编辑，也是使第一次协商民调产生的一位重要的合作伙伴。在第四频道的五次英国协商民调也很成功，是由于格拉纳达电视台的卓越人才如希娜·麦克唐纳（Sheena MacDonald），查尔斯·特里梅因（Charles Tremayne）、多萝西·伯恩（Dorothy Byrne）和已故的萨拉·梅因沃林－怀特（Sarah Mainwaring-White）。

　　各种"能源"的协商民调是基于得克萨斯州公用事业委员会前主席丹尼斯·托马斯（Dennis Thomas）的见地。连同威尔·吉尔德（Will Guild）、罗恩·莱勒（Ron Lehrer）和罗伯特·卢斯金（Robert Luskin）一起，我们于此继续讨论所有关于能源选择的项目。罗马的项目是由 Reset 的出版商吉安卡洛·博塞蒂（Giancarlo Bosetti）倡议的。中国的项目是在我们的合作者何包钢敏锐的洞察力和首创精神的基础上建立的。由伊万·克勒斯特夫（Ivan Krastev）领导的自由战略中心与开放社会研究所合作，将协商民调带到了保加利亚。乔治·索罗斯（George Soros）、安德烈·威尔金斯（Andre Wilkins）、达赖厄斯（Darius Cuplinskas）和杰西·采利霍夫斯基（Jerzy Celichowski）多年来对我助益颇深。休利特基金会的斯米塔·辛格（Smita Singh）、凯洛格（Kellogg）公司的克里斯·夸克（Chris Kwak）、卡拉·卡莱尔（Kara Carlisle）被证明是开明的项目官员。

卡斯帕·穆勒·汉森（Kasper Moeller Hansen）和维贝克 N. 安徒生（Vibeke N. Andersen）因与星期一早晨（Monday Morning）一起启动丹麦关于欧元的项目而获得赞许。澳大利亚的所有项目都基于帕姆·瑞恩（Pam Ryan）和她所创建的澳大利亚议题协商（Issues Deliberation Australia）组织的领导。为了我们近期的匈牙利项目，我也要感谢捷尔吉·伦杰尔（Gyorgy Lengyel）。大卫·罗素（David Russell）和伊恩·奥弗林（Ian O'Flynn）因北爱尔兰项目获得赞许。他们负责把协商民调的想法应用于一个极度分裂的社会，我们向大西洋慈善基金会致以谢意，他们的远见使这一切成为可能。

乔伊斯·伊奇诺斯（Joyce Ichinose）是斯坦福大学协商民主中心的一个出色的经理。萧莹敏（Alice Siu）博士的工作已经在这里有描述，她已经完成了一篇重要的斯坦福大学博士论文，现为中心的副主任。其他研究生，过去和现在，都做出了重要贡献，包括丹尼斯·普拉内（Dennis Plane）、迈克·韦斯纳（Mike Weiksner）、奎·哈恩（Kyu Hahn）、珍妮弗·麦克格雷迪、尼尔·马尔霍特拉、嘉鲁·夫苏德（Gaurov Sood）、王瑞和纽利·金（Nuri Kim）。

欧洲范围内的协商民调——"明天的欧洲"是建立在两个出色的合作者工作的基础上，斯蒂芬·鲍彻（Stephen Boucher）和亨利·蒙索（Henri Monceau），他们均来自当时位于巴黎的智库"我们的欧洲"。他们创造了一个遍及欧洲的协商用以规划和实施未曾实现的全欧洲范围的项目。他们极好地克服了每一个严峻的挑战。

这本书附带的视频——"把欧洲放在一个框架内"是荣获艾美奖的伦敦纪录片制作人帕拉丁（Paladin Invision，PITV）的作品。我要感谢比尔·克伦（Bill Cran）、克莱夫·萨达尔（Clive Sydall）、安妮·泰尔曼（Anne Tyerman）和所有那些在 PITV 做出这样出色工作的工作人员，不仅在协调周末的电视报道，而且产生了引人入胜的故事。

合作者和支持者不胜枚举，很多人已在文中被提到。我要特别感谢仙托·艾英戈（Shanto Iyengar）构思的想法，即我可以将我的研究项目移到斯坦福大学并建立协商民主中心。此外，我要特别感谢莎伦·朗（Sharon Long）院长和卡伦·库克（Karen Cook）副院长。基金会领域的两位远见者，威廉和弗洛拉·休利特基金会（the William and Flora Hewlett Foundation）的保罗·布雷斯特（Paul Brest）和 W. K. 凯洛格基金会（W. K. Kellogg Foundation）的斯特林·思博恩（Sterling Speirn）为中心的建立和繁荣发展至今提供了很多帮助。他们的支持对本书的完成起着核心作用。

最后，我要感谢我的妻子雪莱（Shelley），我的两个儿子鲍比和乔伊，我的岳母卡罗尔·普莱纳·费什尔（Carol Plaine Fisher），此外还要向我已故的岳父米尔顿·费什尔（Milton Fisher）致以最特别的感谢。他们不仅认可我对协商民主的追求，而且在许多情况下，他们和我一起努力付出很多才使这一切成为可能。